Otto Lampe (Hrsg.)

MEHRWERT DIPLOMATIE

Einblicke – Einsichten – Erkenntnisse

oMv

Otto Meißners Verlag

Bibliografische Information der Deutschen Nationalbibliothek
Die Deutsche Nationalbibliothek verzeichnet diese Publikation in der Deutschen Nationalbibliografie; detaillierte bibliografische Daten sind im Internet über http://dnb.d-nb.de abrufbar.

Rheinstraße 46, 12161 Berlin
Telefon: 0 30 / 76 69 99-0
www.frieling.de
ISBN (Print): 978-3-8280-3765-6
ISBN (E-Book): 978-3-8280-3766-3
1. Auflage 2023
Bildquellen: iStock, Archiv der Autor*innen

Printed in Germany

Hinweis: Wenn in einigen Beiträgen im Plural nur männliche Personenbezeichnungen verwendet werden, sind dennoch grundsätzlich Frauen und Männer gemeint.

INHALT

Vorwort

Prof. Sabine von Schorlemer

Mit eindringlichen Worten mahnt der UN-Generalsekretär in seinem Bericht „Our Common Agenda“, dass die Menschheit sich an einem historischen Wendepunkt befinde, da ihre Zukunft von Solidarität und der Zusammenarbeit als einer globalen Familie zur Erreichung gemeinsamer Ziele abhänge. Was kann vor diesem Hintergrund die Diplomatie leisten, und vor allem, was „muss“ sie in der Praxis bewerkstelligen, um im Lichte von zunehmend ineinander verschachtelten, multiplen Krisen die globalen Herausforderungen des 21. Jahrhunderts zu meistern bzw. zumindest Lösungen dafür zu unterstützen?

Die Frage nach dem „Mehrwert“, dem „added value“, der Diplomatie stellt sich aktuell in vielerlei Hinsicht, am dringendsten wohl in Bezug auf die die Menschheit in ihrer Gesamtheit bedrohende Klimakrise und damit verbunden auf Artensterben und Armut. Aber auch Menschen und ihre Kultur vernichtende Kriege, wie derzeit der völkerrechtswidrige Angriffskrieg Russlands auf die Ukraine, und einsetzender Völkermord, etwa auch in Äthiopien und Myanmar, fordern die diplomatischen Beziehungen heraus. Dabei besitzt die Diplomatie traditionell eine große Verhandlungsexpertise. Zu nennen sind etwa die auf Initiative von Zar Nikolaus II und Mitwirkung des russischen Diplomaten Friedrich Fromhold Martens (1845-1909) in Den Haag abgehaltenen Friedenskonferenzen von 1899/1907. Sie führten zu dem ältesten und bis heute gültigen Dokument des ius in bello, der Haager Landkriegsordnung. Letztere zählt zu den Grundfesten des im Krieg anwendbaren Rechts.

Ohne Zweifel verdanken wir der bi- und multilateralen Diplomatie wesentliche Grundlagen und Institutionen, auf die heutige Gesellschaften ihre Unabhängigkeit und ihren Wohlstand gründen. Denken wir nur an das Welthandelsrecht, das Seevölkerrecht mitsamt der Bekämpfung der Piraterie, das internationale Umweltrecht, aber auch den Menschenrechtsschutz; die Liste ist nicht abschließend. Stets war und ist es diplomatischem Geschick geschuldet, wenn wesentliche Durchbrüche bei der Schaffung von neuen Normen und Institutionen erreicht wurden. So wurde der deutsche Diplomat Hans-Peter Kaul (1943–2014) anerkanntermaßen zur Schlüsselfigur der mehrjährigen internationalen Verhandlungen zum Internationalen Strafgerichtshof und in der Folge zugleich auch einer der Richter der ersten Stunde.

Doch stellt sich die Frage, ob angesichts komplexer Krisen die Diplomatie nun selbst in eine Art Krisenmodus versetzt zu werden droht. Denkt man etwa an die derzeit öffentlich geführten Debatten um diplomatische Kontakte, wie sie für humanitäre Erleichterungen und Waffenstillstandsvereinbarungen in Kriegszeiten notwendig sind, so könnte der Eindruck entstehen, das Vertrauen in die Diplomatie sei im Schwinden begriffen.

Vergessen wir dabei nicht: Die Europäische Union selbst ist nicht nur ein großartiges Friedensprojekt, sondern auch ein klares Bekenntnis zum Multilateralismus, verankert in einer internationalen regelbasierten Ordnung, die auf den Prinzipien souveräner Gleichheit, des Gewalt- und Interventionsverbots in den internationalen Beziehungen und dem Primat der friedlichen Beilegung von Streitigkeiten basiert. Auch für die Diplomatie der Europäischen Union und der in ihr vereinten Demokratien gilt daher stets: para pacem.

Eine wesentliche Stärke der Diplomatie ist generell ihre Ubiquität und ihre dauerhafte Präsenz: Alle Staaten unterhalten weltweit Botschaften und Konsulate sowie multilaterale Vertretungen in internationalen Organisationen. Die klassische Diplomatie birgt somit den Vorteil, dass der Gesprächsfaden in den internationalen Beziehungen nicht abreißt, auch dann nicht, wenn Krisen sich verschärfen. Selbst dann etwa, wenn militärische Konflikte zwischen Staaten ausgetragen werden, begegnen sich Diplomatinnen und Diplomaten üblicherweise weiterhin in multilateralen Foren.

Die Diplomatie behält also in Krisen ihre Stimme, auch wenn andere Gesprächs- und Verhandlungskanäle verstummen. In diesem Sinne macht die Diplomatie Mut: Sie ist darauf gegründet, dass es auf universelle Werte und Prinzipien gegründeten Politiken, bei kluger Voraussicht und intensiver Nutzung der multilateralen Institutionen, gelingen mag, die existierenden Sicherheitsrisiken im 21. Jahrhundert zu reduzieren und sich dabei auch neu aufflammenden Nationalismen, Extremismen und diskriminatorischer Ausgrenzung entgegenzustemmen.

Um die in sie gesetzten Erwartungen einzulösen, erprobt die deutsche Außenpolitik derzeit mit dem von mehreren privaten Stiftungen unterstützten „Global Diplomacy Lab“ (GDL), dessen Mitglieder aus den Berufsfeldern der klassischen Diplomatie, der Wirtschaft, NGOs und der Zivilgesellschaft kommen, neue und inklusive Formen der Diplomatie, die über herkömmliche Politikansätze hinausgehen. Dies kann man auch als ein wichtiges partizipatorisches Signal für die junge Generation ansehen, die fürchtet, einer ungewissen Zukunft entgegenzugehen und nicht bereit ist, dies klaglos hinzunehmen. Die erforderliche solidarische Kooperation zwischen Staaten des Nordens und des globalen Südens, aber auch zwischen den Staaten des Südens und den in ihnen lebenden Menschen auszubauen, und es dabei nicht bei Worten zu belassen, sondern auch notwendige Ressourcen zu allozieren, ist ein immens wichtiges Signal für die Zukunfts-, ja Überlebensfähigkeit unseres Planeten und damit auch eine prioritäre Aufgabe der Diplomatie.

Vor diesem Hintergrund ist der vorliegende Sammelband ein faszinierendes Werk, das im Wege von Erfahrungsberichten aus erster Hand sowie Schilderungen des diplomatischen Lebens und Erlebens den Mehrwert der Diplomatie in verschiedenen Facetten beleuchtet. Die Selbstreflexion von erfahrenen Diplomatinnen und Diplomaten, angereichert zum Teil mit Anekdoten, immer aber gepaart mit dem ernsthaften Versuch, Brücken zwischen Kulturen zu schlagen, ist zugleich ein Beitrag zum besseren gegenseitigen Verständnis, zu internationaler Verständigung und, wo immer nötig, auch Aussöhnung. In Zeiten der Krise – so auch das Plädoyer der Verfasserin dieses Vorworts, die selbst mehrere Jahre als Mitglied im wissenschaftlichen Beirat des Auswärtigen Amtes für VN-Politik tätig sein durfte – braucht es nicht weniger, sondern mehr Diplomatie.

Dabei ist die Diplomatie bereits ein Mehrwert in sich, ein Versuch des Interessensausgleichs, der (oft schwierigen) Lösungsfindung, des konstruktiven Miteinanders, und zwar nicht nur in den klassischen Feldern der internationalen Politik, der Wirtschaft und der multilateralen Verhandlungen, sondern auch in weniger beachteten Anwendungsbereichen. Dazu zählen unter anderem der Kulturerhalt, die Beratung anderer Institutionen, die Öffentlichkeitsarbeit und die Umweltpolitik. Konstruktive diplomatische Methoden sind auch immer dort gefragt. Eben dies reflektiert der vorliegende Band in anschaulicher und lesenswerter Weise. Er macht mit seiner klaren Orientierung an Werten und Idealen, welche Diplomatie nach innen und außen leiten, aber auch dem Willen zur Verteidigung gegen Widerstände in bemerkenswerter Weise deutlich, wozu die klassische Diplomatie auch in Zeiten von digitaler Informationsgewinnung in Echtzeit und professionalisierter Public Diplomacy in der Lage ist.

Es ist der Arbeit der Diplomatinnen und Diplomaten vor Ort, ihrem Engagement und ihrem Geschick geschuldet, dass auch extracurriculäre Projekte und Aktivitäten einen – vielleicht nicht immer spektakulären, aber nichtsdestotrotz substanziellen – „Mehrwert" schaffen. In einem an Karl Marx angelehnten Sinne wird durch eigene geistige Arbeit und physische diplomatische Präsenz den vorhandenen Werten und Praxen etwas durchaus Substanzielles hinzugefügt und tatsächlich „Mehrwert" erreicht. In diesem Lichte betrachtet, besitzt die deutsche Diplomatie mit Blick auf die Zukunft zweifelsohne das Potenzial, ihre Flexibilität unter Beweis zu stellen, Verantwortung zu übernehmen und mit Selbstbewusstsein und Mut zur Lösung von Weltproblemen beizutragen.

Prof. Dr. Dr. Sabine Freifrau von Schorlemer (M. A.)*, Staatsministerin a. D., ist Inhaberin des Lehrstuhls für Völkerrecht, Recht der Europäischen Union und Internationale Beziehungen der TU Dresden sowie des UNESCO-Lehrstuhls für Internationale Beziehungen (Paris / Dresden).*

Zuflucht Shanghai

Der Mehrwert der Diplomatie – ein großes Wort. Wäre es nicht preiswerter, den Auswärtigen Dienst einzudampfen, die Vertretungen Deutschlands „auszudünnen", die Zahl der diplomatischen Vertreter zu reduzieren? Schließlich geriert sich jeder Fußballer als Botschafter seines Landes. Der Begriff ist urheberrechtlich nicht geschützt, ein jeder und eine jede kann sich Botschafter nennen. Also – wohin mit dem Original? Braucht es sie oder ihn noch? Oder „kann das weg"?

Beispiel China, Beispiel Shanghai. Eines der größten Generalkonsulate der Bundesrepublik weltweit, größte Auslandsschule, größte (oder zumindest fast größte) Außenhandelskammer, große Anzahl (mehrere Tausend) deutscher Staatsangehöriger vor Ort. Ein Ort der Superlative. Ein Laboratorium der Moderne. Immer alles gesehen vor der Zäsur, die Corona mit sich brachte. Corona, das Virus, das die Welt veränderte und das auch Chinas Beziehungen zur Außenwelt neu justierte.

Shanghai stand auf dem Reiseplan so gut wie jeder deutschen Delegation. Und deren gab es – wie gesagt: immer gerechnet in Vor-Corona-Zeiten – gar viele. Der Akzent lag in den allermeisten Fällen der Reisen auf Wirtschaftsfragen. Nichts dagegen einzuwenden; über lange Jahre war der Austausch vom Glauben des „Win-win" getragen, von der Annahme, beide Seiten profitierten. Nun kommen Überlegungen zu Abhängigkeiten, zu Naivität mit ins Spiel – diese öffnen den Raum auf eine Sicht, die nicht konzentriert ist allein auf ökonomische Fragen, sondern verstärkt auch kulturelle und geschichtliche Aspekte mit in den Diskurs zieht.

Geschichte und Kultur wollen gerade beim Umgang mit China immer mit bedacht sein – das gilt für alle Länder dieser Welt, bei China sicher auch ganz besonders. Insofern sind Sprachkenntnisse und Wissen um Geschichte und Kultur der Diplomaten vor Ort kein „nice to have" sondern eine conditio sine qua non. Briten, US-Amerikaner machen dies in ihrer akribischen (und durchaus zeitintensiven) Postenvorbereitung vor.

Zurück zu Shanghai: Eine Megacity mit heute – wahrscheinlich – etwa 26 Millionen Menschen. Niemand weiß das so genau. Keine Stadt im (recht elitären) chinesischen Kulturkosmos wie die benachbarten Städte Hangzhou oder Suzhou oder auch Nanjing, die auf eine viel längere Kulturtradition zurückschauen können. Nein, Shanghai ist eine Stadt am Meer (wie der Name besagt), in chinesischer Perspektive noch bis vor kurzer Zeit ein Fischerdorf. Aber auch Gründungsort der chinesischen KP (1921). Eine Stadt, die sich rasant entwickelte und die durch eben ihre Lage am Meer auch immer Fühler nach draußen hatte.

Shanghai erfindet sich immer wieder neu. Für Alteuropäer in geradezu atemberaubender Geschwindigkeit. Das Alte wird nicht zwangsläufig beiseitegeschoben; es kann bestehen bleiben, wenn es nicht stört und Geschäften nicht im Wege steht. Die Stadt ist einerseits das besagte Laboratorium der Moderne, andererseits ein mit Geschichte(n) überhäufter Ort. Shanghai ist über das Meer mit dem Draußen verbunden, das Draußen kommt über die Seefahrt auch nach Shanghai hinein.

So geschehen auch in den 30er-Jahren für einige Tausend jüdischer Vertriebener, die in Shanghai Aufnahme fanden beziehungsweise nach Shanghai fliehen und so ihr blankes Leben retten konnten. Zwischen 1938 und 1947 fanden um die 20 000 Menschen, verjagt aus Deutschland und Österreich, später auch aus Ländern Ost-und Südosteuropas, Zuflucht in Shanghai. Einige wenige kamen auch schon vor 1938 nach Shanghai. So gut wie alle von ihnen verließen Shanghai wieder, die meisten spätestens bis Gründung der Volksrepublik im Oktober 1949. Die letzten blieben bis 1958; nur eine Handvoll blieb für immer. Shanghai war somit Zuflucht, aber doch kein Ort zum Bleiben. Für einige Jahre aber ein Knotenpunkt jüdisch-deutscher Geschichte in China. Und heutzutage ziemlich wenig bekannt. Schändlich wenig bekannt. Insofern – Aufgabe für die deutsche diplomatische Vertretung, dieses Bruchstück deutsch-jüdischer gemeinsamer Vergangenheit dem Vergessen zu entreißen. Wie?

Mit dem üblichen Handwerkszeug. Kontakte spinnen, angelegte pflegen, Ideen einbringen und vor allem diese auch umsetzen. Es gibt ein

Museum im Stadtteil Hongkou, wo das jüdische Ghetto lag. Das Museum wurde vor kurzer Zeit, vor Corona, erweitert und umgebaut. Es wird zum Teil offizieller Stadtgeschichte, was Vor- und Nachteile hat. Der Vorteil liegt in der besseren finanziellen Ausstattung, der Nachteil im eingeengten Blickwinkel und politischen Diskurs. Gleichwohl: Der Besuch dieses Viertels, der Besuch dieser Erinnerungsstätte, an der so viele Lebensfäden zusammenlaufen, sollte ein fester Besuchspunkt eines jeden Shanghai-Reisenden sein. Eine ständige Aufgabe für die Vertretung vor Ort.

Stichwort Lebenslinien: Es gibt unermüdlich Forschende, die diese Linien nicht einfach der Vergangenheit anheimfallen lassen wollen. Eine ist Sonja Mühlberger; unter schwierigen Umständen gelang ihren Eltern (der Vater war unmittelbar nach dem Novemberpogrom 1938 verhaftet und nach Dachau verschleppt worden; er kam frei – mit der Auflage zur Ausreise) der mühsame Weg in den Fernen Osten. Die Tochter Sonja kam dort im Herbst 1939 zur Welt. Eines der „Shanghai Kids", um die sie sich bis heute kümmert, deren Namen sie sammelt und nicht dem Vergessen überlassen will. So ist in jenem Shanghaier Museum eine Wand der Namen entstanden, fast 20 000 sind es. Berühmte und weniger berühmte.

Der ehemalige US-Finanzminister (und ehemalige Direktor des Jüdischen Museums Berlin) Michael W. Blumenthal ist darunter; auch Michael Nathanson, der heute im badischen Schmieheim lebt und dessen Mutter Ruth Nathanson ihre Erinnerungen an Shanghai unter dem Titel „Zwischenstation. Überleben in Shanghai" veröffentlichte. Viele solcher Namen und Geschichten wären aufzuzählen. Jede für sich ergreifend, oft unglaublich die verschlungen absurden Wege, die immer zurückweisen auf den zerstörerischen Irrwitz der NS-Diktatur. Der ist immer im Gepäck der deutschen Vertreter und Vertreterinnen im Ausland, egal wo – zu Recht. Auch heute.

Nochmals: Was hat uns das in China zu interessieren? Einiges. Einmal das Gepäck deutscher Geschichte, die jeder Vertreterin und jedem Vertreter Deutschlands im Ausland mitgegeben ist. Man sollte dies nicht nur als Bürde ansehen, auch als Chance. In dem chinesischen Wort für Krise oder Herausforderung sind übrigens zwei Zeichen als Binomen zusammengefasst, eben das für Krise und das für Chance. Man kann dies als Ansporn nehmen. In Shanghai wurde der Austausch zu chinesischen Institutionen und Wissenschaftlern intensiviert, die sich mit der jüdischen Emigration befassen. In Heidelberg, im dortigen Stadtarchiv, gibt es ein Pendant. Auf europäischer Ebene wurden gemeinsame Veranstaltungen (unter anderem mit dem tschechischen Generalkonsul in Shanghai) initiiert und umgesetzt. Der Vertreter Israels lud zur Synagogennacht ein. Und wenn eine quirlig beeindruckende Frau wie Sonja Mühlberger aus Berlin kommend ihre Geburtsstadt Shanghai besuchte, so setzte sie dort unermüdlich ihre Erinnerungsarbeit fort, gab diese aber in Gesprächen mit der jungen Generation weiter. Wie gesagt – Shanghai hat die größte deutsche Auslandsschule weltweilt. Die Bande mit ihr, mit vielen der Beteiligten, bestehen fort. Es ist eine gemeinsame Arbeit, die sich immer wieder neu bildet. Die Vergangenheit wirkt fort, sie ist nie zu Ende. Denn wie heißt es doch so treffend: Die Vergangenheit ist noch nicht einmal vergangen.

Mir persönlich unter die Haut gegangen ist die Verleihung des Bundesverdienstkreuzes an Frau Mühlberger in Shanghai – selten habe ich mich so in absolutem Einklang gefunden mit der abstrakten Aufgabe, die Bundesrepublik Deutschland vertreten zu dürfen. Ein Moment des Mehrwerts von Diplomatie. Es war ein Augenblick des Verknüpfens von Vergangenheit, Gegenwart und vielleicht auch Zukunft; ein besseres Miteinander, eine Zukunft mit mehr Raum für die Lebenslinien eines jeden Menschen. Frau Mühlbergers Vorträge im Umkreis dieser Auszeichnung, gerade auch vor Schülern, holten uns alle zurück in diese wirre Zeit, zeigten aber auch, dass es sich zu kämpfen lohnt und dass Zusammenhalt und Verständnis füreinander keine leeren Worte sind.

Eines Tages wird auch China seine Pforten wieder weiter und großzügiger öffnen, die rigide Covid-Zero-Strategie hinter sich lassen. Dann wird es nützlich sein, die erprobten Pfade wieder besser zu nutzen. „China matters“, das ist für die Wirtschaft nach wie vor zutreffend. Es gilt auch für das seit vielen Jahren dicht geknüpfte Netz an Beziehungen zwischen den Menschen hier wie dort, sei es über Universitäten, Kommunen oder Kulturschaffende. Der Austausch ist nie „geschafft“, dies ist immer Stückwerk, nie Vollendetes. Aber es lohnt sich – gerade auch an einem Knotenpunkt jüdisch-deutscher Geschichte in der Ferne Ostasiens. Und der Fluchtpunkt jüdisches Exil in Shanghai hat noch viele Seiten zu entdecken und zu erzählen.

Mehrwert von Transitional Justice in der Außenpolitik

Transitional Justice (TJ) ist kein hervorgehobenes Thema des Auswärtigen Amtes. Kleine Teilbereiche wie die Internationale Strafjustiz werden von einem Referenten der Rechtsabteilung abgedeckt. Allerdings treffen deutsche Diplomaten im Ausland immer wieder auf Fragen aus diesem Bereich, auch weil Deutschland als ein Land gilt, das bei der Aufarbeitung der Vergangenheit nach Nazi- und kommunistischer Diktatur erfolgreich war. Hier soll versucht werden, einen Überblick über den Themenkreis TJ zu geben und anhand von erlebten Beispielen den diplomatischen Mehrwert und die Relevanz dieses Themas im Berufsalltag deutscher Diplomaten aufzuzeichnen sowie Anregungen für Handlungsfelder zu geben.

Was ist Transitional Justice (TJ)?

TJ befasst sich mit den Instrumenten, die genutzt werden können, um eine von massiven Menschenrechtsverletzungen geprägte Vergangenheit in einem Gemeinwesen aufzuarbeiten und den Übergang von einer Diktatur zu einer Demokratie oder vom Krieg zum Frieden zu unterstützen. TJ ist noch keine Wissenschaft, die von einem dominanten Paradigma bestimmt wird. Entsprechend viele Definitionen existieren: von lediglich juristischen Maßnahmen bis hin zu weiten Auslegungen, die z. B. auch kulturelle und andere Formen des „Dealing with the Past“ umfassen. Der Begriff wurde in den späten 90er-Jahren des letzten Jahrhunderts geprägt. Die Diskussion über eine umfassende Aufarbeitung von massiven Menschenrechtsverletzungen wurde vor allem im post-diktatorischen Südamerika der 80er- und 90er-Jahre vorangetrieben.

Vergangenheitsaufarbeitung fand aber schon früher statt. Die Nürnberger Prozesse stehen z. B. für eine strafrechtliche, von rechtsstaatlichen Prinzipien geleitete Aufarbeitung. Die strafrechtlichen Verfahren, von Nürnberg und Tokyo über die Gerichte zu Jugoslawien und Ruanda (um nur einige Beispiele zu nennen) bis zum Internationalen Strafgerichtshof in Den Haag gehören sicher zum Bereich der TJ.

Gleiches gilt für die zivilrechtliche Aufarbeitung: Wiedergutmachung für Leiden und/oder Verluste durch Restitution und Kompensation.

Auch die „verwaltungsrechtliche" Aufarbeitung in Form von Lustration (Entfernung belasteter Personen aus öffentlichen Ämtern) und Wiedereinstellungen rechtswidrig und willkürlich Entlassener gehört zur TJ. Erinnerungskultur, sei es in Form von Wahrheitskommissionen oder von Denkmälern, Gedenkstätten und Museen, hat hier ebenfalls einen Platz. Andere Elemente, die manche Autoren hinzufügen, sind Reformpolitik zur Förderung und Konsolidierung von Demokratie und Rechtsstaat, Überarbeitung von Schulbüchern, Reintegration von Tätern, Aufarbeitung von Konfliktursachen u. a.

Bezug zur Außenpolitik?

Die Bedeutung von TJ wurde mir erst nach vielen Dienstjahren klar: als Gründungsdirektor der Internationalen Akademie Nürnberger Prinzipien von 2014 bis 2016. Rückblickend erkannte ich, wie häufig ich in über 30 Dienstjahren mit TJ konfrontiert war. Dies liegt auch an der Geschichte unseres Landes.

Deutschland wird in vielen Ländern als Beispiel für einen recht gut gelungenen Umgang mit der Vergangenheit und für erfolgreiche TJ angesehen. Deutsche Maßnahmen zum Umgang mit Nazi- und SED-Diktatur gelten als interessante Beispiele und für manche als Vorbilder. Dabei ist das „Labyrinth des Schweigens" (so der Titel eines Films über Fritz Bauer, der den Frankfurter Ausschwitz-Prozess gegen massive Widerstände vorangetrieben hat), das den deutschen Umgang mit der Nazi-Vergangenheit bis in die 60er-/70er-Jahre dominierte, im Ausland wenig bekannt

Guinea 1986 - 1989

Der Kontakt mit dem Thema entstand zum ersten Mal bereits auf unserem ersten Auslandsposten 1986-89 in Guinea. Das Land war bis 1984 vom ersten Präsidenten nach der Unabhängigkeit, Sékou Touré, mit zunehmender Brutalität regiert worden. Die Zahl seiner Opfer wird auf 50 000 geschätzt, darunter auch zwei Westdeutsche, die auf der Grundlage von der Stasi fabrizierter „Beweise“ in das mitten in Conakry gelegene Konzentrationslager Camp Boiro gesteckt wurden. Im Camp Boiro allein starben wohl mehr als 10 000 Menschen, auch einer der beiden Deutschen. Vor diesem Hintergrund baten Familienmitglieder von Opfern kurz vor Ende meiner Dienstzeit in Conakry die Botschaft, eine Gedenktafel zu finanzieren, was wir befürwortend an das Auswärtige Amt weitergeleitet haben. Ob die Gedenktafel errichtet wurde, habe ich nicht mehr erfahren. Sie wäre (oder: wurde?) ein Beitrag zur Erinnerungskultur des Landes und eine Erinnerung an eine in der Elite wie in der Bevölkerung wenig präsente brutale Diktatur.

Südafrika 1989 - 1991

Südafrika war unser nächster längerfristiger Auslandsposten. Wenige Tage nach unserer Ankunft begann hier das Ende des Apartheidregimes symbolisch. Nelson Mandela wurde aus dem Gefängnis entlassen. Ein zentraler Diskussionspunkt über eine Post-Apartheidsgesellschaft war die Frage der zukünftigen Wirtschaftsverfassung, der Umverteilung des Reichtums des Landes und der Kompensationen für Jahrhunderte von Landraub, Unterdrückung und Ausbeutung. Teile des Widerstands gegen das Apartheidsregime, vor allem die im Exil sozialisierten Kader des African National Congress ANC, waren durch die langfristige Unterstützung durch die damals noch existierende kommunistische Staatenwelt geprägt. Viele hatten dort studiert, sahen die Sympathien vieler Vertreter demokratischer Staaten für das Apartheid-Regime und neigten daher staatssozialistischen Modellen zu. Dies verstärkte wiederum die zögerliche Haltung vieler westlicher Botschafter gegenüber dem ANC:

„Kommunismus ist schlimmer als Apartheid" – so hieß es auch in unserer Botschaft zeitweise.

Nach meinem Eindruck war den Untergangspredigern aus westlichen Ländern dabei entgangen, dass viele aus dem inner-südafrikanischen Widerstand längst verstanden hatten, dass der verknöcherte Staatssozialismus keine Perspektive mehr darstellte.

In langen Diskussionen vor allem mit Vertretern der United Democratic Front, einer Art legaler Frontorganisation des noch verbotenen ANC, habe ich versucht, Interesse für das wohl umfassendste Programm legaler Umverteilung zu wecken, das die Weltgeschichte gesehen hat: den Lastenausgleich nach dem 2. Weltkrieg. Kollegen im Auswärtigen Amt beschafften mir Informationen, und selbst der konservative Botschafter akzeptierte, dass ich in meinen Gesprächen über dieses Projekt informierte. Interesse fand ich allerdings nur bei Intellektuellen im Umfeld des ANC (und ausgerechnet beim Vorsitzenden der Kommunistischen Partei). Das Konzept eines Lastenausgleichs wurde von deutschen politischen Stiftungen noch für einige Zeit nach unserer Versetzung in der Diskussion gehalten, fand aber keinen Platz in der Regelung der Machtübergabe von der weißen Minderheit an die Bevölkerungsmehrheit. Staatliche Umverteilung spielt seit dem Ende des Apartheidregimes eine deutliche Rolle im politischen Diskurs in Südafrika. Umfassende Maßnahmen ähnlich dem Lastenausgleich oder großflächige Enteignungen fanden aber nicht statt.

Wesentliches Instrument zur Aufarbeitung der rassistischen Vergangenheit wurde die von Erzbischof Tutu geleitete Wahrheitskommission.

Kompensation und Restitution gehören zu den besonders schwierigen Themen der TJ. Dies zeigt auch die politische Diskussion in Deutschland. Herero und Nama fordern Entschädigung für den deutschen Völkermord an ihren Ahnen in Namibia. Viele Länder, vor allem in Afrika, fordern die Rückgabe während der Kolonialzeit gestohlener Kunstwerke. Es wird diskutiert, blockiertes russisches Auslandsvermögen für Schadenersatz an die Ukraine zu verwenden. Nachkommen der vor allem aus Afrika entführten Sklaven und Sklavinnen fordern Entschädigung. Griechenland, Italien und Polen stellen immer wieder Forderungen an Deutschland. Die Liste ließe sich fortsetzen. Sie zeigt, dass Geschichte nicht verjährt. Gleichzeitig zeigt die Überforderung Deutschlands durch die Reparationsleistungen, die der Versailler Vertrag auferlegte, dass auch Kompensation Grenzen an der Leistungsfähigkeit der Kompensierenden findet.

Andererseits ist kaum ein Täter bereit, freiwillig Kompensation zu leisten. Schon die ersten Entschädigungen, die Deutschland nach dem 2. Weltkrieg leistete, entstanden unter alliiertem Druck. Auch die letzte „große" Entschädigung, für Zwangsarbeiter 2000, wurde erst unter dem Druck drohender Klagen gegen deutsche Firmen in den USA Realität. Gleichzeitig begrenzen die Regeln des internationalen Rechts Forderungen und Ansprüche, so z. B. die Staatenimmunität. So werden Kompensation und Restitution zu Aushandlungsprozessen, die zumeist auch die Täterseite weiterbringen: Sie definieren wie andere Elemente der TJ, was falsch und unakzeptabel war und tragen so zur Delegitimierung der Täter bei. Gleichzeitig erkennen sie das Unrecht an, das den Opfern angetan wurde und stärken diese.

Traditionell wurde das kollektive Gedächtnis in Bezug auf Kriege oder Diktaturen von den Siegern geprägt. Die Stärkung der Rolle der Opfer durch Kompensation und Restitution hat hier das Bild zumindest beeinflusst. Wiedergutmachung verändert das historische Narrativ zugunsten der Opfer, sie stellt klar, dass das, was geschehen ist, falsch war.

Estland 1991 - 1994

Von Pretoria führte uns der Weg 1991 in das gerade befreite Estland. Hier spielte eine Aufarbeitung der Vergangenheit oder TJ im politischen Raum nur eine begrenzte Rolle. Die sowjetischen Unterdrücker waren (bis auf Militärstützpunkte, die noch bis 1994 genutzt wurden) abgezogen, estnische Kollaborateure waren nach Russland ausgewichen oder aus dem politischen Leben verschwunden. Der Propagandafeldzug, den Russland gegen Estland inszenierte, wurde abgetan. Dieser konzentrierte sich auf die Beteiligung vieler Esten zusammen mit deutschen Truppen am Kampf gegen die Rote Armee und auf estnische Beteiligung am Holocaust. Der erste Vorwurf wurde mit dem Verweis auf die Verteidigung der Heimat nach den Gräueln sowjetischer Besatzer, die das Land nach dem Hitler-Stalin-Pakt erfahren hatte, zurückgewiesen. Die Erinnerungskultur war von den Leiden infolge des Hitler-Stalin-Paktes bestimmt. Wir kannten kaum eine estnische Familie, die nicht über Opfer berichtete. Dies ließ die Verbrechen im Rahmen des Holocaust, an politischen Gefangenen und an sowjetischen Kriegsgefangenen zwischen 1941 und 1944 in der kollektiven Erinnerung – abgesehen vom Schicksal der estnischen Juden – zurücktreten. Der Erinnerungsdiskurs stellte die eigene nationale Opferrolle in den Mittelpunkt. Die massive Einwanderung meist russischsprachiger Arbeitskräfte wurde nach 1945 als „kultureller Genozid" wahrgenommen.

Diesem Narrativ stehen der Vorwurf estnischer Kollaboration im Holocaust und das russische Narrativ entgegen, das (vergleichbar mit den versuchten Rechtfertigungen für den Überfall auf die Ukraine) die massive Repression der Nachkriegszeit mit dem „Kampf gegen den (estnischen) Faschismus" begründete. Die unterschiedlichen Narrative hinterlassen bis heute Spuren und Hürden im Verhältnis zwischen Esten und Teilen der russischstämmigen Bevölkerung des Landes.

Das weitgehende Vergessen der Ermordung von etwa 10 000 nach Estland deportierten Juden und von sowjetischen Kriegsgefangenen unter Beteiligung von Esten bot der russischen Propaganda gute Ansatzpunkte. 1998 setzte der damalige Staatspräsident Lennart Meri die „Estonian International Commission for Investigation of Crimes Against Humanity" ein. Der Kommission gehörten keine estnischen Mitglieder an, um Interessenkonflikte zu vermeiden. Ihre Aufgabe war, Verbrechen gegen die Menschlichkeit zu untersuchen, die in Estland und gegen estnische Bürger während der deutschen und sowjetischen Besatzung und im Rahmen des Holocaust begangen wurden. Sie zeichnete ein realistisches Bild.

„Wahrheitskommissionen“ stellen ein wichtiges Instrument der TJ dar. Sie tauchten zuerst in den 1980er-Jahren in Lateinamerika nach der Straffreiheit für Militärs und ihre politischen Helfer auf. Ihr Ziel war einerseits, einen Kontrapunkt gegen eine Kultur des Vergessens und Verleugnens zu setzen. Daneben sollten sie die Täter der Vergangenheit, die aufgrund politischer Entscheidungen nicht bestraft werden konnten, delegitimieren. Die Kommissionen zeichneten auf, welche Verbrechen geschehen waren, und zeigten damit, wer sich schuldig gemacht hatte. Ewa 40 Kommissionen arbeiteten, vor allem nach Bürgerkriegen (beispielsweise in Sierra Leone, Liberia, Guatemala, El Salvador, Osttimor), aber auch in postkommunistischen Staaten wie Estland, Litauen und Rumänien sowie Deutschland (mit Bezug auf die DDR). Die südafrikanische Wahrheits- und Versöhnungskommission zielte zudem auf nationale Aussöhnung. Die Täter, die sich zu ihrer Schuld bekannten, hatten eine Chance auf Straffreiheit. Mit massivem Medieneinsatz wurden die Ergebnisse der Kommission in die Öffentlichkeit getragen. Opfern wurde zudem die Möglichkeit gegeben, ihr Leid öffentlich darzustellen und Gehör zu finden.

Inwieweit all diese Ziele zumindest annäherungsweise erreicht werden, bedarf noch viel wissenschaftlicher Forschung. Zumindest die Delegitimierung der Täter scheint in vielen Fällen gelungen zu sein.

Referat Südosteuropa/Westlicher Balkan 1994 - 1998

Im Sommer 1994 kehrten wir nach Deutschland, damals noch nach Bonn zurück. Es folgten 4 1/4 Jahre als stellvertretender Leiter des Referats „Westlicher Balkan“.

Kurz vor meiner Ankunft im Referat war 1993 der Jugoslawien-Gerichtshof ICTY gegründet worden. Dies war ein großer Schritt vorwärts im Bereich TJ. Erstmals seit dem Nürnberger und dem Tokioter Kriegsverbrechertribunal entschied die internationale Staatengemeinschaft, Verbrecher, die mutmaßlich Kriegsverbrechen, Verbrechen gegen die Menschlichkeit oder Völkermord begangen hatten, von internationalen Richtern und Staatsanwälten untersuchen und bestrafen zu lassen. Hiermit verbanden sich weitreichende Hoffnungen: Bestrafung der Schuldigen, Genugtuung für die Opfer, Abschreckung, Entfernung der Schuldigen aus der Politik sowie die Förderung der Justiz im Bereich Kriegsverbrechen in ihren Heimatländern, eine erzieherische Wirkung, um eine Wiederholung derartiger Verbrechen zu verhindern.

Diese Ziele wurden bis zur Auflösung des ICTY 2017 nur begrenzt erreicht. Nachdem der ICTY über die ersten Jahre kaum eines Kriegsverbrechers habhaft werden konnte (als der Völkermord in Srebrenica begangen wurde, war nur ein niederrangiger Kriegsverbrecher in Haft, dieser war zudem in Deutschland festgenommen worden), wurden in einer späteren Phase, lange nach dem Ende der Jugoslawienkriege, doch hochrangige Führer angeklagt und vor Gericht gestellt: Milosevic, Mladic und Karadzic stehen hier für etliche andere. Dennoch blieb die Zahl der Verurteilungen gering: Nur 83 Verurteilungen nach jahrelangem Massenmord (daneben einige Überstellungen an andere Gerichte) sind eine niedrige Zahl, auch wenn am Ende einige Hauptkriegsverbrecher verurteilt wurden.

Zu beachten bleibt jedoch, dass auch andere Verbrechen gegen die Menschlichkeit, Völkermord oder Kriegsverbrechen nicht umfassend bestraft wurden. So wird die Zahl der Beteiligten am Holocaust auf 250 000 bis 500 000 geschätzt. Verurteilt wurden in den von Deutschland besetzten Ländern und in Deutschland selbst höchstens 50 000. In Westdeutschland und im wiedervereinigten Deutschland wurden rund 6 500 NS-Straftäter verurteilt, über 4 400 von ihnen zwischen 1945 und 1949, als die deutsche Justiz nur an Deutschen oder Staatenlosen begangene Verbrechen verfolgen durfte. In diesem Zeitraum wurden vor allem Euthanasie- Verbrechen und Verbrechen der letzten Kriegsmonate (gegen „Wehrkraftzersetzer“ u. ä.) geahndet.

Selbst oberste Verantwortliche wurden in den frühen 50er-Jahren zumeist schnell begnadigt.

Dennoch sollte die Wirkung von Strafprozessen nicht unterschätzt werden. Hier stellen Richter fest, dass Verbrechen begangen worden sind und stigmatisieren so die Täter und ihre Gesinnungsgenossen. Ruti

Teitel, eine der Vordenkerinnen der TJ, bezeichnete auch leichte Strafen oder frühe Begnadigungen als wichtige Zeichen, dass die Taten „böse" und „falsch" waren. Die Verurteilten werden desavouiert, sie haben kaum die Möglichkeit, sich ihrer Taten zu rühmen. Zumindest dies trägt zu einem Wandel in Tätergesellschaften bei. Voraussetzung dafür ist aber, dass die Strafen zumindest als Reaktion auf strafwürdiges Verhalten von der Allgemeinheit akzeptiert werden. Die Heldenempfänge für Kriegsverbrecher in Serbien, die nach abgesessener Strafe zurückkehrten, zeigen, wie wichtig diese Voraussetzung ist.

Die Abschreckungswirkung der Verfahren und von einer internationalen Strafgerichtsbarkeit insgesamt ist umstritten.

Die Internationale Akademie Nürnberger Prinzipien (s. u.) hat diese Frage im Rahmen eines Projektes in mehreren Konfliktländern untersucht. Im Ergebnis konnte z. B. in Kosovo eine bemerkenswerte Parallelität zwischen der Anklageerhebung gegen Milosevic und dem Rückgang serbischer Kriegsverbrechen beobachtet werden (und eine massive Zunahme serbischer Vertuschungsversuche). Eine konsolidierte Meinung zur Abschreckungswirkung scheint es in der TJ aber noch nicht zu geben. Die jüngsten offensichtlichen russischen Kriegsverbrechen in der Ukraine zeigen auf jeden Fall, dass die Abschreckungswirkung nicht groß genug ist.

Verurteilungen stellen fraglos eine Genugtuung für die Opfer dar. Wenn Verbrecher nach ihrer Entlassung in ihrer Heimat aber als Helden gefeiert werden, schlägt diese Genugtuung schnell in Bitterkeit um. Die angestrebte heilende Wirkung von Verurteilungen geht zurück oder verschwindet, Versöhnung wird verhindert, auch die Generalprävention durch Verurteilungen wird eingeschränkt oder aufgehoben. Welche Faktoren beeinflussen, dass Gesellschaften Unrecht als Unrecht akzeptieren, ist noch wenig erforscht.

Kosovo 1998 - 1999

Im Oktober 1998 wurde ich stellvertretender Missionschef der Kosovo Verification Mission KVM der OSZE und zuständig für die Abteilung Menschenrechte, Demokratisierung und Wahlvorbereitung. Die Mission verließ den Kosovo im März 1999 wieder, nachdem deutlich geworden war, dass vor allem die serbische Seite uns zunehmend zu ignorieren versuchte und ihren Krieg gegen die UCK, verbunden mit massiven Übergriffen auf die kosovoalbanische Zivilbevölkerung, unbeirrt weiterführte. Die nachfolgenden ethnischen Säuberungen durch Serbien sind bekannt. Nach der Evakuierung nach Skopje wurde die Mission drastisch verkleinert. Mit meinem Rest-Team bauten wir in den Flüchtlingslagern u. a. kleine Zentren auf, in denen Flüchtlinge über selbst erlittene oder beobachtete Menschenrechtsverletzungen berichten konnten (veröffentlicht unter dem Titel „Kosovo/Kosova As Seen, As Told").

Unsere Arbeit in diesem Bereich war „TJ von unten" – Dokumentation von Menschenrechtsverletzungen. Welche Relevanz hatte diese Arbeit? Ein hochrangiger Staatsanwalt des Jugoslawien-Gerichtshofes sagte mir später, jeder in der Staatsanwaltschaft habe unser Buch auf seinem Schreibtisch gehabt. Gleichzeitig wurde klar, dass die Zeugenaussagen, die wir gesammelt hatten, kaum gerichtsverwertbar waren. Nur sehr wenige im Team (einzelne zur OSZE abgeordnete Polizisten) hatten Erfahrung mit der Aufnahme von Zeugenaussagen, für alle anderen war dies Neuland. Dennoch – so der Staatsanwalt – war es möglich, einige der von uns interviewten Zeugen zu finden und so staatsanwaltschaftlich-professionell Material für Anklagen zu sichern. Zudem stellten unsere Zelte in den Flüchtlingslagern für die Zeugen selbst eine wichtige Gelegenheit dar, über die fürchterlichen Dinge zu sprechen, die sie erlebt hatten. Eine mir bekannte Familie aus Suhareka bestand darauf, mir über das Schicksal der meisten Familienmitglieder zu berichten, die von Serben ermordet worden waren. Dabei wurde mir wieder mit bedrückender Deutlichkeit klar, welchen enormen psychischen Belastungen meine Kollegen bei ihren Gesprächen ausgesetzt waren. Die tägliche Konfrontation mit dem Grauen hat die Kollegen und Kolleginnen, die bereit waren, mit mir über ihre Gefühle zu sprechen, zutiefst betroffen gemacht. Gleichzeitig fühlten sie die Dankbarkeit von Opfern und Zeugen, sprechen zu können, und waren kaum zu Pausen zu bewegen.

Die Dokumentation von Kriegsverbrechen gehört zuerst in die Hand von Polizei und Staatsanwaltschaft. Die OSZE hat sich damals in diesem Bereich engagiert, weil noch keine anderen Strukturen vorhanden waren. Situationen, in denen ausgebildete Polizisten und Staatsanwälte fehlen, werden in zukünftigen Konflikten wieder auftauchen. Eine Reihe von NGOs hat inzwischen das Know-how aufgebaut, um derartige Aufgaben zu übernehmen. Deutschland kann hier einen finanziellen Beitrag leisten.

Rumänien 1999 - 2002

Nach dem guten Jahr im Kosovo wurde ich von Ende 1999 bis 2002 nach Rumänien versetzt. Die Aufarbeitung der kommunistischen Vergangenheit hatte dort gerade erst begonnen. Ich hatte Kontakt zu einigen Dissidenten der kommunistischen Ära, die sich mit TJ beschäftigten. Die Themen der TJ spielten aber nur eine relativ geringe Rolle im öffentlichen Diskurs.

Albanien 2007 - 2010

Nach 5 Jahren in der Zentrale folgte eine Versetzung nach Albanien als Botschafter. Kurz nach meiner Ankunft im August 2007 startete ein Kulturmonat aus Anlass des 20. Jahrestages der Aufnahme diplomatischer Beziehungen mit Albanien. Wir organisierten die Vorführung des Films „Das Leben der Anderen“ über die Machenschaften der DDR-Stasi. Er sollte eine bleibende Erinnerung hinterlassen. Der Kinosaal war bis zum letzten Platz besetzt, nach dem Film entstand eine lebhafte Diskussion: „Warum machen wir keine Filme über die kommunistische Zeit?“, hieß es, und viele andere Fragen wurden gestellt.

Das so offenkundige Bedürfnis von Teilen der albanischen Gesellschaft, sich mit der Vergangenheit auseinanderzusetzen, veranlasste uns, unsere Kultur- und Öffentlichkeitsarbeit stärker an diesem Thema auszurichten: Marianne Birthler als Leiterin der Stasiaktenbehörde kam nach Tirana, ebenso Anna Kaminsky, Leiterin der Bundesstiftung zur Aufarbeitung der SED-Diktatur. Wir förderten albanische NGOs, die sich dem Thema – gerade im Dialog mit der jüngeren Generation – widmeten, organisierten Einladungen nach Deutschland und konnten vor allem die Konrad-Adenauer-Stiftung überzeugen, sich intensiver mit dem Thema in Albanien zu beschäftigen. Leider war die regierende Demokratische Partei wenig an einer Aufarbeitung der Geschichte interessiert.

Kosovo 2013 - 2014

Im Januar 2013 trat ich die Stelle des Leiters der EU-Rechtsstaatsmission im Kosovo, EULEX, an und verließ die Mission nach einer Verlängerung wieder im Oktober 2014. Die EULEX-Mission verfügte über exekutive Rechte, d. h., sie konnte unabhängig vom kosovarischen Staat ermitteln und Straftäter verurteilen. Das Mandat umfasste 4 große Bereiche der TJ: Verfolgung von Kriegsverbrechen, Mithilfe bei der Suche nach Vermissten, Restitution von Eigentum und die Abwicklung ehemals staatlicher Betriebe und vor allem von Betrieben in „sozialem Eigentum“, einer Besonderheit des jugoslawischen Sozialismus.

Während Verfahren wegen Korruption oder Organisierter Kriminalität in der kosovarischen Öffentlichkeit eher positiv gesehen wurden, gab es bei Verfahren gegen kosovarische Kriegsverbrecher Proteste. Viele beklagten sich über eine Einmischung in die kosovarische Souveränität und darüber, dass mehrheitlich kosovarische Kriegsverbrechen angeklagt wurden und weniger Serben, die weit mehr Kriegsverbrechen begangen hatten. Kleinere Gruppen protestierten dagegen, dass die „Helden“ der Befreiung überhaupt belangt wurden. Diese Gruppe blieb überschaubar, was mir zeigte, dass die vielen Jahre internationaler Förderung von NGOs und einer Auseinandersetzung mit der Vergangenheit durchaus Früchte getragen hatten. Serbische Kriegsverbrechen waren von der Mission schwer zu verfolgen: Wenige Verdächtige hielten sich in Kosovo auf, die kosovoserbische Gemeinde vor allem im Nord-Kosovo hätte kaum jemals Kriegsverbrecher ausgeliefert oder Beweismaterial gegen sie geliefert. Wenige Festnahmen im Nord-Kosovo erfolgten unter Risiken und führten zu massiven Protesten von serbischer Seite. Zudem wurde mir im Gespräch mit der serbischen Regierungsführung zwar mehrfach Zugang zu Archiven zugesagt, dieser erfolgte aber während meiner Dienstzeit bei EULEX nicht.

Viele Diskussionen, öffentlich und im kleinen Kreis, zeigten mir, wie notwendig es ist, internationale Strafjustiz immer wieder zu erläutern, um dem Vorwurf der Parteilichkeit, Einseitigkeit oder mangelnder Rechtsstaatlichkeit entgegenzutreten. Eine internationale Mission mit exekutiver Funktion stellt einen schwerwiegenden Eingriff in die Souveränität eines Landes dar. Fragen nach Gleichbehandlung mit anderen Staaten, in denen ähnliche Verbrechen zu untersuchen wären, wurden immer wieder gestellt. Daneben stehen internationale Missionen unter schärfster Beobachtung. Vorwürfe nicht rechtsstaatlichen Verhaltens können (und sollen oft) ihre Glaubwürdigkeit unterhöhlen. Vorwürfe gegen einen unserer Richter, er habe sich bestechen lassen, habe ich deshalb ausführlich untersuchen lassen. Die Korruptions-Untersuchungen wurden einige Zeit nach meiner Abreise eingestellt.

Internationale Akademie Nürnberger Prinzipien 2014 - 2016

2014 ging ich nach Nürnberg, als Gründungsdirektor der Internationalen Akademie Nürnberger Prinzipien. Diese Stiftung zur Förderung des Völkerstrafrechts hat ihren Sitz am historischen Ort der Nürnberger Prozesse, dem Gebäude des Justizpalastes Nürnberg. Die Akademie will entsprechend ihrer Satzung das Völkerstrafrecht fördern, Forschung betreiben, Praktiker des Völkerstrafrechts fortbilden und zur Menschenrechtsbildung beitragen.

Viele Anregungen zu konkreten Projekten kamen aus unserem Kuratorium, ich habe versucht, meine praktischen Erfahrungen in die Schwerpunktsetzung der Akademie einfließen zu lassen. Wichtige Projekte (um einige Beispiele zu nennen) waren eine Datenbank zur Akzeptanz internationaler Strafjustiz, regionale Untersuchungen in Konfliktgebieten zur

Abschreckungswirkung internationaler Strafjustiz, eine Publikation zur TJ in Deutschland nach 1945 und nach 1990 (https://www.nurembergacademy.org/de/veroeffentlichungen/einzelveroeffentlichungen/) in 6 Sprachen, eine aus Diskussionsveranstaltungen entstandene Studie zu Islamischem Recht und internationalem Strafrecht oder eine Studie zu Handlungsmöglichkeiten im Rahmen des internationalen Strafrechts in der Republik Zentralafrika. Wichtiges Ziel war, Kompetenz in Justiz und Forschung aufzubauen, vor allem in von Menschheitsverbrechen betroffenen Staaten. Hierzu haben wir Moot Courts und Schulungen angeboten, interdisziplinäre Forschungsprojekte unter Anleitung renommierter Wissenschaftler wurden vor allem von jungen Wissenschaftlern in diesen Staaten durchgeführt.

Albanien 2016 - 2020

Im Herbst 2016 wurde die OSZE-Präsenz in Tirana zur letzten Station meines Berufslebens. Bald erfolgten wieder Einladungen, zu TJ-Fragen zu sprechen. Inzwischen war auch die Auseinandersetzung mit der (kommunistischen) Vergangenheit seit einem Regierungswechsel 2013 intensiver geworden. Die Verwaltung und Offenlegung der Unterlagen der ehemaligen Staatssicherheit Sigurimi oblag einer Behörde mit einer sehr kompetenten und dynamischen Leiterin. 3 Museen widmeten sich – ganz oder teilweise – der brutalen Unterdrückung unter dem Steinzeitkommunismus von Enver Hoxha und Ramiz Alia, erste Gedenkstätten waren entstanden. Eine strafrechtliche Aufarbeitung hat in Albanien jedoch praktisch nie stattgefunden. Allerdings läuft in München ein Untersuchungsverfahren gegen einen mutmaßlichen Sigurimi-Täter nach dem Weltrechtsprinzip („Verbrechen gegen die Menschlichkeit"). Sehr sichtbare öffentliche Veranstaltungen, wie eine Gedenkveranstaltung im Parlament, bei der ich sprechen durfte, verschafften dem Thema weitere öffentliche Wirkung.

Viele Protagonisten einer TJ in Albanien bedauerten mangelnden wissenschaftlichen Tiefgang in der Diskussion. Ein Team engagierter Kollegen bei der OSZE entwarf daraufhin ein Konzept für die Gründung eines multidisziplinären Masterstudienganges TJ an der Universität Tirana. Die Bundesrepublik Deutschland finanzierte unser Projekt weitgehend. Neben ersten inhaltlichen Aktivitäten wurde zusammen mit internationalen Experten ein Curriculum erarbeitet. So konnte eine langfristig tragfähige wissenschaftliche Basis für weitere Arbeiten zu dem Thema geschaffen werden.

Transitional Justice als Mehrwert in der Diplomatie?

Ich habe versucht darzustellen, wie oft Fragen aus dem Bereich Transitional Justice das Berufsleben eines deutschen Diplomaten berühren können. Die Diskussion über den Umgang mit der Vergangenheit findet in vielen Ländern statt. Interesse an deutschen Erfahrungen mit dem Umgang mit der Vergangenheit besteht in der Zivilgesellschaft sehr vieler Länder, teilweise auch bei Regierungen. Die Zahl der Länder, die sich ausländischen Beiträgen zu dieser Diskussion verweigern, ist überschaubar. Deutsche Diplomaten und Diplomatinnen, die sich mit dem Thema beschäftigen, können in vielen Gastländern einen Beitrag leisten und damit auch einen Mehrwert ihrer Arbeit – weit über die diplomatischen Routine hinaus – erzielen.

Auf WhatsApp steht neben meinem Namen ein Foto mit einem Banner, übersetzt: „Je besser wir Diktaturen verstehen, umso leichter bauen wir eine Demokratie auf." TJ hilft dabei.

Diplomatie und soziale Medien – wo liegt der Mehrwert, wo die Grenzen der Public Diplomacy?

Wann ist der Begriff „Public Diplomacy" in mein berufliches Leben getreten? Ich kann es nicht mehr genau sagen. Während meiner ersten Auslandsjahre, Mitte der 80er-Jahre als politischer Sekretär in Moskau – in Zeiten Tschernenkos und Gorbatschows – und in den Spätjahren von Siad Barre in Mogadischu, blieb mein berufliches Handeln unberührt von allem, was heute unter diesen Begriff fällt.

Natürlich hatte das Auswärtige Amt bereits in dieser Zeit ein Pendant: „Öffentlichkeitsarbeit" oder – präziser – „Öffentlichkeitsarbeit Ausland", aber das waren Zeiten, in denen ein Auftreten von Diplomaten vor der Presse im Ausland noch spezieller Genehmigung durch das Pressereferat bedurfte. Das wandelte sich langsam, nachdem auch das Auswärtige Amt 1993 eine eigene Website schuf, die Botschaften eigene Webplattformen bekamen und unser diplomatisches Dasein Schritt für Schritt in eine neue Welt eintauchte. Weit waren wir aber von einer Welt, in der ein fremder Botschafter zum aktiven Teilnehmer innenpolitischer Debatten und Auseinandersetzungen wurde, wie 2022 der ukrainische Kollege Andrej Melnyk in Deutschland.

Kein ausländischer Botschafter hat in der kurzen Geschichte der Bundesrepublik wohl den Bekanntheitsgrad des ukrainischen Botschafters Andrij Melnyk erlangt. Zwar wurde auch der Vertreter des US-Präsidenten Trump, Grenell, eine öffentlich wahrgenommene Figur, und andere konnten kurzfristig die Aufmerksamkeit des bunten Blätterwaldes finden, wie der Schweizer Thomas Borer, aber keiner hat die Medien und auch die sozialen Medien so aktiv wie Melnyk genutzt, äußerte sich so breit in Zeitungen und war in den Talkshows so präsent.

Dies hat mich, nicht zuletzt da ich selber Botschafter in der Ukraine mit Medienpräsenz war, auch dazu gebracht nachzudenken, inwieweit ich die sozialen Medien als nützlich für meine Arbeit fand, welche Erfahrungen Kollegen hatten, wo diese Arbeit einen Mehrwert bot und wo die Grenzen ihres Gebrauches liegen – und liegen sollten. Der Fall Melnyk erscheint mir auch deswegen wichtig, weil er die konkreten Fallstricke zeigt, die die neue offizielle deutsche Linie – nämlich „Sichtbarkeit“ und „klare Kante zeigen“ – nicht wirklich benennt.

Public Diplomacy und Propaganda

Public Diplomacy als Begriff entstand natürlich im angelsächsischen Raum, lange bevor er in der deutschen Welt der Diplomatie auftauchte. Er wurde zunächst als Einwirkung der Regierung auf ausländische Öffentlichkeiten verstanden mit dem Ziel, die Vorstellungen des eigenen Landes und – vor allem – der eigenen Politik bekannt zu machen und dafür zu werben. Darüber, wie stark es sich um die Beeinflussung im Sinne der Durchsetzung politischer Ziele handelte, gab es in der Theorie unterschiedliche Vorstellungen – auf jeden Fall deutete der Begriff die Bereitschaft an, proaktiv auf Bevölkerungen anderer Länder einzuwirken. Er blieb bewusst vage: Im internationalen Kontext war er eine freundliche Umschreibung dessen, was sich im angelsächsischen Raum zuvor unter dem Begriff der Public Relations entwickelt hatte, eine Weiterentwicklung des Begriffs Propaganda.

Letztlich ging dies zurück auf die Theorien der Beeinflussung im Sinne von Edward Bernays, der bereits im Ersten Weltkrieg die Notwendigkeit sah, auch in Demokratien die Öffentlichkeit zu beeinflussen. Diese Beeinflussung sollte so gestaltet werden, dass man die übernommene Meinung möglichst als die ursprünglich eigene definierte. Als Mitglied des „Committee on Public Information“ hatte Bernays im Ersten Weltkrieg wesentlichen Anteil an einer Meinungsänderung der Öffentlichkeit hin zur Bereitschaft, in den Krieg einzutreten. Mit seinem Buch „Propaganda“ legte er dann die Grundlage für eine weitere Entwicklung der Gedanken, wie Massen auch im Sinne eines „engineering of consent“ beeinflusst werden konnten. Dies war natürlich dann für Staaten wie das nationalsozialistische Deutschland von Bedeutung – interessant war, wie Goebbels sein Ministerium bezeichnete: „Volksaufklärung und Propaganda". Zu weit würde es führen, hier über die Meinungsbeeinflussung im heutigen Russland zu schreiben, die die nationalsozialistische Verbindung von „Aufklärung" und Propaganda wieder aufgreift.

Natürlich liegen Welten zwischen dem, was innerhalb von Staaten durch nachhaltige Propaganda erreicht werden kann, und dem, was Regierungen im Ausland „regierungsamtlich" in fremden Staaten erreichen können. Aber die mediale Globalisierung führt dazu, dass auch staatliches Auftreten im Ausland sich in ein komplexes Geflecht des Versuchs der Beeinflussung einfügen kann – und immer häufiger einfügt. Sich eigentlich in den – von Joseph Nye geprägten – Begriff der „soft power" einfügend, gewinnt diese Beeinflussung in einer zwischen Demokratien und Diktaturen gespaltenen Welt wieder eine neue Dynamik.

Das Auswärtige Amt und der Weg in die digitale Diplomatie

Die Entwicklung des Denkens im Auswärtigen Amt von den Theorien zur Public Diplomacy bis hin zur „digitalen Demokratie", wie es heute in den einschlägigen Erlassen heißt, aufzuzeigen, würde den Rahmen dieses kleinen Aufsatzes sprengen. Jedenfalls hat auch das Auswärtige Amt die verschiedenen Aufs und Abs mitgemacht, die Soziale Medien in das Zentrum rückten. Das Auswärtige Amt war dabei aber meist eher konservativ; der angelsächsische Glaube, der an manchen Stellen so weit ging, Twitter könne die normale Pressearbeit ersetzen, war nie stark verbreitet. Dennoch wurde dann zu Beginn der 2000er-Jahre festgehalten, die direkte Kommunikation mit der ausländischen Bevölkerung habe „Kerngeschäft einer jeden Auslandsvertretung" zu sein. „Digitale Demokratie" soll heute außenpolitische Botschaften verbreiten, ein aktuelles und attraktives Deutschlandbild vermitteln und die Strahlkraft der öffentlichen Aktivitäten verstärken.

Die aktuellen Richtlinien sehen darüber hinaus vor, dass die Botschaften neben der Website als „statisches Serviceangebot" ein „aktuelles, adressatengerechtes und dynamisches Dialogangebot an die Bevölkerung im Gastland" durch soziale Medien bieten soll. Eine zentrale Steuerung, welche Botschaften sinnvoll welche Medien nutzen sollen, bleibt ebenso aus wie eine Behandlung der Frage der Ressourcenverteilung innerhalb der Vertretung: wie viel der immer zu wenigen Arbeitsstunden diesem Kerngeschäft zu widmen sind. Die Vertretungen bleiben eigenverantwortlich in ihrem Handeln, sollen aber Rücksprache mit der Zentrale halten, falls ein deutsches oder internationales Echo zu erwarten ist.

Das Auswärtige Amt kämpft auch heute noch mit einer Zurückhaltung von Botschaftsleitungen, sich in den sozialen Medien stärker zu engagieren. Derzeit wird wieder nach Wegen gesucht, die Missionschefs zu noch größerer Aktivität zu animieren. Schon vor der Botschafterkonferenz 2022 hieß es nun: Der größte Fehler ist, wenn man überhaupt nicht sichtbar ist. Außenministerin Baerbock hat auf der Konferenz dann die Aufforderung nach aktiverer Kommunikation zu ihrer eigenen gemacht. Kommunikation müsse sofort mitgedacht werden. Sie forderte eine Bereitschaft, „klare Kante" zu zeigen, „nicht aus Prinzip, sondern wenn unsere Freiheit und unsere Werte infrage gestellt werden". Ausgehend von dem Konflikt mit Russland kommt sie zum Ergebnis, dass man in dem hybriden Angriffskrieg in der digitalisierten Welt mit sozialen Medien auch bereit sein muss, hart zu formulieren. Das Wichtigste sei, gehört zu werden.

Der ukrainische Botschafter Melnyk deutet die Worte der Außenministerin derart, dass Botschafter auch auffallen und anecken müssten, „damit sie in ihrem Empfangsstaat sichtbarer und einflussreicher werden", und sieht das als eine Bestätigung, „dass mein lauter, unorthodoxer Kommunikationsstil richtig war". Im Auswärtigen Amt sah man das nicht so, die Melnyk-Skala sei extrem.

Erfahrungen

Auf meinen ersten Posten hatte ich andere Sorgen als „Public Diplomacy" oder gar „digitale Diplomatie". Was für eine Entwicklung haben wir erlebt! In Mogadischu 1987-1989 funktionierte das Telefon fast nie. Die Kommunikation mit dem Auswärtigen Amt lief per Funk über Addis

Abeba – wer erinnert sich noch an das Stanzen von Lochstreifen? Bei uns war Freitag der wöchentliche Feiertag, die Botschaft Addis Abeba arbeitete Samstag und Sonntag nicht, Kontakt mit dem Auswärtigen Amt gab es also meist zweimal in der Woche. Als beim beginnenden Bürgerkrieg in Somalia Deutsche in Hargeisa gerettet werden mussten, war nichts mit „digital" oder gar Abstimmung mit dem AA. Eigene Entscheidungen waren gefragt. Vielleicht die steilste Lernkurve, die ich im Amt je hatte.

Letztlich war es dann, viel später, mein Posten als Botschafter in der Ukraine (Kiew 2008-2012), der Herausforderungen der Public Diplomacy mit sich brachte. Ich erinnere mich, dass der Mitarbeiter des Pressestabs im Auswärtigen Amt, Jens Plötner, aber auch der damalige außenpolitische Berater der Bundeskanzlerin, Christoph Heusgen, mich ermunterten, eine aktive Pressepolitik in der Ukraine zu betreiben, nicht ohne darauf hinzuweisen, dass es allerdings nicht so glücklich gewesen sei, was mein Vorgänger zur FAZ gesagt hatte. Die Botschaft war deutlich: nicht in die deutschen Medien kommen. Die Vertretung hatte zu dieser Zeit natürlich bereits eine Webseite, die man sich bemühte aktiv zu gestalten, aber noch keinen weiteren Auftritt. Die Einrichtung einer Facebook–Seite führte nicht zu allgemeiner Begeisterung unter Kollegen in der Botschaft. Twitter spielte 2008, als ich eintraf, noch keine Rolle.

Für den Leiter einer Vertretung waren Interviews mit Zeitungen sowie seltene, kurze Auftritte im Fernsehen die wichtigsten Möglichkeiten, medial zu agieren. Als deutscher Botschafter hatte man grundsätzlich kein Problem, wahrgenommen zu werden, was nicht für alle Botschaften galt. Wie des Öfteren, war es der britische Kollege, der innovativ war und mir Wege zeigte, noch aktiver zu sein: mit einem Blog in der größten Internetzeitung. Leigh Turner – inzwischen hauptberuflich Schriftsteller – betrieb dies regelmäßig, und ich lernte die Vor- und Nachteile des direkten Kontaktes mit der Bevölkerung bei Themen der Politik, Wirtschaft, des Sports und der Geschichte rasch schätzen. Positive Entwicklungen in der lebendigen ukrainischen Zivilgesellschaft konnten unterstützt, deutsche Projekte der Öffentlichkeitsarbeit bekannt gemacht und die Fußballeuropameisterschaft in der Ukraine genutzt werden. Auch damals – 2012 – war es möglich, anhand des Urteils des Europäischen Gerichtshofs für Menschenrechte die Verletzung der Grundsätze für faire und unparteiische Justiz und die politische Motivation der Justiz beim Verfahren gegen den ehemaligen Innenminister als Botschafter öffentlich zu thematisieren.

Es steht außer Frage, dass der gewonnene Bekanntheitsgrad, die Sichtbarkeit, die man durch die Medien, auch soziale Medien, über den üblichen Wirkungskreis – Regierung, Politik und Wirtschaft – hinaus erhält, von Nutzen sein kann. Man wird als eine in der Öffentlichkeit wahrgenommene Person festgehalten, der Wiedererkennungswert auch gegenüber Personen, für die man noch unbekannt ist, steigt. Natürlich bleibt das Gewicht des Landes, das man vertritt, entscheidend, aber die Bekanntheit erleichtert den Zugang zu „schwierigeren" Entscheidungsträgern. Es half dann auch, wenn ich ohne Worte auftrat, wie z. B. durch eine Teilnahme an dem vom damaligen Präsidenten Janukowitsch gegen die ehemalige Ministerpräsidentin Timoschenko inszenierten Prozess. Man wurde erkannt, bemerkt, das Signal der Teilnahme am Prozess wirkte.

Die „Twitter-Stars" unter den Amtskollegen, überwiegend mit Erfahrungen aus dem „globalen Süden", unterstützen die These vom Nutzen einer sichtbaren Präsenz in den sozialen Medien. Die in die Zehn-, ja Hunderttausende gehende Followerschar wird als „Sympathiegewinn" für Deutschland gewertet. Dabei gibt es unterschiedliche Modelle des Vorgehens: personalisert rein auf Sympathiegewinn setzend oder auch einzelne – eher unstrittige – Themen aufgreifend, gegebenenfalls zu Kampagnen ausbauend, die in der Bevölkerung gut ankommen (Umwelt, Korruption, Menschenrechte), jedoch nicht scharf genug, um Ärger bei der Regierung zu schaffen.

Dies führt noch zu einem weiteren Punkt, der noch eine Rolle spielen wird: die Fertigkeit, mit der man in der Sprache des Gastlandes zu Hause ist. Wo man Englisch, Französisch, Spanisch verwenden kann, ist

Twitter und sind zum Teil auch andere soziale Medien leichter zu handhaben. An manchen Orten muss man allerdings die Landessprache beherrschen, um wirklich persönlich und direkt zu kommunzieren – oder man delegiert die Aufgabe oder arbeitet zur Not mit einem Dolmetscher. Es ist nicht jedem gegeben, neue Sprachen in einem überschaubaren Zeitraum zu lernen. Während ich während meiner Laufbahn immer wieder britischen Botschaftern begegnet bin, die ein Jahr sprachlicher Vorbereitung auch für sprachlich schwierigere Posten erhalten haben, so kommt dies im Auswärtigen Amt selten vor. Und selbst dann ist nicht garantiert, dass man ausreichend gewappnet ist für den Umgang mit den schnelllebigen Medien.

Dies bringt mich zu einem weiteren Posten, wo ich Erfahrungen mit den sozialen Medien gewinnen konnte: In Stockholm eröffnete ich einen Twitter-Account, was mir sinnvoll erschien, da die politische Elite in Schweden durchaus Twitter-affin war und weiter ist. Der ehemalige Ministerpräsident und Außenminister Carl Bildt hat z. B. ca. 770 000 Follower. Es gab also keine Treffen mit individuellen schwedischen Politikern ohne Fotos, die dann in den sozialen Medien benutzt wurden. Twitter bot sich auch an, da es – anders als in Kiew – schwieriger war, in Zeitungen oder gar im Fernsehen „Öffentlichkeitsarbeit" zu betreiben.

Twitter bietet große Möglichkeiten, direkt auf das Publikum zuzugehen. Man kann rasch in Kontakt treten, Ereignisse aus dem eigenen Land weitertragen, um Sympathie werben und, wie gesagt, auch Themen aufgreifen, die in der Bevölkerung populär sind – z. B. Müll am Strand in Schweden einsammeln oder sich für den Erhalt der Bienenkultur in der Nachbarschaft einsetzen. Tragische Ereignisse, wie der Anschlag auf dem Breitscheidplatz hatten z. B. gleich eine Resonanz.

Hilfreich ist es, fließend in der Sprache des Gastlandes zu „twittern" – jedenfalls in Schweden. Der Einsatz lohnt sich, wenn dies dauerhaft geschieht. So hat es das japanische Außenministerium geschafft, zwei fließend schwedischsprachige Botschafter zu entsenden, die nun den bereits genannten „Dialog mit der Bevölkerung" führen und – für Schweden – beträchtliche 37 000 Follower haben. So ein Twitterkonto läßt sich aber kaum an einen Pressereferenten delegieren. Es muss persönlich sein und wird von einer Mischung aus Zuneigung zum Gastland und Herstellen politischer Gemeinsamkeiten getragen. Aber nicht jeder Botschafter ist Twitter-affin und eine Kontinuität in der Betreuung eines solchen Kontos ist eine Herausforderung. So sind die „Twittergespräche“ mit der Bevölkerung oft diskontinuierlich, Insellösungen. Zudem – und darauf weisen auch erfahrene „Twitterer“ hin – ist es entscheidend, dass die authentisch bleiben.

Die meisten europäischen Botschaften können von Followerzahlen über 10 000 in Schweden nur träumen. Heißt das, das man auf ein Twitterkonto verzichten sollte? In Schweden und an vielen anderen Orten stellt sich die Frage eigentlich nicht mehr: Es wird erwartet, dass eine Botschaft ein Twitterkonto hat. Das Fehlen eines Accounts würde kaum verstanden und auf Rückständigkeit hinweisen. In westlichen Staaten dürfte auch eine begrenzte Zahl von Lesern von Bedeutung sein, wenn man die richtigen Follower hat, sie trägt zur Sichtbarkeit bei.

Die Welt der sozialen Medien ändert sich rasant. Facebook spielt kaum noch eine Rolle, vor allem bei den Jüngeren ist es kaum präsent. Das Medium ist nicht politisch, an manchen Einsatzorten ein Sammelpunkt für Expats, für Staatsangehörige, die dankbar sind für Reisetipps, u. ä. bis hin zu Kochrezepten. Instagram hat an Bedeutung gewonnen, z. T. an Dienstorten, wo politische Fragen weniger eine Rolle spielen, deutsche Politik kaum rezipiert wird, wohl aber schöne Bilder über deutsche Produkte oder Einweihung deutscher Projekte produziert werden können. Der Twitter-affine Kollege Martin Kobler, der die Followerzahl in Pakistan in kurzer Zeit in die Hunderttausende geführt hat, sagt, heute würde er in Pakistan zu Tiktok greifen, um vor allem die jungen Leute zu erreichen. Wer die Entwicklung sozialer Medien in Asien analysiert, käme wohl kaum umhin, im Sinne der „Sichtbarkeit“ auch Tiktok als Mittel zum Zweck zu prüfen. Allerdings gibt es da beim Auswärtigen Amt aus Datenschutzgründen Bedenken, und es wird (noch?) nicht empfohlen, Tiktok zu verwenden.

Kaum besprochen wird bislang, wie Botschaften in Ländern wie Russland oder China, jenen Staaten, die den hybriden digitalen Krieg zu uns tragen, mit den sozialen Medien umgehen sollen. Soweit ich es bisher sah, gibt es da keine Empfehlungen. Oder gilt die Devise „klare Kante zeigen“ nur in unseren Gesellschaften in Auseinandersetzung mit z. B. russischer Desinformation? Hier mag so manches noch nicht wirklich strategisch durchdacht sein.

Mit politischen Themen ist man meines Erachtens bei der Öffentlichkeitsarbeit immer noch bei den klassischen Medien – Zeitungen, Fernsehen, Radio – am besten aufgehoben. Aber es ist klar, damit erreicht man meist nur eine kleine – und kleiner werdende – Schicht. In Schweden ließ sich immerhin eine Reihe von Artikeln platzieren, die für eine Ausweitung – oder besser: Rettung – des Deutschunterrichts eintraten.

In Schweden waren Radio und Fernsehen – in der Regel – nur für schwedisch-sprachige Vertreter anderer Länder offen.

Der Fall Andrij Melnyk

Ein interessanter Fall, um sich über die Frage des „Mehrwerts“ von Medien, insbesondere sozialer Medien für die Diplomatie Gedanken zu machen, ist – wie gesagt – der frühere ukrainische Botschafter in Deutschland, Andrij Melnyk. Ich gebe zu, dass mir die Frage der Einschätzung nicht leichtfällt, da die inhaltlichen Positionen Melnyks für mich einerseits in der großen Mehrzahl unterstützenswert waren. Andererseits ist der „Dialog mit der Bevölkerung“ – für Diplomaten – doch nur ein Element neben dem „Dialog mit der Regierung“, den Wirtschaftseliten und anderen Aufgaben. Natürlich spielt in den Überlegungen die Tatsache, dass die Ukraine sich in einem mörderischen Vernichtungskrieg aufgrund des durch nichts zu rechtfertigenden russischen Angriffs befindet, eine eigene Rolle. Nicht leicht fällt die Einschätzung auch deshalb, weil ich im Kollegenkreis – auch unter Ukraine-Freunden – scharf gegensätzliche Positionen erlebe zwischen: „Kein anderes Land würde sich das bieten lassen, wir haben keine Ehre mehr“, bis hin zu „Er hat es mit den

Medien richtig gemacht, wir hätten ohne ihn die notwendigen Korrekturen, z. B. Nord Stream II, Russlandpolitik etc. nicht durchgeführt".

Andrij Melnyk war bereits vor Beginn des Krieges in Berlin kein unbekannter Diplomat: Medien-affin und unbequem. Die Ukraine war durch die Krim-Annexion und den Krieg im Donbass in der Aufmerksamkeitsskala der hauptstädtischen politischen Elite schon weit nach oben gerückt. Aber es war deutlich, dass dies für den ukrainischen Botschafter mit einer – für einen Diplomaten vielleicht überzogenen – ukrainisch-nationalen Sichtweise weit hinter dem zurückblieb, was er erwartete. Mit überspitzten und undiplomatischen Positionen und innenpolitischer Notengebung hatte er sich bereits vor dem Krieg viele Türen nicht nur im Auswärtigen Amt verschlossen. Dabei hatte er in vielen Punkten Recht, wenn es um die russland-zentrische Sichtweise an vielen Stellen im politischen Berlin ging. Mit seinen Positionen zu Nord Stream II gab er vertretbaren – heute sagen alle: notwendigen – Positionen eine Stimme im Interesse seines Landes. In anderen Bereichen, wie der Kampagne zur Anerkennung des Holodomor als Genozid und der Errichtung eines Holodomor-Denkmals, machte er sich durch überzogenes Agieren Feinde. Dass er sich den Ukraine-affinen Leiter der deutsch-ukrainischen Historikerkommission Professor Schulze-Wessel zum Ziel suchte und dann dafür sorgte, dass der Historikerkommission von ukrainischer Seite die Schirmherrschaft des ukrainischen Außenministers entzogen wurde, trug nicht positiv zum Bild eines „streitbaren Diplomaten" bei. Sich die wortstärkste und bekannteste deutsche Ukraine-Lobbyistin Marie-Luise Beck von der „Liberalen Moderne", ehemalige grüne Abgeordnete, zu einer scharfen Feindin zu machen, das muss man erst mal schaffen. Sich Allierte zu Feinden zu machen zählt nicht zur Kunst der Diplomatie.

Mit dem russischen Angriff am 24. Februar änderte sich das Bild vollkommen. Das Unvorstellbare war geschehen – und der ukrainische Botschafter rückte verständlicher- und richtigerweise in das Zentrum der Aufmerksamkeit. Die Sympathien flogen der Ukraine zu. Melnyk wurde nicht zuletzt wegen seiner ausgezeichneten, differenzierten Deutschkenntnissen ein gefragter Gesprächspartner der Medien. Dies verstärkte er durch seine eigene soziale Medien-Kompetenz.

Bereits vor dem Beginn des Krieges ein eifriger, ja unermüdlicher Twitterer, verfolgte Melnyk nun die Entwicklung aufmerksam. Wöchentlich gab er die Zahl der neuen „Follower“ bekannt: kontinuierlich stiegen sie weltweit Woche um Woche von rund 40 000 vor Beginn des Krieges auf über 140 000 im August 2022. Im Zusammenspiel mit seinen zeitweise fast täglichen, an manchen Tagen mehrfachen Zeitungsinterviews und den zahlreichen Auftritten in den wichtigsten deutschen Talkshows entstand eine beindruckende und aus PR-Sicht erfolgreiche Kommunikation der eigenen Forderungen und politischen Botschaften.

Melnyk ist es so gelungen, in einen „Dialog mit der deutschen Bevölkerung“ zu treten. Er hat diese Gesellschaft erreicht, aber auch im Hinblick auf seine eigene Person gespalten. Auf der Petitionsplattform change.org findet man z. B. sowohl Petitionen, Andrij Melnyk sofort auszuweisen, als auch solche, ihm das Bundesverdienstkreuz zu verleihen. Wenn man die Diskussionen in den sozialen Medien verfolgt, dann sieht man die gleiche Spaltung der Meinungen.

Seine deutliche Sprache hatte wohl den Rückhalt beim ukrainischen Präsidenten. Wie Zeitungen berichtet haben, hatte vor dem Krieg auch ein persönliches kritisches Gespräch mit dem ukrainischen Präsidenten Selenskij eher unwirsche Reaktionen hervorgerufen. Selenskij sah Melnyk, ohne Zweifel, lange Zeit als den richtigen Mann, um den zögerlichen und auf Russland fixierten Deutschen einzuheizen.

Melnyks Tendenz der Verteilung von Noten in der Innenpolitik, verstärkte sich nach Kriegsbeginn bis hin zu Beleidigungen. Man muss hier die „sozialen Medien“ nicht als ursächlich sehen, da manche Formulierungen wie „Spinnennetz“, „beleidigte Leberwurst“, die gegenüber Zeitungen oder Agenturen fielen, – sagen wir mal – überlegter hätten sein können. Oder aber bewußt überlegt waren? Im Laufe des Krieges wurde jedoch das schnelle Medium Twitter zum bevorzugten Mittel, um in der innenpolitischen Diskussion Politiker und ihre Stellungnahmen zu schmähen. Die Gefahr, die dem Medium Twitter innewohnt, kam voll zum Tragen: Das Umgangssprachliche und die Schnelllebigkeit des Mediums birgt Gefahren, es ist toxisch. Vizekanzler Habeck hatte 2019 gespürt, dass er aggressiver, lauter, polemischer und zugespitzter werde, dass das Medium auf ihn abfärbe, und sich aus diesen Gründen von Twitter verabschiedet. Gefahr birgt m. E. auch die Sucht nach Aufmerksamkeit, nach Followern, die „Vanity-metrics" sozusagen – klare Positionen sind beliebt.

Die deutschen Medien haben den politischen Botschafter gefeiert und genutzt, die deutsche Politik hat den Medienstar Melnyk ertragen. Und ich meine, das war das Beste, was man in der Situation des Krieges, unter dem die Ukraine zu leiden hat, tun konnte. Natürlich habe ich mich immer gefragt, ob ein ebensogut Französisch sprechender ukrainischer Botschafter in Paris gewagt hätte, ähnlich zu sprechen, zu schreiben. Meine Antwort lautet: nein. Und wahrscheinlich hätte die französische Politik und Öffentlichkeit nicht eine solche Langmut gezeigt. Warum dies in Deutschland möglich war, liegt nahe. Die deutsche Geschichte spielt ohne Zweifel auch hier eine Rolle. Vielleicht auch ein gewisses Schuldgefühl nach Jahrzehnten der Unfähigkeit, eine klare Politik gegenüber Russland zu entwickeln, die den erkannten Zielen Putinscher Politik entsprachen.

Allerdings fällt auch auf, dass der Botschafter nicht einmal einbestellt wurde, auch nicht nach der Absage der mit Polen abgestimmten Reise des Bundespräsidenten nach Kiew. Die Absage war eindeutig ein Fehler, unabhängig von der Bewertung des Reiseplans. Hätte man von der ukrainischen Seite nicht etwas daraus machen können, trotz der Verärgerung? Und hilft es, den – zugegebenermaßen nicht nachvollziehbaren – Positionen des sächsischen Ministerpräsidenten noch „überzogene" Mails hinterherzuschicken und ihn „auszuladen", „Punkt"? Die Besuche jedes einzelnen deutschen Politikers in der Ukraine haben sicherlich mehr bewirkt als solche Mails.

Aber auch das will ich klar sagen: Ich wünschte, die Ukraine hätte mehr Botschafter mit Medienkompetenz wie Andrij Melnyk. Wenn man die Präsenz seiner Kollegen an anderen wichtigen europäischen Orten verfolgt (London vielleicht ausgenommen): Es hätte der Ukraine gutgetan, stärker in der öffentlichen Meinung anderer Staaten Fuß zu fassen (nicht nur in Europa).

Aber Medienkompetenz ist nicht alles: Der Zugang zur Regierung, das Vertrauen, das man im Kreise der Politik und der Wirtschaft aufgebaut hat, bleiben weiterhin die zentrale Wirkmöglichkeit eines Diplomaten. Wenn der Botschafter eines uns befreundeten Landes im Kriege im Deutschlandfunk sagt, er werde von der Außenministerin nicht empfangen, dann ist da etwas schief gelaufen. Verlust des Vertrauens lässt sich nicht wieder wettmachen. Dabei sagt Melnyk selber in seinem Abschiedsinterview mit der FAZ am 13.09.2022, dass Diplomaten eigentlich für das direkte Gespräch da sind – ohne darauf einzugehen, warum ihm dies nicht mehr gelingt. Er wurde zum Schluss nicht mehr als Diplomat wahrgenommen. Und hat in seinen Tweets auch bis zum letzten Tag kein Blatt vor den Mund genommen und zuletzt jegliches Augenmaß vermissen lassen.

Heißt das, dass man in den Medien, in sozialen Medien wie Twitter, u. a. keine kritischen Positionen einnehmen kann? Das Mantra der „Nichteinmischung in innere Angelegenheiten" eines anderen Landes wird zwar in Russland, China und anderen Diktaturen noch hochgehalten, ist aber im großen Westen kaum noch die Richtschnur. Mehrere Kollegen mit großer Twitter-Erfahrung berichten von positiven Erfahrungen, auch kritische Themen anzusprechen und die – von der des Gastlandes abweichende – deutsche Position offensiv öffentlich zu vertreten. Kollege Martin Kobler – aber nicht nur er – sah durchaus einen Zugewinn an Ansehen bei der Regierung durch vorsichtig kritische Stellungnahmen. Auch ich habe meine kritischen Positionen vor allem im Hinblick auf die politische Willfährigkeit der ukrainischen Justiz nicht als nachteilig beim Zugang empfunden. Aber hier ist Augenmaß gefragt. Die Kunst der Diplomatie hat durch die neue Aufgabe, Sichtbarkeit zu erzielen, eine neue, keineswegs einfache Dimension gewonnen, ihre Regeln werden aber nicht – anders als Melnyk vielleicht dachte – außer Kraft gesetzt.

Es waren letztlich nicht seine bis zum Schluss anhaltenden Entgleisungen in Deutschland, die zu einer – wie Melnyk selbst eingesteht – vorzeitigen Abberufung geführt haben, sondern seine Verteidigung des nationalistischen Politikers und Partisanenführers Stepan Bandera. Nicht die Kritik in Deutschland, sondern die Wucht der öffentlichen Diskussion in Polen und die Verärgerung der dortigen Regierung führten zu einer Distanzierung der ukrainischen Regierung von den Worten ihres Botschafters und der Rückberufung nach Kiew.

Schlusswort

Am Ende bleibt die Frage: Hat Andrij Melnyks Medienpolitik der Ukraine genutzt? Hat sie den ukrainisch-deutschen Beziehungen genutzt? Welchen Mehrwert hat sein Medieneinsatz gebracht?

Die Ukraine ist heute im deutschen Bewusstsein auf der Landkarte in einer Weise verankert, wie es vorher, wohl auch nach dem 1. Weltkrieg, nicht der Fall gewesen war. Dies ist aber dem russischen Angriffskrieg, dem Schock eines erneuten Krieges in Europa, der Wahrnehmung dieses Ereignisses in der Politik und den Medien und den über 1 Million Flüchtlingen, die inzwischen in Deutschland aufgenommen wurden, geschuldet. Botschafter Melnyks Kommunikationspolitik hat die mediale Präsenz der Ukraine ohne Zweifel gestärkt. Das ist durchaus ein Mehrwert.

Sind wegen Melnyk mehr schwere Waffen in die Ukraine geliefert worden? Haben die Deutschen die 1 Million Flüchtlinge wegen Melnyk aufgenommen? Wie steht es mit der darüber hinausgehenden Hilfsbereitschaft der Bevölkerung? Hat Deutschland wegen der deutlicheren Medienpräsenz des Botschafters mehr gemacht als andere „zögerliche" Länder?

Die Antwort wird von unterschiedlichen Personen wohl unterschiedlich lauten. Meine Meinung ist, dass eine Reise nach Bucha, ein Gespräch mit Vertretern der kanadischen Regierung, Gespräche in G7-Rahmen, die anhaltenden schrecklichen Informationen aus den von Russland angegriffenen Gebieten die deutsche Regierung stärker beeinflusst haben als die Medienkampagne.

Auch im Hinblick auf eine gewisse Abwendung von einer russlandzentrierten Politik halte ich die politischen Ereignisse, den Angriffskrieg Russland, für ausschlaggebend. Die Kommunikation Melnyks mag durch seine Überspitzungen die Diskussion noch etwas angetrieben haben, das eigentliche Erdbeben, das eine Umorientierung und die Zeitenwende einläutete, war der Krieg.

Es fällt auf, dass ein wichtiges Element für den Erfolg in den sozialen Medien, „Sympathiegewinnung“, in den Aktionen Melnyks gefehlt hat. Fixiert auf Fragen wie „schwere Waffen“ oder die Angriffe auf einzelne Politiker fehlten weitgehend die Bereitschaft, auch positive Emotionen zu schaffen. Dies sieht bei den wichtigsten Botschaftern der Ukraine in Deutschland Vitalij Klitschko (615 312 Follower) und Vladimir Klitschko (802 514 Follower) anders aus: Bei aller Klarheit, auch in ihren Forderungen, sieht man immer auch das Bestreben, positive Entwicklungen hervorzuheben und zu danken. In den sozialen Medien – unabhängig von dem Einfluss, den man ihnen für die realen Entscheidungen beimisst – muss meines Erachtens die überragende Richtlinie bleiben: werben, nicht abstoßen.

Außenministerin Baerbock hat in ihrer Rede auf der Botschafterkonferenz am 5. September 2022 neben der Aussage, Kommunikation sei ein Kern unserer Diplomatie, auch gesagt: Das Wertvollste in der Diplomatie ist es, Vertrauen zu schaffen. Oder wie Botschafter a. D. Ischinger es ausdrückt: Vertrauen ist die Währung der Diplomatie, das wichtigste Instrument überhaupt in der diplomatischen Werkzeugkiste. Wenn eine „ehrliche Debatte“ Vertrauen schaffen soll, frage ich mich allerdings, ob diese Diskussion nicht besser direkt und mit Diskretion mit den Hauptakteuren, der Regierung, erfolgen sollte. Die Gefahr, dass die „ehrliche

Debatte“ über soziale Medien einem den Zugang erschwert, ja vielleicht unmöglich macht, bleibt in vielen Ländern groß.

Aktivität in sozialen Medien bietet einen Mehrwert, nämlich die Sichtbarkeit und das – nicht-konfrontative – Werben für Dinge, die uns wichtig sind (Umwelt, Menschrechte). Sie dürfen in ihrer Wirkung auf hochpolitische Entscheidungen aber nicht überschätzt werden. Aus den einerseits professionellen, andererseits undiplomatischen, polemischen und Türen verschließenden Aktionen von Andrij Melnyk läßt sich viel für die künftige Diplomatenausbildung lernen. Wir leben jedenfalls in einer Zeit, in der sich die Rolle der Botschafter wandelt, man – noch – vielseitiger sein muss. Leben in der emotional aufgeladenen Welt sozialer Medien muss gelernt werden. Es wird zum diplomatischen Handwerkszeug dazugehören, aber die traditionellen Methoden, Gespräche, Verhandlungen, Analyse bleiben die Grundlage der Diplomatie, denn, täuschen wir uns nicht, Verhandlungen, multilateral und bilateral, finden immer noch zwischen Regierungen statt. Und dies wird sich auch wieder beweisen, wenn die Logik des Krieges in Europa wieder zu einem Ende gekommen ist und wir uns erneut um ein – irgendwie geartetes – friedliches Zusammenleben kümmern müssen, auch wenn es konfrontativ bleiben wird.

Auswärtige Kultur- und Bildungspolitik – Mehrwert mit Langzeitwirkung

Ziele von Kultur- und Bildungspolitik

Jeder Staat möchte Menschen in der ganzen Welt für Land und Leute, seine Sprache und seine Kultur interessieren. Deutschland ist da keine Ausnahme. Hintergrund ist das Bestreben, ein vertieftes Wissen zu vermitteln, Verständnis füreinander und Freundschaften über Grenzen hinweg zu entwickeln und nicht zuletzt, Partner für Politik und Wirtschaft zu gewinnen.

Mit Blick auf die Vergangenheit, in der die Kultur zeitweise von der Politik vereinnahmt und missbraucht wurde, hat die Bundesrepublik Deutschland sich bewusst für den Einsatz von Mittlerorganisationen entschieden, die ihre jeweiligen kulturellen Tätigkeitsbereiche eigenständig und ohne politische Einflussnahme bearbeiten. So sind u. a. das Goethe-Institut (GI) für die Vermittlung der deutschen Sprache und Kultur im Ausland, der Deutsche Akademische Austauschdienst (DAAD) für die Vergabe von Stipendien im Hochschulbereich und die Alexander-von-Humboldt-Stiftung (AvH) für die Förderung von Wissenschaftlern durch Stipendien und Forschungspreise zuständig.

Neben der Arbeit der Mittlerorganisationen ist Auswärtige Kultur- und Bildungspolitik auch ein wichtiger Tätigkeitsbereich und ein ständiges Anliegen der Botschaften. Dabei geht es nicht in erster Linie darum, einzugreifen, wenn durch die Tätigkeit einer Mittlerorganisation die guten Beziehungen zum Gastland gefährdet werden könnten. Derartige Fälle sind zum Glück äußerst selten. Vielmehr leisten Botschaften einen wichtigen Beitrag zum Anstoß und zur Koordinierung deutscher Aktivitäten und zur Netzwerkbildung im Gastland. Eine enge Kooperation mit Mittlerorganisationen und gegenseitige Unterstützung dienen dem gemeinsamen Ziel, die Menschen im Gastland für die deutsche Kultur und generell für deutsche Anliegen einzunehmen.

Eine Botschaft ist also auch wichtig, um Ideen mitzuentwickeln und sich an der Lösungsfindung bei besonderen Herausforderungen zu beteiligen. Nicht zuletzt kann sie sich auch für die Finanzierung von speziell förderungswürdigen Projekten einsetzen, auch wenn diese Möglichkeiten immer stärker begrenzt werden.

Dabei spielt zum Beispiel die Nachkontaktpflege zu früheren Stipendiaten eine besondere Rolle. Diese haben nicht selten wichtige Positionen in Politik und Gesellschaft des Gastlandes. So konnte ich in Myanmar vertrauensvoll mit dem Bildungsminister der Regierung von Staatsrätin Aung San Suu Kyi, Dr. Myo Thein Gyi, zusammenarbeiten, der Jahre zuvor ein Stipendiat des DAAD gewesen war und an der Technischen Universität Berlin Mathematik studiert hatte. In Nigeria war der spätere Vice Chancellor der bedeutendsten Universität des Landes, der University of Ibadan, Professor Dr. Kayode Adebowale, zur Durchführung von Forschungsvorhaben in der Chemie von der AvH gefördert worden.

Wer einmal Deutsch gelernt oder in Deutschland studiert oder geforscht hat, unterstützt in der Regel gern die deutsche Botschaft oder auch die Repräsentanten der deutschen Wirtschaft oder Kultur beim Zugang zu Institutionen oder Persönlichkeiten in seinem Heimatland und kann durch seinen Rat helfen, Entwicklungen einzuschätzen und Analysen zu schärfen. Der Nutzen einer Förderung durch ein Stipendium wird oftmals erst viele Jahre nach der Vergabe deutlich. Je enger die Nachkontakte durch die Botschaft gepflegt werden können, desto größer ist der Mehrwert für Deutschland.

Die Auswärtige Kultur- und Bildungspolitik prägt auch ganz besonders das Bild, das sich viele Menschen im Gastland von einem Land machen, das sie vielleicht selbst nicht kennen. Sie schauen mit kritischem Interesse auf die Art, wie sich das Land darstellt und wie es im Gastland agiert. Eine Botschaft ist sich dieser Tatsache sehr bewusst und engagiert sich deshalb zusammen mit der Zentrale des Auswärtigen Amts, wenn es darum geht, besondere Herausforderungen zu meistern und kreative Problemlösungen zu finden. Einige Beispiele von Kultur-

und bzw. Bildungsprojekten aus meiner aktiven Zeit: in den Neunzigerjahren des vorigen Jahrhunderts die kreative Nutzung des Internets zur Fortbildung von Deutschlehrern über das damals noch neue Internet; Anfang des neuen Jahrtausends die Einrichtung einer Akademischen Prüfstelle an der Botschaft Peking; der Aufbau einer deutschsprachigen Universität in Ungarn, also in einem nicht deutschsprachigen Raum; Aktivitäten zur Aussöhnung zwischen den Religionen in Nigeria. Durch das Engagement der Botschaften entstand in all diesen Fällen ein deutlicher Mehrwert.

Fortbildung für Deutschlehrer in den USA über das Internet

Heute werden unzählige Kurse und ganze akademische Studiengänge über das Internet angeboten. Die Corona-Pandemie hat diesen Trend zusätzlich verstärkt und auch die sonst in Präsenz an den Hochschulen stattfindenden Veranstaltungen in die virtuelle Welt verlagert. Vor über fünfundzwanzig Jahren wurden medienbasierte Sprachkurse noch über das Radio oder über das Fernsehen ausgestrahlt. In den USA produzierte die Deutsche Welle TV mit Unterstützung des GI und amerikanischen Deutschlehrern eine erfolgreiche Serie von kurzen Lektionen zur deutschen Sprache. Allerdings wurde es in den USA damals zunehmend schwieriger, Schüler und Studierende für das Erlernen von Deutsch zu begeistern. Selbst wenn eine Fremdsprache zu den Pflichtfächern gehörte, entschied sich die Mehrheit eher für Spanisch, wofür sie einen unmittelbareren Nutzen sahen. Die Euphorie und das Interesse an Deutschland nach der Deutschen Einheit, die bewirkten, dass sich viele junge Menschen in den USA entschlossen, Deutschkurse zu belegen, gingen zurück. Auch wurden immer mehr amerikanische Soldaten aus Deutschland abgezogen und dadurch die Verbindungen zwischen den Partnern auf beiden Seiten des Atlantiks gelockert, was sich ebenfalls negativ auf das Interesse für das Erlernen der deutschen Sprache auswirkte.

Die Kulturabteilung der Botschaft Washington, wo ich von 1995 bis 1998 für die Hochschulbeziehungen und die Förderung der deutschen Sprache zuständig war, stand zu dieser Zeit in enger Verbindung mit der

American Association of Teachers of German (AATG) und beteiligte sich aktiv an den Diskussionen, wie Deutsch als Fremdsprache wieder attraktiver gemacht werden könnte. Die Mitglieder der AATG machten sich zunehmend Sorgen über den Rückgang der Deutschlerner. In vielen Fällen wurden Lehrer, die in den Ruhestand traten, nicht ersetzt. Dadurch brach auch das Angebot weg, und selbst wenn Interesse bestand, konnte Deutsch als Fremdsprache von den Schülern nicht mehr gewählt werden. Zusammen mit Vertretern der AATG, dem GI und Fachberatern für Deutsch als Fremdsprache, die von der Zentralstelle für das Auslandsschulwesen entsandt werden und weltweit tätig sind, entwickelten wir Strategien, die das Interesse am Erlernen einer Fremdsprache und insbesondere an Deutsch stärken sollten. Dabei verfolgten wir verschiedene Ansätze: z. B. die Einrichtung von Doppelstudiengängen an Universitäten, u. a. für Deutsch und für Ingenieurwissenschaften, sowie, wenn möglich, die Einrichtung von „deutschen Häusern“, Studentenwohnheimen, in denen Deutsch gesprochen wurde. Bald kristallisierte sich jedoch heraus, dass Deutschunterricht auch durch höhere Ansprüche der Lernenden oder gelegentlich durch eine abnehmende Qualität des Unterrichts an Attraktivität verlor. Dies führte zu der Erkenntnis, dass Lehrerfortbildung zu einem wichtigen Bestandteil zur Sicherung von Deutsch als Fremdsprache werden musste. Allerdings war das keine leichte Aufgabe in einem Land, in dem die Entfernungen groß sind und die Lehrer an den Highschools zumeist schlecht bezahlt wurden. Andererseits wurden sie dazu angehalten, sich weiterzubilden. Es musste also eine Möglichkeit gefunden werden, dass Lehrern neue, innovative Tools für den Unterricht an die Hand gegeben werden konnten, ohne dass für sie der zeitliche und finanzielle Aufwand unüberwindlich war.

In zahlreichen Diskussionen kamen alle Beteiligten zu dem Schluss, dass versucht werden sollte, die damals neuen Medien zu nutzen und Fortbildungskurse über das Internet zu entwickeln. Dies erwies sich jedoch als wesentlich aufwändiger als zunächst angenommen. Deutschexperten der Goethe-Institute, Fachberater und amerikanische Deutschlehrer mussten die Kurse konzipieren und für eine einfache Anwendung gestalten. Sie hatten diese Aufgaben zunächst neben ihrer sonstigen Tätigkeit zu bewältigen und bewegten sich dabei auf völligem Neuland.

Der entscheidende Beitrag der Botschaft, neben der Beteiligung an den Diskussionen zur Lösungsfindung und der ideellen Unterstützung, war die Beschaffung von Sondermitteln aus ehemaligen Marshallplangeldern, die für die Förderung der deutsch-amerikanischen Beziehungen eingesetzt werden sollten. Dazu waren dem interministeriellen Gremium, das über die Projekte entschied, die aus diesen Sondermitteln finanziert werden konnten, zahlreiche Begründungen zu liefern und viel Überzeugungsarbeit zu leisten. Zudem konnte die Botschaft erreichen, dass mitwirkende Experten für Deutsch als Fremdsprache von ihren sonstigen Aufgaben freigestellt wurden und sich so ganz auf die Erstellung von Kursen konzentrieren konnten. Trotzdem war lange Zeit fraglich, ob das gesteckte Ziel erreicht werden würde. Schließlich gelang es doch: Der Kurs wurde über die University of Nebraska angeboten und fand großen Zuspruch. Konzeption und Umsetzung wurden auch auf einer Konferenz für Lehrer aller Fremdsprachen in den USA vorgestellt und lösten große Bewunderung aus. Vertreter von Spanisch, Französisch und weiteren Sprachen versuchten, nach dem deutschen Beispiel zu verfahren und selbst entsprechende Kurse für ihre Sprachen zu entwickeln, allerdings mit Ergebnissen, die erst Jahre später auf den Markt kamen.

Die Akademische Prüfstelle an der Deutschen Botschaft Peking

Bereits in den Neunzigerjahren setzte ein großer Zustrom von Chinesen an die Universitäten ihres Landes ein. Allerdings gelang es nur einer begrenzten Anzahl, einen Studienplatz zu ergattern. Deshalb versuchten viele ihr Glück im Ausland. In Deutschland, wo nicht, wie im angelsächsischen Raum, hohe Studiengebühren erhoben wurden, ging eine Flut von Bewerbungen chinesischer Studierwilliger bei den Hochschulen ein. Diejenigen, die erfolgreich waren und die Zusage für einen Studienplatz erhielten, konnten sich für ein Studienvisum für Deutschland bewerben. Vor jedem Semesterbeginn und insbesondere vor Beginn eines Studienjahres konnten sich die Deutsche Botschaft und die Konsulate in der VR China vor Visaanträgen zur Aufnahme eines Studiums an einer deutschen Hochschule kaum retten. Die Folge war, dass Termine zur Antragsstellung telefonisch „auf gut Glück" an diejenigen vergeben wurden, die es schafften, eine Verbindung zu bekommen. Alternativ zahlten die Familien der Studienanwärter hohe Summen an chinesische Agenturen, die bei der Erlangung eines Termins und dadurch beim Erhalt eines Visums behilflich waren. Wegen des hohen Andrangs lagen zudem zwischen Terminvergabe und Termin zur Antragsstellung oftmals einige Wochen, was nicht nur zur Folge hatte, dass bis zur Vergabe des Visums Fristen bei den Hochschulen versäumt wurden, sondern auch, dass sich viele der besten Kandidaten bereits Studienplätze in anderen Ländern gesichert hatten.

Die Situation war also in vielerlei Hinsicht höchst unbefriedigend und musste verändert werden. Die Antragssteller fühlten sich durch das lang andauernde Verfahren von Deutschland zurückgewiesen, bevor sie noch einen Fuß auf deutschen Boden gesetzt hatten. Die Konsularbeamten sollten in wenigen Minuten und mit wenigen Fragen herausfinden, ob der Antragsteller tatsächlich für ein Studium qualifiziert und die Vergabe eines Studienvisums ein berechtigtes Anliegen war. Und durch die Wartezeiten auf einen Termin hatten die Qualifiziertesten bereits anderswo Studienmöglichkeiten gefunden. Zeitgleich stiegen für die deutschen Hochschulen mit steigenden Bewerberzahlen aus China die Herausforderungen. Sie mussten die potentiellen Studierenden und ihre Zeugnisse einschätzen und bewerten, meist ohne Chinesisch zu verstehen oder sich speziell mit chinesischen Zeugnissen und Dokumenten auszukennen. Ein Bewerber schickte seine Unterlagen nicht nur an eine, sondern eher an eine Vielzahl von Universitäten oder Fachhochschulen, und jede der Zulassungsstellen stand vor dem Problem, die Unterlagen prüfen zu müssen und dafür die personellen Ressourcen aufzubringen.

Für die chinesischen Studierenden bedeuteten die schwierigen Vorbereitungen und das oftmals eingegangene finanzielle Engagement ihrer Familien für eine Studienaufnahme in Deutschland, dass es kein Zurück gab. Selbst wenn sie nach kurzer Zeit an der deutschen Hochschule feststellten, dass sie den Anforderungen nicht gerecht werden konnten, war ein Studienabbruch undenkbar. Der Gesichtsverlust wäre zu groß gewesen. In dieser Situation machte unsere Botschaft in Peking den Vorschlag, bereits vor Ort eine Vorprüfung vorzunehmen und damit Risiken für die chinesischen Studierenden und die deutschen Hochschulen zu verringern und gleichzeitig unsere Konsulate zu entlasten. Ich war zu dieser Zeit im Auswärtigen Amt im Referat für internationale Hochschulbeziehungen tätig und konnte in dieser Position die Umsetzung dieser Ideen begleiten und unterstützen. Bei Dienstreisen nach Peking aus anderen Anlässen war ich während der Entstehungsphase und in der Zeit der ersten Prüfungen vor Ort.

Die Frage war, wie eine solche Prüfung zu konzipieren wäre, wer sie durchführen könnte, wie eine solche Stelle institutionell angebunden und finanziert werden könnte und ob sie von den Beteiligten akzeptiert werden würde. Die Beachtung der Unabhängigkeit der deutschen Hochschulen war dabei die wichtigste Voraussetzung für das Gelingen dieses Projekts. Aus diesem Grunde mussten von Anfang an der Präsident und weitere Vertreter der Hochschulrektorenkonferenz sowie der DAAD als Vertretung der deutschen Hochschulen im Ausland mit ins Boot geholt werden. Das geschah in zahllosen Gesprächen, die in Peking und in Bonn geführt wurden.

Es war allen Beteiligten klar, dass eine Prüfung außerhalb der Hochschulen nur mit deren Zustimmung durchgeführt werden konnte und dass es sich nicht um eine akademische Prüfung handeln konnte, da sie nicht von Hochschulprofessoren abgenommen werden sollte. Nach langen Beratungen erfolgte die Einigung darauf, eine Plausibilitätsprüfung durchzuführen, d. h., die Bewerber wurden auf der Grundlage ihrer vorgelegten Zeugnisse befragt und ihre dort dokumentierten Leistungen eingeschätzt. Schnell ergab sich zudem, dass eine Prüfstelle sich Expertise beim Lesen der vorgelegten Unterlagen aneignen und die folgenden Fragen beantworten können musste: Waren die Zeugnisse echt und von der chinesischen Institution ausgestellt, von der Vordrucke und Unterschriften stammten, und hatte die Person, die das Zeugnis vorlegte, die aufgeführten Leistungen erbracht?

In Bezug auf die institutionelle Anbindung wurde entschieden, dass die akademische Prüfstelle an die Botschaft angedockt werden sollte, sodass sie in der VR China als Teil der Botschaft wahrgenommen werden würde. Die inhaltliche Tätigkeit und die Plausibilitätsprüfungen wurden für die deutschen Hochschulen durch den DAAD völlig unabhängig von der Botschaft durchgeführt. Nach einer Anschubfinanzierung mit Mitteln des AA für die Kulturarbeit sollte sich die neue Stelle durch eine Gebühr von ca. 200 Euro selbst tragen. Das erschien in Deutschland zunächst als sehr hoch, lag aber weit unterhalb der Summen, die von chinesischen Agenturen von Studienbewerbern und ihren Familien für die Unterstützung bei der Bewerbung für einen Studienplatz und für ein Visum gefordert wurde.

Die Einrichtung der Akademischen Prüfstelle wurde zu einem vollen Erfolg. Studienbewerber konnten sich frühzeitig einer Plausibilitätsprüfung unterziehen. Die Arbeit der Konsulate wurde stark erleichtert, da die Entscheidungen auf gesicherten Grundlagen gefällt und zeitlich entzerrt werden konnten. Die Bewerber wussten, dass sie mit dem Zertifikat der Prüfstelle und der Zusicherung eines Studienplatzes eine nahezu hundertprozentige Chance auf ein Visum für Deutschland hatten. Zunächst war die Teilnahme an dem Verfahren noch freiwillig. Aber bereits nach kurzer Zeit entschied das erste Bundesland, dass die dortigen Hochschulen ausschließlich Bewerber aus der VR China bei der Studienplatzvergabe berücksichtigen sollten, die über ein Zertifikat der Akademischen Prüfstelle verfügten. Andere Bundesländer zogen bald nach. Auch Universitäten aus Österreich und der Schweiz interessierten sich für das neue Verfahren, und einige verlangten das Zertifikat ebenfalls als Voraussetzung für den Hochschulzugang.

Durch die Einrichtung der Akademischen Prüfstelle an der Botschaft Peking war eine völlig neue Institution geschaffen worden. Sehr unterschiedliche Partner mussten für das Gelingen des Projekts mit an Bord geholt und von seinem Nutzen überzeugt werden. Die Botschaft hatte durch die kreative Problemlösungsidee und beharrliches Verhandeln mit Unterstützung der Kulturabteilung einen bedeutenden Mehrwert geschaffen. Zudem waren von der ersten Idee bis zur Einrichtung der Akademischen Prüfstelle nur wenige Monate vergangen. Auch heute, etwa zwanzig Jahre nachdem die Prüfstelle aus der Taufe gehoben wurde, ist sie nach wie vor aktiv und führt jedes Jahr viele Tausende von Plausibilitätsprüfungen durch.

Die Andrássy Gyula Deutschsprachige Universität Budapest

Die Andrássy Gyula Deutschsprachige Universität Budapest (AUB) ist die einzige vollständig deutschsprachige Universität außerhalb des deutschsprachigen Sprachraums. Sie wurde am 22. Februar 2001 mit der „Ulmer Erklärung" gegründet. Als Vertragsstaaten unterzeichneten Ungarn, Österreich, Bayern und Baden-Württemberg. Zeitweise war auch die Schweiz mit finanziellen Beiträgen und der Entsendung von Professoren beteiligt. Obwohl Deutschland bei der Gründung auf Bundesebene nicht Vertragspartner war, entsandte das AA von Beginn an einen erfahrenen Diplomaten, der im Studiengang „Internationale Beziehungen" durch Beispiele aus dem diplomatischen Berufsleben zu einer möglichst praxisnahen Ausbildung beitragen sollte.

Ich hatte das Glück, 2007 für ein Jahr nach Budapest zur Lehrtätigkeit an die AUB entsandt zu werden und anschließend für drei Jahre den Posten als Deutsche Botschafterin in Ungarn zu übernehmen. Dass ich Botschafterin werden würde, war zu meiner Zeit an der AUB nicht bekannt, wodurch ich einen von meiner zukünftigen Tätigkeit unbelasteten hervorragenden Einblick sowohl in die Belange der Universität als auch in mein neues Gastland bekommen sollte.

Die AUB ist eine kleine Universität ohne eigene Bachelorausbildung. Sie bietet Lehrveranstaltungen und Masterabschlüsse in Politikwissenschaften, Wirtschaftswissenschaften, Geschichte und Rechtswissenschaften an. Zudem wurde nach ca. zehnjährigem Bestehen eine Doktorschule eingerichtet. Zu den besonderen Merkmalen der AUB gehört neben der Deutschsprachigkeit auch die Internationalität. Die Absolventen kommen inzwischen aus knapp 40 Ländern, wenn auch Studierende aus den mittelosteuropäischen und deutschsprachigen Ländern überwiegen. Festredner weisen immer wieder darauf hin, dass die AUB es erreicht hat, den europäischen Gedanken mit Leben zu füllen. Für Deutschland stand im Hintergrund der Förderung auch stets die Erinnerung an das Ungarn, das als erstes Land in der sowjetischen Einflusssphäre 1989 den Grenzzaun zerschnitten und Tausenden von DDR-Bürgern den Weg in den Westen und in die Freiheit ermöglichte.

Trotzdem geriet die AUB nach knapp zehn Jahren ihres Bestehens in eine Krise. Die deutschen Bundesländer hatten sich ihr Engagement ursprünglich eher mittel- als langfristig vorgestellt. Es wurden Fragen nach dem Alleinstellungsmerkmal der Universität und der Qualität der Forschung gestellt. Die Fakultäten mussten in Deutschland und in Ungarn schwierige Akkreditierungsverfahren durchlaufen, die sich voneinander unterschieden und beträchtliche Kapazitäten der Lehrenden banden. Vor allem aber benötigte die AUB eine langfristige finanzielle Absicherung, um ihre Existenz dauerhaft sicherzustellen und somit auch gezielter um Studierende werben zu können sowie Kapazitäten für Forschungsvorhaben freizustellen.

In dieser Situation war unsere Botschaft besonders gefordert. Es ging zunächst darum, den Universitätsrat, der sich aus Mitgliedern zusammensetzt, die in verantwortlichen Positionen in Wissenschaft, Kultur oder Politik tätig waren, davon zu überzeugen, dass es sich bei der AUB um eine Universität handelte, die nicht allein an ihren wissenschaftlichen Beiträgen gemessen werden konnte. Sondern ihre Bedeutung lag gerade auch in dem Bestreben, Studierende aus Ost und West und damit aus dem Donauraum nach dem Fall des Eisernen Vorhangs zusammenzubringen. Politisch war eine Schließung und damit ein Scheitern der AUB insofern keine Option. Zudem musste die Finanzierung langfristig gesichert und auf eine solide Grundlage gestellt werden. Dazu mussten die Unterzeichner der „Ulmer Erklärung" davon überzeugt werden, sich über einen längeren als den zuvor jeweils fünf Jahre umfassenden Zeitraum zur Finanzierung der Universität zu verpflichten. Wünschenswert war zudem eine stärkere Absicherung des aus Bayern, Baden-Württemberg und Österreich entsandten Lehrpersonals. Die ungarischen Professoren waren zumeist in erster Linie an anderen ungarischen Hochschulen tätig und unterrichteten darüber hinaus an der AUB. Der ungarische Staat stellte das Universitätsgebäude zur Verfügung. Der Unterhalt musste jedoch, wie Verwaltung und Lehrbetrieb, aus den gemeinsam aufgebrachten Mitteln erfolgen.

Eine wichtige Frage für Deutschland war, ob und auf welche Weise neben dem Engagement der Länder auch eine Beteiligung des Bundes möglich war. Über einen Sitz der Botschaft im Universitätsrat und die Entsendung eines Diplomaten des AA zur Lehre in der Fakultät für Internationale Beziehungen war er ohnehin bereits involviert. Allerdings konnten bis zu dem Zeitpunkt keine finanziellen Mittel zur Verfügung gestellt werden. Die Botschaft setzte sich daher für die Einbeziehung des DAAD ein. Dadurch wurde auch eine Finanzierung über den DAAD möglich, der seine Finanzmittel in erster Linie über das AA erhielt. Zugleich verfügte er über die größten Erfahrungen mit dem Aufbau von Universitäten oder Studiengängen im Ausland, die allerdings meist englischsprachig konzipiert waren. Der DAAD sollte dann auch die befristete Finanzierung sowohl einzelner Professoren als auch von Projekten an der AUB übernehmen.

Langwierige und komplizierte Diskussionen, in die die Botschaft immer wieder eingreifen musste, wurden über Fragen der Qualitätssicherung und eine bessere Sichtbarkeit der Universität in der Forschung geführt. Hier sahen vor allem die akademischen Mitglieder des Universitätsrates ihre Erwartungen nicht erfüllt, auch wenn sie die Notwendigkeit eines zeitaufwendigen Einsatzes der Gründungsprofessoren für den Aufbau der AUB anerkannten. Die Einrichtung einer „Doktorschule“ wurde zur Unterstützung ihrer Anliegen beschlossen. Diese sollte den wissenschaftlichen Nachwuchs durch Seminare für Postgraduierte fördern und fordern.

Im Frühjahr 2011 konnte das zehnjährige Bestehen der AUB gefeiert werden. Aus diesem Anlass wurden eine gemeinsame Erklärung und eine finanzielle Absichtserklärung unterzeichnet. Mit diesen Erklärungen verpflichteten sich die Träger Ungarn, Österreich, Bayern, Baden-Württemberg und erstmals auch Deutschland, das zugleich mit den Bundesländern unterschreiben konnte, die Universität für die nächsten fünf Jahre zu unterstützen, ihr aber zudem auch eine längerfristige Perspektive zu geben. Dieses Ergebnis wäre ohne das ständige Engagement der Botschaft und ohne eine enge, vertrauensvolle Abstimmung mit der ungarischen Seite wohl nicht zustande gekommen. Die Botschaft hat somit einen Mehrwert erbracht, der durch das Fortbestehen der AUB bis heute wirkt.

Die enge Kooperation von Botschaft und AUB hatte zudem zahlreiche positive Nebeneffekte. So konnte ich als Botschafterin einigen deutschen Studierenden nach der notwendigen Sicherheitsüberprüfung durch das AA einen Praktikumsplatz anbieten und sie zusammen mit den über Berlin zugeteilten Praktikanten mit der Botschaftstätigkeit vertraut machen. Da sie Budapest bereits kannten und zumeist auch zumindest etwas Ungarisch sprachen, war das für beide Seiten ein großer Gewinn. Die AUB entwickelte sich auch zunehmend zu einem Mittelpunkt deutschsprachiger wissenschaftlicher Aktivitäten in Budapest. So wurden dort Doktoranden-Seminare im Rahmen des Netzwerkes „Stabilitätspakt Südosteuropa" durchgeführt, durch die Studierende aus den Ländern des früheren Jugoslawiens mit denen aus ihren Nachbarländern und Deutschland zusammengebracht wurden.

Die sehr repräsentativen Räumlichkeiten der AUB standen auch in besonderen Fällen für politische Veranstaltungen zur Verfügung. So konnte ich dort zusammen mit meinen Botschafterkolleginnen aus den USA und Israel eine Informationsveranstaltung für Geschichtslehrer jüdischen Glaubens aus den USA durchführen, was auf die Gäste eine nachhaltig positive Wirkung hatte. Ein besonderes Highlight war auch ein 2010 veranstaltetes Seminar zu zwanzig Jahren Wiedervereinigung, für das u. a. der Staatssekretär a. D. und Präsident der Universität Viadrina in Frankfurt/Oder Dr. Gunther Pleuger, der Präsident des Ifo-Instituts an der Universität München Professor Dr. Hans-Werner Sinn und

Professor Dr. Jackson Janes vom German Marshall Fund gewonnen werden konnten.

Förderung von Mediationstätigkeit zwischen Moslems und Christen

Der Kulturbegriff wird im AA stets sehr weit gefasst. So beinhaltet er neben dem Bildungsbereich auch Sport und Religion. Anfang des neuen Jahrtausends nach dem Terrorakt des 11. September 2001 wurde in der Kulturabteilung des AA eine neue Arbeitseinheit eingerichtet, die sich dem Schwerpunkt „europäisch-islamischer Dialog" widmete. Auch in unseren Auslandsvertretungen bewirkte der neue Fokus auf einen „Dialog der Kulturen" eine verstärkte Beschäftigung mit dem Islam und mit neuen Ansätzen für eine Unterstützung friedlicher Konfliktlösungsmechanismen.

Als ich 2011 meinen Posten als Botschafterin in Nigeria antrat, war mir bewusst, dass der „Dialog der Kulturen" einen wichtigen Platz in meiner Tätigkeit einnehmen würde. Nigeria ist das bevölkerungsreichste Land Afrikas und gehört zu Deutschlands bedeutendsten Partnern auf dem Kontinent. Sein Reichtum an Bodenschätzen, insbesondere Erdöl und Gas, seine Wirtschaftskraft und sein afrikaweites Engagement in Sicherheitsbelangen bewirkten, dass es als Schwellenland eingeschätzt und noch heute zu entsprechenden Gipfeltreffen eingeladen wird. Nigeria wird aber auch durch eine große Diversität geprägt, sodass sich die verschiedenen Landesteile nicht nur kulturell, sondern auch durch ihre Wirtschaftskraft stark unterscheiden. Der Norden ist vor allem durch seine islamische Kultur geprägt. Es ist davon auszugehen, dass in Nigeria mit seinen inzwischen rund 200 Millionen Einwohnern mehr Moslems leben als in Ägypten.

In meiner Amtszeit wurde Nigeria zunehmend von Anschlägen durch die islamistischen Terroristen von Boko Haram heimgesucht, die ihre Aktivitäten vorwiegend im Nordosten des Landes konzentrierten, Dörfer niederbrannten, deren Bewohner entführten oder umbrachten und Anschläge auf staatliche Einrichtungen wie Polizei- oder Zollstationen und auf Banken verübten. Im kollektiven Gedächtnis blieb die Entführung der „Chibok Girls“, bei der mehrere Hundert Mädchen nachts aus einer christlichen Internatsschule entführt wurden und über Monate und z. T. Jahre von den Boko-Haram-Terroristen festgehalten und versklavt wurden.

Der „Dialog der Kulturen“ bzw. ein interreligiöser Dialog gehörte folglich zu den Kernaufgaben der Botschaft. Gleich zu Beginn meiner Tätigkeit lernte ich zwei eindrucksvolle Persönlichkeiten kennen, die sich dieser Arbeit verschrieben hatten: Dr. Muhammad Nurayn Ashafa und Dr. James Movel Wuye, die weit über ihre Heimatstadt Kaduna hinaus als „The Imam and the Pastor“ bekannt waren. Beide waren in der Vergangenheit selbst erbitterte Kämpfer für ihre jeweilige Religion gewesen. Der Pastor hatte dabei sogar seine rechte Hand verloren. In ihrer gemeinsamen Arbeit versuchten sie nun deutlich zu machen, dass Gewalt nur wieder Gegengewalt erzeugt und dass Probleme damit nicht gelöst werden können. Diese Erkenntnis versuchten sie in partizipativen Seminaren weiterzugeben.

Die Botschaft, die schon über einen längeren Zeitraum mit ihnen Kontakt gehabt hatte, intensivierte die Zusammenarbeit mit ihnen und diskutierte über mögliche Projekte, die für eine Förderung infrage kommen würden. Dabei waren wir uns mit „Imam and Pastor“ einig, dass neben dem interreligiösen Dialog möglichst auch eine Stärkung von zivilgesellschaftlichen Gruppen zu selbstbewussterem und selbstverantwortlicherem Handeln erfolgen sollte. Schließlich wurde ein Pilotprojekt identifiziert, das sich zunächst auf besonders unterprivilegierte Stadtteile von Kaduna konzentrierte. Dort brachten „Imam und Pastor“ muslimische und christliche Jugendliche zusammen und versuchten, ihnen durch das Kennenlernen bei verschiedenen Aktivitäten und Seminaren zu vermitteln, dass nur durch Dialog Versöhnung als Grundlage von Entwicklung gelingen kann. Mit ihrem Konzept und durch ihr eigenes Beispiel trugen sie nachweislich zur Befriedung einiger Stadtteile bei. Zudem veröffentlichten sie ihre Trainingsmethoden und führten Coachings für Projektleiter in anderen Landesteilen Nigerias und in weiteren Ländern mit christlich und islamisch geprägter Bevölkerung durch.

Die beeindruckenden Erfolge von „Imam und Pastor" wurden auch dadurch gewürdigt, dass die Botschaft sie für den „Deutschen Afrika Preis" vorschlug, der von der „Deutschen Afrika Stiftung" vergeben wurde. Mit ihrem Preis wollte die Stiftung „herausragende Persönlichkeiten" ehren, „die sich in besonderer Weise für Demokratie, Frieden, Menschenrechte, Kunst und Kultur, Wirtschaftsförderung und soziale Belange mit Mut, Engagement und Integrität" einsetzten. Zur Entgegennahme des Preises konnten „Imam und Pastor" nach Deutschland reisen und hatten auch dort Gelegenheit, die Konzepte ihrer Versöhnungsarbeit weiter bekannt zu machen.

Schlussbetrachtung

Die Auswärtige Kultur- und Bildungspolitik ist ein sehr wichtiger, wenn auch oft unterschätzter, Aufgabenbereich einer Botschaft. Die Beispiele sollten deutlich machen, dass sich durch persönliches Engagement vor Ort ein deutlicher Mehrwert erzeugen lässt. Dieser Mehrwert ist dann am größten, wenn Chancen erkannt und genutzt werden und von Netzwerken im Gastland profitiert werden kann. Auch eine enge und vertrauensvolle Zusammenarbeit mit Mittlerorganisationen und der Zentrale des AA ist von entscheidender Bedeutung. In vielen Fällen sind Ideen und Denkanstöße durch die Botschaft für Außenstehende nicht unmittelbar erkennbar, obwohl sie von entscheidender Bedeutung sein können. Zudem wirken sich Ergebnisse der Auswärtigen Kultur- und Bildungspolitik oftmals erst nach Jahren aus.

Dann entsteht ein Mehrwert mit Langzeitwirkung.

Schutz der Verteidiger von Demokratie und Menschenrechten in Nicaragua Ein diplomatischer Mehrwert

Ankunft

Es war kein gewöhnlicher Regierungswechsel gewesen.

Ein Jahr vor meiner Ankunft als deutsche Botschafterin, im Jahr 2007, war die Frente Sandinista de Liberación Nacional (FSLN) mit Ortega an der Spitze aus der Opposition an die Macht zurückgekehrt. Sie hatte einst, noch als Guerillabewegung, in einem siegreichen Volksaufstand die 40 Jahre andauernde Somoza-Diktatur gestürzt – ein Sieg, der in Ost und West Euphorie ausgelöst hatte: Die Utopie einer sozial gerechten Gesellschaft schien Wirklichkeit zu werden. Doch die Regierung scheiterte an eigenen Fehlern und äußerer Einmischung durch die USA und verlor in den ersten demokratischen Wahlen 1990 gegen ein breites Bündnis unter der Führung von „Doña Violeta", der Witwe eines Märtyrers der Somoza-Diktatur. Diese Niederlage hat Ortega nie verwunden. Alles Trachten seither war auf die Rückkehr an die Macht gerichtet, schon während der Regierung von „Doña Violeta" durch ständiges Störfeuer, von ihm als „Regierung von unten" bezeichnet. Bei allen folgenden Präsidentschaftswahlen trat er an, unterlag aber bei einer Zustimmungsrate von stets nur rd. 35% dem jeweiligen Kandidaten der liberalkonservativen Partei. Wie war es möglich, dass es diesmal geklappt hatte?

Das Geheimnis lag in einer bis heute als Pakt bezeichneten Vereinbarung. Der Pakt begann 1999 damit, dass Daniel Ortega, damals Generalsekretär der FSLN, und Arnoldo Alemán, zu diesem Zeitpunkt Staatspräsident und Parteivorsitzender der liberal-konservativen PLC, übereinkamen, sich die Macht und ihre Pfründe aufzuteilen. Alemán war an dem Deal interessiert, weil er wusste, dass er nicht nochmals Staatspräsident werden konnte, denn die Verfassung erlaubte nur einen Turnus. Andererseits sah er sich schweren Korruptionsvorwürfen gegenüber, u. a. wegen der Unterschlagung internationaler Hilfsgelder nach dem Hurrikan Mitch. Der Pakt sollte ein Zwei-Parteien-System sichern und die obersten Staatsorgane unter die direkte Kontrolle ihrer beiden Anführer bringen. Ein zusätzliches „Geschenk" Alemáns erwies sich schließlich als Steigbügelhalter für die Rückkehr Ortegas ins Präsidentenamt, nämlich die Senkung des notwendigen Stimmenanteils, um im ersten Wahlgang zum Staatspräsidenten gewählt zu werden, von 45 auf 35 Prozent, sofern fünf Prozentpunkte Unterschied zum Zweitplatzierten gegeben sind.

Auch wenn dank des Pakts die obersten Staatsorgane teilweise ihrer Unabhängigkeit beraubt waren, hatten sie noch Bestand, sodass Ortegas Wahl zum Präsidenten formal als demokratisch bezeichnet werden konnte. Besonders aus heutiger Sicht bleibt allerdings die Frage, warum der Oberste Wahlrat Ortega bereits nach Auszählung von 92% der Stimmen zum Wahlsieger erklärt und die letzten 8% der Stimmen nie ausgezählt bzw. das Endergebnis entgegen dem Wahlrecht nie veröffentlicht hat. Damit ist der Verdacht nie ausgeräumt worden, dass in Wahrheit eine Stichwahl notwendig gewesen wäre – eine Stichwahl, die Ortega gegen eine dann vereinte Opposition unmöglich hätte gewinnen können.

Was hatte man von der neuen Regierung zu erwarten? Viele gaben ihr „the benefit of the doubt". Dies war auch insofern gerechtfertigt, als Ortega vor den Wahlen gemäßigt aufgetreten war und einige Ziele auf sozialem Gebiet, wie zum Beispiel das Programm „null Hunger", genannt hatte, auch wenn die Umsetzung solcher Ziele im Vagen blieb. Mit anderen Worten: Würde Ortega sich eher an Hugo Chávez in Venezuela oder an Lula da Silva in Brasilien orientieren?

Es zeigte sich bald, dass Machterhalt und Machterweiterung das oberste Ziel von Daniel Ortega und seiner Frau Rosario Murillo waren. Man musste beide von nun an gemeinsam nennen, denn Rosario Murillo war nicht nur Architektin seines Wahlsiegs, sondern auch generell Managerin ihrer gemeinsamen Macht und ist es bis heute. Schon 2008 gab es die erste Kostprobe ihres Regierungshandelns, die Kommunalwahlen.

Insbesondere die Bürgermeisterposten in den beiden großen Städten Managua und León standen im Fokus der Aufmerksamkeit. Die Opposition trat diesmal geeint auf. In Managua kandidierte für die Opposition Eduardo Montealegre, der zuvor schon gegen Ortega in der Präsidentschaftswahl als einer der beiden Gegenkandidaten angetreten war. Die Opposition hoffte, mit ihrem (erwartbaren) Sieg ein Zeichen „ziviler Rebellion" zu senden und damit die Demokratie für die künftigen Auseinandersetzungen zu stärken. Dagegen wollte Ortega beweisen, dass der Zuspruch für seine Partei FSLN größer war als die bisher immer nur erzielten 35%. Schon im Vorfeld nutze die Regierung rechtswidrig alle staatlichen Mittel der Wählerbeeinflussung. Die Umfragen sagten trotzdem keinen Meinungswandel voraus. Der Oberste Wahlrat musste es deshalb richten. Sein Vorsitzender, aufgrund schwerer Korruptionsvorwürfe gegen ihn ein erpressbares und willfähriges Werkzeug Ortegas, verkündete einen überwältigenden Sieg der Vertreter des FSLN. Gesetzwidrig wurde die Auszählung der Stimmen nie veröffentlicht. Die Tatsache, dass massenhaft Wahlzettel auf dem Müll gefunden wurden, löste eine Demonstration aus, einen Marsch auf das Rathaus unter dem Protestruf „Wo ist meine Stimme?" Sie wurde gewaltsam aufgelöst. Von da an war klar, wohin die Reise ging.

Demokratie und Menschenrechte

Die 16 Jahre konservativ-liberaler Herrschaft von 1990 bis 2006 haben gewiss keine eindeutig positive Bilanz hinterlassen, aber sie hatten zwei bedeutende Hinterlassenschaften. Die eine bestand darin, erlebbar gemacht zu haben, dass es für die Legitimität der Herrschaft nicht mehr nur um soziale Leistungen ging, sondern auch um die formale Legitimität. Es ging darum, wie eine Regierung zustande kommt und wie es um ihre Institutionen bestellt ist; und es ging um eine inhaltliche Legitimität, d. h. wie sie eine Friedensordnung unter Achtung aller Menschenrechte herstellt. Kurz, es ging um Demokratie.

Diese Prämissen bestanden für die Regierung Ortega von vorneherein nicht. Für sie lag ihre Legitimität darin, dass sie sich um die sozialen

Menschenrechte kümmern würde. Damit verband sich zugleich die Überzeugung, dass in diesem Land extremer Mängel mit der Verteilung sozialer Gaben die Hegemonie gewonnen werden könnte und sich niemand um die politisch-institutionellen Bedingungen kümmern würde. Und genau in diesem – möglicherweise bewussten – Irrtum lag bereits die Keimzelle für ein autoritäres System. Denn in dem Moment, in dem sich herausstellen würde, dass die Verteilung von Almosen an die Armen eben nicht genügte, um die Herrschaft zu sichern, würde die Regierung zu Mitteln der Unterdrückung greifen müssen. Oder sie musste von Anfang an vorbauen, damit ihre Intention, sich in der Macht zu perpetuieren, gar nicht erst gefährdet würde.

Mit welchem Zynismus sie dabei vorging, mögen nur zwei Beispiele illustrieren, deren Absurdität einen eigentlich zum Lachen bringen müsste, wenn ihre Folgen nicht so ernst wären. Im ersten Beispiel ging es der Regierung ganz offensichtlich darum, die Versammlungsfreiheit einzuschränken. Bisher hatten Demonstrationen in Managua vorzugsweise auf den Inseln des Kreisverkehrs stattgefunden. Plötzlich fanden sich dort „Betende" ein. Sie wurden schließlich durch feste Installationen abgelöst, nämlich durch riesige, aus Lichterketten konstruierte Weihnachtsbäume – Weihnachtsbäume in einem tropischen Land, das ganze Jahr hindurch! Bei Fall zwei wird es wirklich schlimm: Um die Limitierung der Präsidentschaft auf nur ein Mandat abzuschaffen, urteilte das gemäß dem Pakt mit Wunschkandidaten besetzte Oberste Gericht, dass die Verfassung insoweit verfassungswidrig sei.

Zivilgesellschaft

Genauso eindimensional – oder man könnte sogar sagen: negierend – wie ihre Vorstellung von Demokratie und Menschenrechten war auch die Haltung der Regierung Ortega zu den Nichtregierungsorganisationen (NRO). Unter dem Schlagwort der Einrichtung einer „direkten Demokratie" schuf sie die „Bürgermacht" („Poder Ciudadano"), die von der kommunalen bis zur lokalen Ebene die „direkte Ausübung der Macht durch das Volk" ermöglichen soll. In diesem Modell werden auf der untersten lokalen Ebene „Bürgermachträte“ („Consejos de Poder Ciudadano“, CPC) geschaffen, darüber stehen die Distrikt- und die Departementalebene und darüber wiederum das „Nationale Kabinett der Bürgermacht“. Dies hört sich nach einem System perfekter Subsidiarität an, in dem die Entscheidungen über Themen, Fragen und Bedürfnisse der Menschen so weit wie möglich von den Betroffenen selbst getroffen werden und übergreifende Belange auf die nächst höhere Ebene getragen werden. Die Wirklichkeit sieht aber genau umgekehrt aus – und dies ist auch die Intention, die hinter dem Ganzen steckt: Rosario Murillo ist als Vorsitzende des Nationalen Kabinetts Herrscherin über das System. Den Räten sind Umsetzungs- und Kontrollfunktionen für staatliche Programme zugewiesen. Nach offizieller Lesart soll auf diese Weise sichergestellt werden, dass die Regierungsprogramme effektiv umgesetzt werden. In der Praxis ist es ein System, das seine Bürger bespitzelt und die Gaben der Regierung nach klientelistischen Kriterien verteilt. Eine autonome und pluralistische Partizipation der Bürger war nicht gewünscht, ja sie sollte verhindert werden.

Zu den unbestreitbaren Verdiensten der konservativ-liberalen Regierungen zwischen 1990 und 2006 gehörte auch, dass sich in ihrer Zeit eine lebendige Zivilgesellschaft etablieren konnte. Bereits damals hatte die FSLN die Bildung zivilgesellschaftlicher Organisationen allerdings abgelehnt, weil sie in jedem Pluralismus eine Gefährdung des Zweiparteiensystems (PLC und FSLN) sah. Außerdem war es ihr ein Dorn im Auge, dass viele NRO einen sandinistischen Hintergrund hatten, ihre Mitglieder sich aber seit der Piñata (der Bereicherung der Regierungsmitglieder bei ihrem Abgang 1990), dem Pakt und der Zustimmung der FSLN zu dem drakonischen Anti-Abtreibungsgesetz von ihr abgewandt hatten.

Ein Weg der Regierung, die NRO loszuwerden, war – wie man es auch aus anderen Ländern kennt –, sie zu kriminalisieren. Bereits im September 2008 begann eine aggressive Kampagne der offiziellen Medien gegen zivilgesellschaftliche Organisationen. Insbesondere den bekannten Organisationen, wie OXFAM und der bedeutenden nicaraguanischen Frauenbewegung Movimiento Autónomo de Mujeres, wurde „Geldwäsche“ vorgeworfen. Einige wurden ohne Vorwarnung durchsucht, ihre Akten beschlagnahmt, die Angestellten verhört.

Was tun?

Teil 1: neben den Richtigen stehen

Angesichts dieser Entwicklung habe ich mich natürlich gefragt, was die Reaktion der deutschen Botschaft sein könnte und sollte. Üblicherweise hat, wer als Botschafter:in im Gastland ankommt, immer den Vorsatz oder den Willen, dort „etwas zu bewegen“. Was also gab es in Nicaragua zu bewegen? Es gab eigentlich eher etwas aufzuhalten, nämlich den Weg der Regierung in eine Abschaffung der Demokratie. Das jedoch konnte niemals Aufgabe einer Botschaft sein. Das einzig Mögliche schien mir, denjenigen im Land, die am Erhalt der Demokratie und der Menschenrechte aktiv interessiert waren, beizustehen.

Wie weit man als Vertreter:in eines ausländischen Staates dabei gehen kann, muss man selber immer wieder neu von Fall zu Fall und Tag für Tag ausloten. Bei meinem Vorhaben schien es mir angebracht, mich nicht durch offene Kritik an der Regierung angreifbar zu machen. Vielmehr habe ich versucht, mich indirekt zu äußern durch Bilder und Handlungen. Das hatte den Vorteil, dass ich der Regierung keine Angriffsfläche bot, aber trotzdem von allen verstanden wurde. In jedem Fall musste ich vermeiden, als „persona non grata“ ausgewiesen zu werden; das hätte niemandem genutzt. Tatsächlich ist es mir gelungen, kein einziges Mal ins nicaraguanische Außenministerium einbestellt zu werden, obwohl der Regierung mein Standpunkt nicht verborgen bleiben konnte.

Ein einfaches Mittel, zu zeigen, wo ich als Vertreterin der Bundesrepublik Deutschland und ihrer Werte stehe, war, dies ganz wörtlich zu nehmen: Ich stehe neben den Persönlichkeiten, die in Nicaragua dieselben Werte verkörpern. Eines der ersten Bilder, das ich auf diese Weise „produziert“ habe, war, mich nach der Missachtung des Wahlergebnisses für Montealegre mit ihm fotografieren zu lassen, ganz „zufällig“ auf dem Nationalfeiertag einer anderen Botschaft. Gerade die Fotos von

Botschaftsempfängen wurden gerne und vielfach wiedergegeben. Andererseits habe ich stets vermieden, mit Arnoldo Alemán zusammen abgelichtet zu werden, obwohl er das seinerseits natürlich versucht hat. Manches Mal glich es geradezu einem Katz-und-Maus-Spiel.

Ein klassisches Mittel, auszudrücken, wen man schätzt, sind die eigenen Botschaftsempfänge. Ich habe sie etwa alle drei Monate in der Residenz der Botschaft veranstaltet. Der erste Teil des Abends wurde als Kultur-Event genutzt und hatte immer etwas mit Deutschland zu tun. Einmal beispielsweise las und kommentierte Sergio Ramírez, der bedeutendste nicaraguanische Schriftsteller, seine Übersetzung eines Textes von Heinrich Böll. Anschließend wurde zu Abend gegessen. Diese Treffen sollten einen Link nach Deutschland darstellen, sie sollten anregend sein, aber gleichzeitig auch einen geschützten Raum für Gespräche bieten. Denn schon bald nach Ortegas Regierungsantritt machte sich eine Atmosphäre breit, in der man sich der Meinungsfreiheit nicht mehr sicher sein konnte.

Weniger Möglichkeiten bei der Auswahl der Gäste bieten die Empfänge zum Nationalfeiertag, denn Vertreter der Regierung gehören unbedingt dazu. Hier besteht die Freiheit in der Begrüßungsrede, in der vieles zwischen den Zeilen gesagt werden kann. Meine erste habe ich zu den Begriffen unserer Nationalhymne gehalten: „Einigkeit und Recht und Freiheit". Überhaupt taugt jedwede Rede zu einem öffentlichen Anlass dazu, eine mehr oder weniger versteckte Botschaft unterzubringen. Mir bot sich diese Gelegenheit sogar einmal vor einer Kläranlage (!), einem Projekt deutscher Entwicklungszusammenarbeit, das ich gemeinsam mit Ortega einweihen konnte.

Der vielleicht schönste Moment, in dem ich meine Haltung durch bloße Anwesenheit ausdrücken konnte, war die Feier zum 85. Geburtstag von Ernesto Cardenal in Solentiname. Niemand konnte etwas gegen meine Teilnahme haben, denn abgesehen davon, dass ich eingeladen war, verkörperte der Gastgeber enge Beziehungen zu Deutschland: Er hatte 1980 den Friedenspreis des Deutschen Buchhandels erhalten und machte immer noch jedes Jahr eine Lese-Reise nach Deutschland mit den Musikern der Grupo Sal. Die Art, wie er seinen Geburtstag beging, erinnerte noch einmal an die alten Ideale, unter denen die sandinistische Revolution einst angetreten war, die aber nach Meinung vieler damals Beteiligter, die nun zu den Eingeladenen gehörten, inzwischen verraten worden waren. Ernesto Cardenal hatte seinerzeit in Solentiname eine Initiative gegründet, die den mittellosen Bewohnern ermöglichte, durch den Verkauf von selbstgestalteten kleinen Kunstwerken einen Lebensunterhalt zu verdienen. Auch ein Kirchlein, von ihnen mit Wandmalereien ausgestaltet, gehörte dazu. So war Solentiname international zum Symbol einer (ehrlichen) Solidarität mit den Armen geworden. Doch inzwischen war – ebenfalls geradezu symbolisch – die Kirche verfallen. Zum Geburtstag feierten wir ihre Wiedererstehung: Ernesto Cardenal hatte sie mit Mitteln aus einem Literaturpreis renovieren lassen.

Teil 2: Selbst aktiv werden

Diese Haltung, mit der ich mich an die Seite der Verfechter:innen von Demokratie und Menschenrechten gestellt hatte, wollte ich auch aktiv vertreten, immer in der erwähnten „indirekten" Art natürlich. Dazu bot sich die katholische Universität UCA als idealer Partner, und hier insbesondere das Historische Institut. Als Anlass diente der 50. Jahrestag der deutschen Botschaft in Nicaragua, zu dem wir ein ganzes Feuerwerk von Veranstaltungen steigen lassen konnten.

Hier einige Beispiele:

- Herausgabe der spanischen Übersetzung von Volker Wünderich „SANDINO. Eine politische Biografie". Darin schildert der Autor Sandinos unerbittlichen Kampf gegen die Interventionstruppen, aber auch seine sensible und religiöse Persönlichkeit, die zu zynischer Machtpolitik unfähig war. Gleichzeitig zeichnet Wünderich nach, dass von einer politischen Kontinuität von Sandino, der 1934 ermordet worden war, bis zur Gründung der FSLN keine Rede sein kann, sondern dass dies ein geschicktes Konstrukt ihrer Bewegung war, um einen Mythos zu schaffen.

- Symposium über „Freiheit ist immer Freiheit der Andersdenkenden" (Rosa Luxemburg)
- Eine Gegenüberstellung von Bildern aus der Zeit der Somoza-Diktatur und aus der DDR. Die Schaukästen hatten wir entlang eines viel besuchten Weges innerhalb des Universitätsgeländes aufgestellt, um damit viele Student:innen anzusprechen. Denn in einem Land mit tropischem Klima bewegt man sich gerne im Freien. Die Message, die wir damit senden wollten, war einigermaßen verklausuliert. Denn einerseits war Ortega an dem Sturz der Somoza-Diktatur beteiligt. Andererseits hatte er stets enge Beziehungen zur Diktatur der DDR gepflegt. Unsere Hoffnung war, dass die Student:innen angesichts der Bilder von Unterdrückung über den Wert der Freiheit reflektieren und vielleicht auch einen Vergleich anstellen würden, wo Nicaragua einerseits und Deutschland andererseits jetzt standen.

Teil 3: Die Zivilgesellschaft unterstützen

Wenn unser Einsatz für Demokratie und Menschenrechte trotz aller Aktionen doch etwas Abstraktes und Verstecktes hatte, war er bei der Unterstützung der Zivilgesellschaft ganz konkret.

Auf politischem Gebiet unterstützten wir mit beträchtlichen Finanzmitteln die NRO „Hagamos Democracia" (Lasst uns Demokratie machen), die sich u. a. um „Wahlbeobachtung" durch die Bürger selbst bei den nächsten Wahlen kümmern wollte.

Weniger risikoreich war es, NRO zu fördern, die nicht in diese Kategorie fielen wie Bildungseinrichtungen auf dem Lande und für ethnische Minderheiten und Initiativen zum Schutz des Ökosystems.

Eine besonders erfolgreiche Entwicklung nahm u.a. dank unserer Unterstützung „Aguas Bravas". Diese NRO bot Frauen Hilfe, die in ihrer Kindheit missbraucht worden waren. Erstaunlicherweise blieb das Projekt unter dem Radar der Regierung, obwohl es ihr eigentlich ein großes Ärgernis hätte sein müssen. Denn Ortega selbst war von seiner Stieftochter wegen Missbrauchs angeklagt, der Prozess nur wegen Verjährung niedergeschlagen worden. Es war eine Deutsche, die „Aguas Bravas“ ins Leben gerufen hatte und damit ihre in Deutschland bei „Wildwasser“ gesammelten Erfahrungen nun auf Nicaragua übertrug und der NRO auch gleich den Namen in seiner spanischen Übersetzung „Aguas Bravas“ mitgab. Als sich die NRO zum ersten Mal an die Botschaft mit der Bitte um Unterstützung wandte, bestanden ihre Räumlichkeiten aus einem Hinterzimmer einer anderen NRO. Um überhaupt eine Mindestausstattung für ihre Arbeit zu bekommen, konnte ihr die Botschaft Mittel aus dem Fond für „Kleinstprojekte“ geben. Später qualifizierte sich die NRO für den „deutsch-französischen Menschenrechtspreis“, eine gemeinsame Erfindung von meinem französischen Kollegen und mir. Es war uns gelungen, von unseren Zentralen als Preisgeld freie Reisen für zwei Personen in unsere Hauptstädte mit Besuch bei den jeweils relevanten Ministerien zu erhalten. Den Vertreterinnen von „Aguas Bravas“ gelang es, vom Bundesministerium für Wirtschaftliche Zusammenarbeit und Entwicklung (BMZ) in Bonn/Berlin 50% für ein eigenes Gebäude zugesagt zu bekommen, sofern sie die anderen 50% anderweitig aufbringen würden. Tatsächlich haben sie es geschafft. Sie haben dort nicht nur unzähligen Frauen helfen können, sondern auch Psycholog:innen fortgebildet und Lehrmodule für das Psychologie-Studium an der katholischen Universität UCA entwickelt.

Als weitere Organisation wollte ich auch die Menschenrechtsorganisation CENIDH (Centro de Derechos Humanos) und ihre Gründerin und langjährige Leiterin Vilma Nuñez auszeichnen. CENIDH setzt sich unabhängig von der politischen Auffassung der Betroffenen für die Verteidigung der Rechte aller ein, die zu ihr kommen. Dabei vertritt CENIDH einen sehr breit gefassten Menschenrechtsbegriff, der nicht nur das Recht auf Leben, auf Freiheit, auf Gleichheit vor dem Gesetz etc., sondern auch die sozialen Grundrechte auf ein würdiges Leben, auf Arbeit, auf Ernährung, Schule, Gesundheit mit einschließt. Ihre Arbeitsweise war dezentral. Sie wollten überall dort sein, wo Menschenrechte verletzt wurden, und überprüften die Vorkommnisse vor Ort. Die Furchtlosigkeit und Geradlinigkeit ihrer Leiterin Vilma Nuñez haben CENIDH eine breite Anerkennung verschafft. Für die Regierung musste jedoch jede Aufdeckung einer Verfehlung ein Ärgernis sein.

In der Vorstellung, dass internationale Berühmtheit ihr Schutz bieten könnte, aber auch voll Bewunderung für ihre Arbeit, schlug ich Vilma Nuñez für einen internationalen Menschenrechtspreis vor. Sie erhielt zwar nur den 2. Preis (der 1. ging an einen Aktivisten gegen die Todesstrafe für Homosexuelle in Uganda), was aber auch für große Aufmerksamkeit sorgte.

Bilanz der Regierung Ortega 2007 bis 2011

Um beurteilen zu können, ob unser vielfältiger Einsatz als Botschaft etwas gebracht hat, müssen wir zunächst den Blick darauf richten, welche Bilanz für die Handlungen der Regierung zu ziehen ist.

Selbst auf dem Gebiet ihrer eigenen Prioritäten war die Regierungsbilanz mager. Sie hatte den Gegensatz zwischen sozialen und politischen Bürgerrechten, zwischen sozialem Fortschritt und rechtsstaatlicher Demokratie proklamiert. Doch die soziale Lage der Bevölkerung hatte sich kaum verbessert. Mit 44,5% war die Armut kaum geringer als am Ende der Vorgängerregierung. Nur auf dem Lande hatte sie abgenommen, dies aber im Wesentlichen aufgrund der höheren Weltmarktpreise für landwirtschaftliche Exporte. Die assistentialistischen Programme der Regierung waren dafür nur zu einem kleinen Teil ausschlaggebend – von ihrer Art her fehlte es ihnen ohnehin an Nachhaltigkeit.

Geradezu besorgniserregend war jedoch die politische und institutionelle Bilanz. War Ortega 2006 noch im Einklang mit den geltenden Gesetzen an die Macht gekommen, hat er diese in einer Regierungszeit von nur fünf Jahren praktisch ausgehöhlt und ein Regime des „Absolutismus hinter demokratischer Fassade“ geschaffen. Geradezu beispielhaft haben Ortega und Murillo vorgeführt, dass „undoing democracy“ nach wie vor funktioniert. Sie operieren jenseits von Recht und Gesetz, sie beherrschen die Exekutive, sie kontrollieren Militär und Polizei. Die anderen staatlichen Institutionen wie Justiz, Wahlrat oder Rechnungshof steuern sie ebenfalls, dank der Besetzung mit willfährigen Personen.

All diese Elemente kulminierten im Wahlbetrug von 2011, den man schließlich als die Kernschmelze der Demokratie in Nicaragua bezeichnen muss. Durch ihn ist nicht nur Ortega auf verfassungswidrige Weise erneut zum Präsidenten geworden, ihm ist auch die Macht über das Parlament in die Hände gefallen, indem der FSLN eine qualifizierte Mehrheit zugesprochen wurde. Nicht einmal während der Somoza-Diktatur und auch nicht in der sandinistischen Revolutionsregierung der 1980er-Jahre hatte es eine solche Machtkonzentration gegeben.

Am Tag, an dem ich an der Feier zur Wiedereinführung von Ortega als Präsident teilnehmen musste, trug ich schwarz.

Die Zeit danach

Entscheidend für die weitere Entwicklung und für eine Situation völliger Unfreiheit, wie wir sie heute sehen, war die Revolte gegen die Regierung Ortega-Murillo, die im April 2018 begann. Eine Rentenreform, die aufgrund der leeren Rentenkassen eine Kürzung für künftige Rentner:innen vorsah, wurde zum Ventil für einen regelrechten Volksaufstand. Wie so oft fanden sich spontan viele Student:innen an der Spitze der Bewegung, aber sie schloss schnell alle Schichten ein und erfasste Stadt und Land. Zu Hunderttausenden gingen die Menschen auf die Straßen, friedlich und ohne Waffen. Zunächst konnte man noch glauben, dass Ortega auf die Forderungen der Protestierenden, insbesondere nach vorgezogenen sauberen Wahlen, eingehen würde. Denn er stimmte zu, an einem „runden Tisch“ teilzunehmen, bei dem die katholische Kirche als Mediator fungierte. Doch allmählich wurde klar, dass er nur Zeit gewinnen wollte. Mit jeder weiteren Demonstration wurde die gewaltsame Unterdrückung offensichtlicher. Polizei und von der Regierung losgelassene Schlägertrupps griffen willkürlich ein, es gab Tote und Verletzte. Demonstrationen wurden verboten, die Universitäten geschlossen. Zuwiderhandlungen endeten im Gefängnis. Schließlich konnte schon ein Blumenstrauß in den Nationalfarben blau und weiß zu einem Delikt werden. Mindestens 352 Tote, von einer Mission der OAS bestätigt, und über 1 000 Gefangene waren zu beklagen.

Je näher die für November 2021 angesetzten Wahlen rückten, umso rigider wurde das Vorgehen der Regierung. Freie Medien wurden vollständig abgeschafft, traditionelle Zeitungen verboten, ihre Gebäude konfisziert; Fernseh- und Rundfunkkanäle gab es nur noch in der Hand von Ortega-Murillo zur Verbreitung der entsprechenden Propaganda. NRO wurden verboten oder die Verlängerung ihrer Zulassung endlos verschleppt. Versammlungen wurden lebensgefährlich.

Trotz allem bereitete sich eine – zerstrittene – Opposition auf die Wahlen vor und kürte Kandidaten. Unter ihnen hatte Christina Chamorro, die Tochter der Wahlsiegerin von 1990, Doña Violeta, wohl reale Chancen auf einen Wahlsieg. Doch Ortega-Murillo griffen, um ihre Macht (und die ihres Clans) unter allen Umständen zu retten, zu immer radikaleren Verhaftungen. Jeder Kandidat, jede Kandidatin, aber auch jede kritische Stimme wurde ohne Gerichtsbeschluss oder unter den fadenscheinigsten Anklagen festgenommen. Selbst vor alten Weggefährten – wie Hugo Torres, der einst Ortega aus dem Gefängnis befreit hatte – machten sie nicht Halt; er starb in der Gefangenschaft. Auch nachdem Ortega durch die Wahl-Farce wie erwartet im Amt bestätigt worden war, wurde niemand freigelassen. Im Gegenteil, neuerdings richtet sich die Verhaftungswelle sogar gegen Vertreter der katholischen Kirche. Die Gefangenen erleben direkte oder indirekte Folter: kein Kontakt zu Angehörigen, nicht einmal das Lesen ist erlaubt.

Inzwischen leben 400 000 Nicaraguaner im Exil, zumeist in Costa Rica oder den USA, einige auch in Spanien – wie die Schriftsteller Sergio Ramírez und Gioconda Belli. Praktisch alle, die damals in der Residenz der Botschaft ein und aus gegangen sind und bei denen ich mir Rat geholt habe, um Nicaragua mit seiner Geschichte und politischen Kultur besser zu verstehen, sind im Gefängnis oder im Exil.

Was bleibt von unserem Einsatz?

Unter diesen Umständen ist es schmerzhaft, sich diese Frage zu stellen. Die Lage ist schlimmer denn je, viel schlimmer sogar, als wir es uns in unseren ohnehin schon pessimistischen Analysen vorstellen konnten. Lautet die Antwort also: Nichts? Kein „Mehrwert der Diplomatie" – um bei dem Titel dieses Buches zu bleiben?

Für eine genaue Antwort müssen wir zurückgehen auf das, was wir uns realistischerweise und legalerweise als Botschaft für die Legislaturperiode 2007-2011 vorgenommen hatten: denjenigen beizustehen, die in Nicaragua unsere Werte von Demokratie und Menschenrechten vertreten.

Was die Zivilgesellschaft anging, haben wir jedenfalls für diesen Zeitraum einen deutlichen Aufschub der negativen Entwicklung sichern können. Die Angriffe der Regierung auf die NRO betrafen natürlich auch die Geberländer, die mit ihren Steuermitteln die NRO unterstützten. Unser Protest, einzeln und gemeinsam mit anderen Gebern, konnte etwas Wichtiges erreichen: Ein Handbuch der Regierung, das die NRO an die Kandare nehmen und sie von externer Finanzierung abschneiden sollte, wurde nicht in Kraft gesetzt.

Auch wenn die Drohkulisse blieb, konnten wir die Förderung fortsetzen. Es war klar, dass die Regierung es besonders auf diejenigen NRO abgesehen hatte, denen es um demokratische Regierungsführung ging: Unabhängigkeit der Justiz, freie Wahlen, Transparenz, Frauenrechte. Dennoch gelang es uns, die Mittel sogar noch zu steigern, selbst für die politischen NRO wie Hagamos Democracia.

Sogar im Rückblick von heute, wo jede NRO verboten ist, besteht noch der Trost, dass an mancher Stelle ein Samen gelegt wurde, der nun anderswo aufgegangen ist. So kann zwar „Aguas Bravas" nicht mehr operativ sein, aber die Aus- und Fortbildung von Psycholog:innen hat weiter ihren Nutzen. Die NRO hat sogar über die Grenze von Nicaragua hinaus als Vorbild gedient. Sie hat Frauen in Ecuador inspiriert, die ihrerseits die Methodik übernommen und Selbsthilfegruppen aufgebaut haben. Durch ihren Kontakt mit UNICEF wiederum ist die Methodik heute generell anerkannt und systematisiert; sie zeigt in 12 Ländern Lateinamerikas Wirkung.

Für das Thema „Schutz der Demokratie“ fällt die Antwort schon deutlich schwerer. Gewiss, es waren in jenen Jahren noch Freiräume vorhanden. Es gab auch Persönlichkeiten, etwa in den Medien, in der Opposition, sogar innerhalb der Partei Alemáns, die sich Gedanken darüber machten, wie der Abbau der Demokratie aufgehalten werden könnte. Also verdienten sie unsere Unterstützung und empfanden unsere Worte und Gesten auch so. Doch gegen eine zu allem entschlossene Regierung waren sie zu schwach und zu wenige.

Einer, der heute als einer der Aktivsten im Exil lebt, sieht es im Rückblick so: Die deutsche Botschaft sei damals eine der wenigen Stimmen (er meinte sogar die einzige) gewesen, die vor der weiteren Entwicklung gewarnt habe. Die Mehrheit, er selbst eingeschlossen, habe diese Warnung aber ignoriert. Sie hätten geglaubt, so lange sie in Ruhe ihr Leben leben könnten, wäre alles in Ordnung. Erst als es die ersten Toten gegeben habe, sei er aufgewacht.

Es war also nur eine kleine Minderheit, die wir in ihrer Haltung ermutigen konnten. Dass sie eines Tages, inzwischen viele geworden, aus dem Exil heraus den Teufelskreis von Diktatur und Revolution, der die nicaraguanische Geschichte kennzeichnet, durchbrechen und Nicaragua wieder zu einer Republik machen können, bleibt eine vage Hoffnung. Welche Werte Deutschland vertritt, hat ihnen die Botschaft, wie ich finde, mit Kreativität und Mut gezeigt.

Auch das ist ein Mehrwert der Diplomatie, immer und überall.

Vom Mehrwert der Diplomatie

Vieles hat sich eingeebnet, planiert. Die diplomatischen Dienste haben, so scheint es, ihre Besonderheit seit langem eingebüßt. Andere, private und staatliche, Organisationen tun dasselbe oder zumindest das gleiche wie die diplomatischen Dienste der Staaten, und die mit den Jahren immer zahlreicher gewordenen Mitarbeiterinnen und Mitarbeiter der auswärtigen Ämter sind ihrerseits seit langem in Bereichen tätig, in denen sie früher selbst meinten, nichts zu suchen zu haben. Wer nach dem „Mehrwert" von Diplomatie forscht, stößt schnell auf die Frage, was denn die diplomatische Arbeit heute von der Arbeit anderer Arten und Einrichtungen internationaler Interessenwahrnehmung – in Wirtschaft, den Wissenschaften, der Kultur, aber auch in der Politik – unterscheidet. Gibt es keine chasse gardée der Diplomaten mehr, dann vielleicht auch keinen spezifischen „Mehrwert" der Diplomatie?

Und wovon reden wir eigentlich, wenn wir den „Mehrwert" der Diplomatie in den internationalen Beziehungen ansprechen? Fragen wir nur danach, was Diplomaten dort manchmal besser machen als andere – wenn ihnen eine vorteilhaftere Präsentation eines Anliegens gelingt, wenn sie durch größere Überzeugungskraft bessere Verhandlungsergebnisse, die nachhaltigere Lösung eines Problems oder Konflikts erreichen? – Oder ist die Diplomatie immer noch – trotz aller Vermischungen – ein besonderer Beruf, dessen „Mehrwert" sich weniger im Vergleich mit anderen erschließt, als vielmehr zunächst an den eigenen beruflichen Maßstäben zu messen ist?

Bis heute gibt es eine verbreitete Erwartung von etwas Besonderem, das den diplomatischen Dienst angeblich unterscheidet, wenn nicht heraushebt oder sogar auszeichnet, im Verhältnis zu den anderen Akteuren, die sich zusammen mit ihm zwischen Staaten und Völkern als Interessenvertreter oder Friedenstifter tummeln. Beruht diese Erwartung lediglich auf alten Geschichten, als die Beziehungen zwischen Ländern, Staaten und Völkern vor allem eine Sache der Herrschenden waren? Die

Vervielfältigung der Organisation der internationalen Beziehungen in immer mehr Bereiche – von Wirtschaft und Klimaschutz bis zu Kultur und Gesellschaft – hat dem „klassischen“ diplomatischen Dienst jedenfalls zahlreiche andere Akteure zur Seite gestellt und ihm auch auch in den eigenen Reihen neue Disziplinen beschert. Das Besondere im letzteren Fall ist aber, dass der Auswärtige Dienst diese neuen Arbeitsfelder in der Regel mit den eigenen Leuten beackert, mit „Generalisten“, nicht mit hinzugewonnenen Fachleuten. Kann der Diplomatie also immer noch wirklich ein Unterschied ihrer Methodik, ihres Selbstverständnisses und ihrer Professionalität bescheinigt werden, der auch unabhängig von Situationen, Aufgabenstellungen und Persönlichkeiten besteht und an dem ein eigener „Mehrwert“ der Diplomatie festzustellen ist?

Laut Karl Marx, der ja auch eine Rolle spielen soll in dieser Erzählung, wird ein „Mehrwert“ erzielt, wenn einem vorhandenen Wert schöpferisch, durch körperliche oder geistige Arbeit des Menschen, etwas hinzugefügt wird. Dem durch Einsatz von Kapital, nicht unmittelbar durch Arbeit, erzielten Mehrwert spricht Marx die Legitimität ab. Dass die Diplomatie schöpferische Arbeit sein kann, ist nicht zu leugnen. Hat die Diplomatie aber auch ihre eigene Art und Weise, „Mehrwert“ zu schaffen, wie der Schmied z. B. oder der Bäcker oder auch der IT-Programmierer? Ist die Frage, ob Diplomatie auch noch heutzutage ein spezifischer Beruf ist, zu bejahen, dann kann auch die Frage nach ihrem Mehrwert zunächst entsprechend den Kennzeichen dieses Berufs beurteilt und beantwortet werden und ist dafür nicht auf den Vergleich mit anderen in der Nachbarschaft tätigen Akteuren angewiesen.

Die Diplomatie wird manchmal als „Handwerk“ bezeichnet, in einem übertragenen Sinne, wie meistens hinzugefügt wird. Ihr mit einem „Mehrwert“ auszustattendes Material ist schwer greifbar, manchmal nur imaginiert, zu finden irgendwo zwischen den Stoffen des Künstlers, wie Farben und Ideen, und des Politikers, der mit den „Verhältnissen“ spielt. Nicht von ungefähr variieren nicht nur die Freizeit- und Rentnerprofile, sondern auch die tatsächlichen Arbeitsprofile mancher Diplomatinnen und Diplomaten zwischen den Tätigkeitsbeschreibungen dieser beiden

Berufe. Aber auch die Profile des Journalisten und des Geheimdienstagenten sind nicht fern.

Nicht nur das äußere Bild des Diplomaten changiert oft stark; auch sein Engagement kann unterschiedlich sein und ist dann keineswegs einfach aufteilbar in Dienst und Freizeit. Dennoch – oder auch gerade deswegen – wird gerade beim Diplomaten und der Diplomatin gern eine feste Verankerung in bestimmten Formen, Regeln und Auffassungen vorausgesetzt. Diese Annahme kann durchaus enttäuscht werden; sie ist aber kennzeichnend für das diplomatisch Berufsbild. – Reicht diese in der Arbeit des Diplomaten selbst angelegte Spannung, um von einer spezifischen Dialektik zu sprechen, die den Diplomatenberuf ausmacht? Dies gälte dann sowohl für das Erscheinungsbild des Diplomaten und der Diplomatin wie für den Einsatz der Mittel, die ihnen zur Verfügung stehen und die Wahrnehmung ihrer Arbeitssituationen. Grob gesagt bedeutet ein beruflicher Umgang mit Dialektik, wie ich ihn der Diplomatie als charakteristisch unterstelle, Dinge, die in Spannung zueinander stehen, gegeneinander auszuspielen mit dem Ziel, aus den Gegensätzen ein diesen überlegenes Resultat zu erzielen.

Dafür gibt es zunächst äußerliche Beispiele. Das Spiel unterschiedlicher Erscheinungsformen beherrschen Diplomaten immer besonders gut – mal feierliche Überreichung des Beglaubigungsschreibens im Frack, mindestens irgendwie dunkel gekleidet, mal – bei entsprechender Begabung – Aufnahmeritual in eine Vorstadtcombo in sympatisch zerlöcherten Jeans. Die Dialektik spannt sich zwischen dem mit allerhand Symbolik versehenen und unter Staatsoberhäuptern verhandelten Amt und der folgenden Hinwendung zu den oft ganz anderen Realitäten im Gastland. Mindestziel wäre eine Synthese dieser unterschiedlichen Wahrnehmungen des Diplomatenberufs in der Berichterstattung nach Hause. Vielleicht mehr noch aber gilt die Erwartung einer glaubwürdigen Synthese der unterschiedlichen Erscheinungsformen dem Bild des Diplomaten oder der Diplomatin im Gastland selbst. Sie spiegeln mit ihrem Auftreten, Handeln und Berichten sowohl die Verhältnisse in ihrem Gastland wie die ihres Entsendelands in jeweils entgegengesetzte Richtungen – manchmal wie sie wirklich sind, manchmal auch nur, wie sie sein sollten.

Diplomaten können sich für ihren Beruf auf zwei Pole ihrer Tätigkeit abstützen, auf ihre Mitwirkung an den Staatsgeschäften, den gegenseitigen Geschäften von Entsende- und Gaststaat zumal, und auf ihre Teilhabe an dem die Staaten übergreifenden „Diplomatischen Corps" und an den diesem eigenen „comment" und Betragen. Mit dem in letzter Zeit immer stärker geworden Gewicht der sogenannten „Zentralen", also der Außenministerien und der Regierungschefs, und des unmittelbaren Austausches zwischen ihnen hat sich das Gleichgewicht dieser beiden Pole der Diplomatie zwar verschoben; Eigenleben und Eigengewicht internationaler Begegnungen setzen sich aber fort – auch jenseits verfasster „Corps". Und zwischen diesem internationalen Eigenleben und der unmittelbareren Ausrichtung an den Geschäften der Staaten gibt es durchaus eine als dialektisch zu bezeichnende Spannung, die in ihrer Synthese allzu einseitige Interessenwahrnehmung zu vermeiden hilft und einer vermittelnden Internationalität der Diplomatie den Weg bereitet.

Darüber hinaus geben diese beiden Stützpunkte der Diplomatie gerade die besondere größere Freiheit des Handelns und Auftretens, die sie für ihre Arbeit braucht – wiederum unter Nutzung eines dialektischen Gefälles. Manchmal fordert die Bewegung gerade in diesem Gefälle den Einsatz besonderer Fähigkeiten, ein gewisses Abenteurertum und eine Risikobereitschaft heraus, die der normale Beamtendienst nicht vorsieht. Das Risiko des Mißerfolgs müssen sich in diesen Fällen der betreffende Diplomat oder die Diplomatin am Ende mit ihrer vorgesetzten Behörde, also dem heimischen Außenministerium, auf hoffentlich faire Weise teilen.

Generell ist die Erzeugung von Mehrwert nicht an eine erkennbare Dialektik gebunden. Hammer und Amboß und das dazwischen zu liegen gekommene Stück Eisen begegnen sich zwar laut und stinkend, damit z. B. ein Hufeisen produziert wird, aber nicht in einem höheren Sinne dialektisch.

Bei der Diplomatie ist es nach dem Gesagten aber so, dass sie ihr Material typischerweise dialektisch bearbeitet. Sie deckt Spannungen auf und beschreibt sie und versucht, sie auf einer höheren Ebene zum Ausgleich zu bringen. Sie setzt Spannungen aber auch selbst als Mittel ihrer Arbeit ein und schafft sie manchmal ganz bewusst, um z. B. mit einem „Nebenkriegsschauplatz" Verhandungsmöglichkeiten für den eigentlichen Konflikt zu schaffen. Sie „verkörpert" geradezu diese Spannungen und nimmt sie in sich auf, wie in dem schon genannten „Diplomatischen Corps". Diese durchweg wohlgestaltete und gut gekleidete Gemeinde schließt Vertreter und Vertreterinnen auch heftig gegeneinander positionierter Länder ein. Ein Mehrwert dieses gemeinsamen „Körpers" für Kontakte und Gespräche oder auch nur für die Wahrung von Formen ist gerade deshalb anzunehmen. – Auch für die allgemeine Erkenntnis, daß „Gegensätze sich anziehen", finden sich im Leben der Diplomatie zahlreichere Bestätigungen als in der Praxis anderer Berufsfelder. Allerdings gilt das auch für private Versuchungen. Nicht jede Annäherung an Grenzen oder ihre Überschreitung bringt auch einen beruflichen Mehrwert.

Trotz wesentlicher Veränderungen ihres Umfelds ist Diplomatie also weiterhin ein eigener Beruf. Womöglich verdankt dieser Beruf seine Eigenständigkeit allerdings weniger als früher einem eigenen Berufsfeld, nämlich den inzwischen auch von vielen anderen Berufen für sich entdeckten „internationalen Beziehungen", als der besonderen Dialektik seiner Voraussetzungen und Vorgehensweisen. Ihren spezifischen „Mehrwert" bezieht die Diplomatie nicht so sehr aus der „laufenden Produktion" ihrer vielen Empfänge und Gespräche an sich, sondern vor diesem Hintergrund vor allem aus dem handwerklich geübten Versuch, immer wieder zu Synthesen gegensätzlicher Positionen zu gelangen. Es ist dies die Suche, im Kleinen wie manchmal auch im Großen, über die Ausfechtung von Gegensätzen hinaus zu einem möglichst gemeinsamen Besseren durchzukommen. Seine und ihre eigene dialektische Aufhängung zwischen ganz oben und ziemlich weit unten gibt dem Diplomaten und der Diplomatin dazu auch die persönliche Möglichkeit. In der Konsequenz einer solchen Beschreibung von Berufsbild und „Mehrwert" der

Diplomatie liegt es natürlich, Diplomatinnen und Diplomaten nun auch außerhalb der etablierten diplomatischen Dienste am Werke zu sehen und, umgekehrt, nicht in allen dort Tätigen „Diplomaten“ zu erblicken. – Jedenfalls gibt es aber für die Diplomatie an allen Enden noch immer viel Gelegenheit, diplomatischen „Mehrwert“ zu erzeugen.

Beispielhaft denke ich an meinen Aufenthalt in Karatschi, wo ich von 2006 bis zu meiner Pensionierung im Jahre 2008 Generalkonsul war. Der Ruf der Stadt von mindestens 25 Millionen Einwohnern war und ist, jedenfalls in der deutschen Öffentlichkeit, eher schlecht. Ich habe den Posten gut gefunden. Die Generierung des oben beschriebenen diplomatischen Mehrwerts durch meine Arbeit in Richtung Heimat wurde mir durch ein gewisses Desinteresse dort und die ausgesprochen geringe Zahl der Besucher aus Deutschland allerdings etwas erschwert. Der Mehrwert musste also im Wesentlichen vor Ort erwirtschaftet werden, und ich versuchte, in die in Pakistan besonders gut bestückte tool box der Gegensätze zu greifen.

Überall begegnete man in Karatschi, auch an z. T. maßgeblichen Stellen, den Mohadschirs, den muslimischen Flüchtlingen, viele aus Bombay, aus der Zeit der indischen Teilung und ihren Nachkommen. Ihre politische Partei, die MQM, betätigte sich lautstark und teilweise gewalttätig, hatte aber auch fähige Verwalter und Verwalterinnen, so die Vorsitzende der Stadtverordnetenversammlung, Nasreen. – Eines Abends, es wurde schnell dunkel, beobachtete ich eine Versammlung der MQM in der Innenstadt und wurde von Nasreen, wie auch immer, in der gewaltigen Menge zwischen den aus britischer Zeit stammenden hohen Etagenhäusern erkannt und per Lautsprecher auf die Bühne befohlen. Ich gehorchte. Alsbald wurde mir mit mehrere Straßenzüge füllender Stentorstimme aus London von dem zugeschalteten exilierten Parteichef für meine Anwesenheit und für die Unterstützung der Anliegen der Mohadschirs und ihrer Partei herzlich gedankt. Das wars. Ich machte mich davon.

Als Politiker bin ich ungeeignet, und ein angemessenes Grußwort war mir nicht eingefallen; es wäre wohl auch nicht erwünscht gewesen. Der Mehrwert des Ereignisses war ungleich verteilt. Ich hatte versagt bei der Bedienung der in der Situation ja durchaus angelegten Dialektik und fühlte mich ausgebeutet.

Zusammen mit Nasreen, die einer großen Familie mit Kindern und Kindeskindern und einem großen Haus vorstand, habe ich zu Holi, dem Farbenfest der Hindus zu Frühlingsbeginn, die gar nicht so kleine verbliebene Hindu-Minderheit in Karatschi, Dalits fast alle, in ihrem verwinkelten alten Tempel besucht. Es ging sehr fröhlich zu, und wir wurden herzlich begrüßt. Mit bunt beschmierten Gesichtern, die Kleidung durchtränkt von Güssen farbigen Wassers, kamen wir nach etwa zwei Stunden wieder zum Vorschein. Hier war der „Mehrwert" schon gleichmäßiger verteilt gewesen, aber die Meisterin der Dialektik war doch Nasreen, die sich um den Frieden in der Stadt verdient gemacht und mich mitgenommen hatte. Wenig später allerdings öffneten demonstrativ in unmittelbarer Nachbarschaft zu dem kleinen Tempel mehrere Rindschlachtereien. Dagegen konnte Nasreen wohl nichts unternehmen. – In meiner Residenz habe ich dann mit aus Indien mitgebrachter Farbe noch ein eigenes Holi auf amtliche Mittel veranstaltet, zu dem auch zwei oder drei muslimische Familien mit ihren Kindern kamen.

Sindhis und Mohadschirs sind nur noch große Minderheiten in Karatschi, der Hauptstadt von Sindh. Wie ein breiter Kragen umgeben die Stadt nach Norden und Westen die dicht besiedelten Viertel der aus Afghanistan und den Nordprovinzen Pakistans geflüchteten oder zugewanderten Paschthunen, Hasaras, Usbeken und Belutschen. Die Fahrt in diese Stadtteile mit dem Auto durch dichtes Verkehrsgewühl ist lang und bedarf eines Lotsen. Wenn es mir auch etwas schwer fiel, in den engen Wohnungen lange mit gekreuzten Beinen auf dem Teppich zu sitzen und den in der Mitte auf Zeitungspapier am Boden ausgebreiteten Speisen zuzusprechen, war ich doch ein paar Mal dort mit allen meinen fünf Sinnen zu Gast. Diese Menschen waren wohl die zahlreichsten Bewohner meines Amtsbezirks, jedenfalls des Großraums Karatschi, und kontrollierten faktisch zu Lande den Zugang zur Metropole. Manchmal schien der Kragen die Stadt, von der er doch lebte, ersticken zu wollen. Es gab Tote und Verletzte zwischen Eingesessenen und Zuwanderern. Natürlich kam ich in Begleitung eines dort wohnenden guten Bekannten, der im Übrigen auch noch einen „Koffer" in Kabul hatte. Zu meinem Abschied aus Pakistan schenkte er mir einen großen, „Kasan" genannten, schmiedeeisernen Kessel zur Zubereitung von Plow mit meinem Namenszug in persischer Schrift auf dem Deckel.

Der „Mehrwert" dieser Besuche, d. h. vor allem der Erkenntnisgewinn, war auf meiner Seite wohl höher als auf der Seite meiner Gastgeber, denen ich aber doch Anerkennung und Respekt auch in meiner, schon nicht mehr ganz deutlichen, „amtlichen Funktion" bezeugen konnte. Nach dem gemeinsamen Gebet zu Beginn der Mahlzeit breitete sich Frieden aus, der keineswegs nur gefräßige Stille war.

Vier Mehrwert-Beispiele aus der diplomatischen Praxis

1. Dalmo und Willi und die brasilianische Verfassung

São Paulo,1983 - 85

Der erste richtige Job! Vizekonsul am Generalkonsulat São Paulo. Cooler Titel. Klang irgendwie nach de Bello Gallico. Die Wirklichkeit war allerdings etwas bescheidener: Referent für Konsularisches und für politische Öffentlichkeitsarbeit, „PÖA". Einige Jahre später wurde „PÖA" ersetzt durch "DbiA" (Deutschlandbild im Ausland). Wahrscheinlich wollte man den Eindruck vermeiden, dass wir Öffentlichkeitsarbeit machen, um politisch Einfluss zu nehmen. Noch später einigte man sich auf „public diplomacy".

Mir gefiel „PÖA". Schließlich machen wir Außenpolitik. Und für mich bedeutete diese Berufsbezeichnung, dass ich als junger Springer schon im ersten Auslandsjob politische Kontakte knüpfen und vertiefen durfte. Und dafür gab es in São Paulo jede Menge Möglichkeiten. Böse Zungen behaupteten nämlich, Brasilia sei Verwaltung, Rio sei Samba, aber die politische Musik spiele in São Paulo. Die wirtschaftliche sowieso.

Brasilien war 1964 bis 1985 eine Militärdiktatur. Die Generäle unterdrückten die Opposition, entzogen unliebsamen Personen die politischen Rechte und schränkten bürgerliche Freiheiten massiv ein. Auf die Studentenproteste 1968 reagierte das Militär mit massiven „Säuberungsaktionen" und noch strengerer Zensur. Tausende Oppositionelle, Journalisten, Intellektuelle gingen ins Exil, u. a. nach Europa oder, ab 1970, auch nach Chile. Nur die katholische Kirche, die sich mutig auf die Seite der Landlosen und Unterdrückten stellte, wurde weitgehend verschont.

Das Militärregime investierte in den Ausbau der Infrastruktur: Autobahnen, Flughäfen, Staudämme etc. Das lockte deutsche Unternehmen an, die sich damals noch herzlich wenig um politische Rahmenbedingungen kümmerten, solange sie nur „stabil" waren. So wurde São Paulo in den 70ern und 80ern zur „größten deutschen Industriestadt außerhalb Deutschlands“.

Ab 1981 zeigte sich die Militärregierung zunehmend reformbereit. Die Zulassung freier Wahlen 1985 erschien letztlich als die adäquate Antwort auf interne Machtkämpfe, den zunehmenden internationalen Druck, die grassierende Rezession und das Unvermögen des Regimes, die Hyperinflation zu bekämpfen.

1983 kamen die ersten Journalisten aus dem Exil zurück nach Brasilien. Schon mein Vorgänger hatte sich intensiv um Kontakte zu kritischen Medien bemüht. Daran konnte ich anknüpfen. Die Resonanz war motivierend. Sowohl die „progressiven“ als auch die „konservativen“ Medien interessierten sich für Europa und für Deutschland. Jahrzehntelang hatte Amerika als benchmark für Fortschritt und Demokratie gegolten. Aber die *Gringos* galten auch als arrogant und ignorant. Nun war man dabei, Europa zu entdecken. Wenngleich die Europäische Gemeinschaft schon damals mit vielen internen Problemen zu kämpfen hatte, so hatte das erzielte Maß an friedlicher europäischer Einigung – von außen betrachtet – durchaus Modellcharakter. Auch die sozialen Errungenschaften, etwa die in Deutschland gesetzlich verankerte betriebliche Mitbestimmung, stießen auf großes Interesse. Es gab aber auch Kritik. Einige Gewerkschaftsführer, u. a. Luís Inácio Lula Da Silva, genannt Lula, der spätere Präsident Brasiliens, konnten nicht verstehen, warum deutsche Unternehmen in Brasilien sich nicht an soziale Normen hielten, die in der Bundesrepublik inzwischen Standard waren.

Dalmo Dallari

Dalmo und ich hatten uns bei einer Veranstaltung der juristischen Fakultät der Universität von São Paulo kennengelernt. Er war ein unerschrockener Vorkämpfer für Menschenrechte, Demokratie und Meinungsfreiheit in Brasilien. Als Präsident der juristischen Fakultät der Universität von São Paulo und als Autor einer Vielzahl von Lehr- und Fachbüchern war er eine landesweit anerkannte und bewunderte Autorität.

Nationale Berühmtheit hatte er am 3. Juli 1980 erlangt, als er als Repräsentant der *Comissão Justiça e Paz* (Kommission für Gerechtigkeit und Frieden) im *Morumbi*-Stadion vor 140 000 Gläubigen die Begrüßungsrede aus Anlass des Besuches von Papst Johannes Paul II hielt. Auf dem Weg zum Stadion war er von einer rechtsradikalen Schlägerbande so zusammengeschlagen worden, dass er in einem Rollstuhl auf die Bühne gefahren werden musste. Aber er hielt seine Rede, trotz erheblicher Verletzungen und großer Schmerzen. So war Dalmo. Er hatte an seinem Lehrstuhl ein interdisziplinäres Forum für partizipative Demokratie eingerichtet. Nicht ganz ungefährlich, da in Brasilia noch immer die Generäle am Ruder waren. Ich war stolz darauf, teilnehmen zu dürfen.

Willi Hoss

Seit seiner Jugend hatte sich Willi für die Arbeiterbewegung und für eine gerechtere Gesellschaft engagiert. Bis zum Einmarsch der Russen in die Tschechoslowakei war er Mitglied der DKP gewesen, er war im Betriebsrat von Daimler-Benz, und 1983 wurde er grüner Bundestagsabgeordneter. Zusammen mit seinem Freund und Daimler-Kollegen Gerd Rathgeb war er zum Kongress der – damals verbotenen, aber inzwischen tolerierten – kommunistischen Partei Brasiliens, der *„Partidão"* (wörtlich: „große Partei") in São Paulo eingeladen worden.

Damals, im Frühjahr 1984 vermieden einige der frisch gewählten grünen Politiker noch, von offiziellen deutschen Auslandsvertretungen betreut zu werden. Zu viel Nähe zum Establishment. Und so hatten sich Willi und Gerd nicht an das Generalkonsulat, sondern an die *„Comissão Justiça e Paz"* gewandt. Die unterstützten die sog. Befreiungskirche und waren damit gegenüber jedem Establishment-Verdacht erhaben. Vorsitzender war unser Freund Dalmo Dallari. Und Dalmo versicherte den beiden, dem Vizekonsul Otto Lampe könne man durchaus trauen. So kam es, dass Willi und Gerd fast eine Woche in unserer Wohnung kampierten.

Mein Chef, der Generalkonsul, fand das ganz witzig. Denn sonst konnte es für die Unterbringung deutscher Politiker nie teuer und gut genug sein.

Tagsüber waren Gerd und Willi mit Interviews und mit dem Kongress der *Partidão* beschäftigt. Die neu gegründete grüne Partei in Deutschland war der mediale Renner in Brasilien. Willi und Gerd auf allen Titelseiten. Abends hatten wir die beiden dann meist für uns. Willi war ein sehr sanfter Mensch. Immer ruhig, nachdenklich und freundlich. Er hätte auch Pastor sein können. Aber einer mit starken Ansichten. Bei diversen Treffen mit Dalmo wurde deutlich, dass ihm und Gerd besonders die Ausbeutung der „Dritten Welt“ durch den globalen Kapitalismus am Herzen lag. Dagegen wollte er zusammen mit Gerd Flugblätter beim frühmorgendlichen Schichtwechsel im Mercedes-Benz-Werk bei São Paulo verteilen. Unbekümmert schlug ich vor, sie dorthin zu fahren. Etwas mulmig war mir dann aber doch zumute, als wir uns im Morgengrauen mit unserem kleinen, grünen VW-Käfer auf den Weg machten. Ich sah die Schlagzeile schon vor mir: „Deutscher Vizekonsul demonstriert gegen Ausbeutung von Mercedes-Arbeitern“. Noch war ich ja in der Probezeit.

Gerd und Willi wurden um 5:30 Uhr vor den Werkstoren abgesetzt. Und ich machte mich so schnell ich konnte – mit hochgeklapptem Mantelkragen – wieder aus dem Staub.

Mein offizieller Bericht an die Zentrale in Bonn über den ersten Besuch von grünen Abgeordneten in Brasilien fokussierte dann natürlich eher auf die üppige, überwiegend positive, mediale Berichterstattung. Auch über das Engagement der beiden gegen die Ausbeutung brasilianischer Arbeiter durch deutsche Unternehmen berichtete ich. Mein morgendlicher Ausflug blieb jedoch unerwähnt.

Durch den Besuch von Willi und Gerd wurde die Freundschaft zu Dalmo Dallari weiter gefestigt. Vor dem Hintergrund der prekären Lage brasilianischer Arbeiter im ausgehenden Militärregime und auch inspiriert durch den Besuch der Grünen Abgeordneten, interessiere sich Dalmo sehr für die Theorie und Praxis der deutschen Sozialpartnerschaft.

Zwar hatten wir einige vom Bundespresseamt erstellte Broschüren und auch die portugiesische Fassung von „Tatsachen über Deutschland“. Aber Dalmo wollte verständlicherweise mehr als nur bunt bebildertes PR-Material.

PÖA-Referenten haben neben ihrem persönlichen Engagement leider nur einen sehr übersichtlichen Instrumentenkasten für ihre Arbeit. Allerdings befindet sich darin die Möglichkeit, einige wenige interessierte sogenannte Multiplikatoren zu ca. einwöchigen Informationsreisen nach Deutschland einzuladen. Dabei wurde schon damals darauf geachtet, dass der Gast sich umfassend und transparent, eben nicht nur aus der Optik der Gastgeber, über das von ihm ausgewählte Thema informieren konnte.

Das war die Lösung. Dalmo hatte sich das Thema „soziale Partnerschaft“ ausgesucht. Er wollte feststellen, ob das in den fortschrittlichen brasilianische Medien oft gelobte deutsche System tatsächlich hielt, was es versprach. Im Herbst 1984 führte ihn die zusammen mit ihm vorbereitete Informationsreise nach Stuttgart, Frankfurt, Bonn und Hamburg. Er führte Gespräche mit Gewerkschaften, politischen Parteien jeder Couleur, Arbeiterinnen und Arbeitern, Unternehmen und Journalisten. Er besuchte Betriebe, Baustellen, Universitäten und Nichtregierungsorganisationen.

Hochmotiviert für ein noch stärkeres Engagement für die Belange der brasilianischen Arbeiterschaft kehrte er nach São Paulo zurück. Besonders beeindruckt hatten ihn das 1976 in Kraft getretene Mitbestimmungsgesetz sowie die Koalitionsfreiheit der Sozialpartner. Für die Einführung der betrieblichen Mitbestimmung war die politische Landschaft in Brasilien jedoch noch nicht reif. Zu viel geballter Widerstand von der mächtigen Unternehmer-Lobby. Umso mehr engagierte sich Dalmo für das in Art. 9, Abs. 3 des deutschen Grundgesetzes festgelegte Grundrecht auf Koalitionsfreiheit, d. h. für das Recht der Arbeiter, sich zur Wahrung und Förderung der Arbeits- und Wirtschaftsbedingungen zusammenzuschließen und unabhängige Gewerkschaften zu gründen.

Dalmo war – nach eigenem Bekunden – nie aktives Mitglied einer politischen Partei. Aber sein Herz schlug links und er war ein großer Förderer der noch in der Spätzeit der brasilianischen Diktatur 1980 gegründeten *Partido dos Trabalhadores, PT* (Partei der Abeiter).

1985 wurde die brasilianische Verfassung durch das Ziel ergänzt, nach 21 Jahren Militärdiktatur eine demokratische Verfassung zu erarbeiten. Von 1987 bis 1988 fand in Brasilia die erste verfassungsgebende Versammlung statt. Von den 559 Mandaten für die sog. Assembleia Constituinte erhielt die PT zwar nur 16, aber sie nutzte sie sehr engagiert.

Dalmo galt als eine Art *éminence grise* der PT. Vor allem aber war er Rechtsberater der Partei. Wir hatten ihm eine portugiesische Übersetzung des Grundgesetzes besorgt, die er als Diskussionsgrundlage nutzte. Er berichtete, die deutsche Verfassungsnorm aus Art. 9, Abs. 3 habe in den Beratungen eine Art Modellcharakter erhalten. Die Erfahrungen seines Informationsaufenthaltes in Deutschland waren für die PT insbesondere auch deshalb relevant, weil hierdurch die Diskrepanz zwischen deutschen Sozialstandards und der Praxis deutscher Unternehmen in Brasilien deutlich wurde.

Am 5. Oktober 1988 trat die erste demokratische Verfassung Brasiliens in Kraft. In Art. 8 ist das Grundrecht auf die Gründung freier Gewerkschaften festgelegt: *„é livre a associação profissional ou sindical“*. In den Ausführungsbestimmungen zu Art. 8 heißt es u. a.: „den Gewerkschaften obliegt die Pflicht, die kollektiven ... Anliegen der Arbeitnehmer ... zu vertreten“. Art. 8, Abs.1 enthält das ausdrückliche Verbot der Intervention des Staates in Gewerkschaftsfragen: *„vedadas ao Poder Público a interferência e a intervenção na organização sindical“*.

Dalmo war zufrieden. Allerdings beschwerte er sich später oft über die – aus seiner Sicht – riesige Kluft zwischen Verfassungswortlaut und Verfassungswirklichkeit. Aber das ist eine andere Geschichte. Wir jedenfalls hatten das gute Gefühl, dass die für seine Deutschlandreise aufgewandten Steuermittel nicht ganz umsonst ausgegeben worden waren, ja vielleicht sogar zu einem gewissen Mehrwert unserer Arbeit beigetragen hatten.

Dalmo, seine Frau Suley und wir blieben lange befreundet. Beide hatten auch einen Lehrauftrag in Frankreich. Wir besuchten uns oft. Bis ins hohe Alter blieb er ein unablässiger Kämpfer für Demokratie und soziale Gerechtigkeit.

Dalmo starb im Frühjahr 2022, 90-jährig, nach kurzer Krankheit.

2. Der Baulöwe

São Paulo, Februar 1984

São Paulo gilt – wie gesagt – als „größte deutsche Industriestadt". Das behauptet jedenfalls die deutsche Auslandshandelskammer in São Paulo seit Jahrzehnten. Und Generationen von deutschen Generalkonsuln schmücken sich gerne mit diesem „Titel". Das erhöht das spezifische Gewicht gegenüber dem Botschafter in Brasilia und beeindruckt Besucher aus der Heimat. Wissenschaftlich belegt ist es nicht, aber es könnte stimmen. Angeblich gibt es über 1200 deutsche Unternehmen im Großraum São Paulo. Mercedes, Audi, VW, Bosch, Siemens, Bayer, BASF etc. Kein maßgeblicher deutscher Konzern, der dort nicht investiert hat. Ein riesiger Absatzmarkt, unternehmerfreundliches Klima, günstige Steuern.

Die Deutschen sind beliebte Arbeitgeber. Wenn sie kommen, dann bleiben sie, auch in schwierigen Zeiten. Die Löhne sind niedrig, aber die Deutschen zahlen meist mehr als die heimische Konkurrenz. Und: man lebt gern in Brasilien, besonders natürlich als gut dotierter „Expat": Tolle, kreative Menschen, herrliche Landschaften, Traumstrände, Kultur. Also nicht nur Sonne, Samba, Karneval. Das aber auch! Die Flüge zwischen Frankfurt und São Paulo waren überwiegend ausgebucht. Zumindest in der Businessklasse. Jede Menge „Betreuungsaufträge" für meinen Kollegen aus der Wirtschaftsabteilung. Vorbereitung und Begleitung von Terminen mit brasilianischen und deutschen Unternehmern, Politikern, mehrere Essen, Empfänge und manchmal Churrasco auf einer *Fazenda* oder eine Bootstour in der Bucht der Copacabana. Life is hard.

Es gab aber auch exotischere Anliegen: Mein Kollege aus der Wirtschaftsabteilung meldete sich mit einer Bitte aus – wie er sagte – meinem „Zuständigkeitsbereich“. Der Chef eines namhaften deutschen Unternehmens habe ihn über die bevorstehende Brasilienreise eines befreundeten Münchener „Baulöwen“ unterrichtet. Der Herr sei geschäftlich per Privatjet mit einem Geschäftspartner in Lateinamerika unterwegs, habe Tickets für den Karnevalsumzug im Sambodrom in Rio und wolle sich anschließend noch ein paar Tage auf einer *„fazenda“* entspannen. Soweit sei alles gut vorbereitet. Es gebe da nur noch eine Kleinigkeit. Der bayerische Gast habe vor kurzem von seinem Geschäftspartner ein Grundstück nördlich von München erstanden. Man sei noch nicht dazu gekommen, den Kaufvertrag notariell zu beurkunden. Das wolle man bitte bei mir im Generalkonsulat erledigen.

In der Rechts- und Konsularabteilung beschäftigt man sich zumeist mit Visa- und Passangelegenheiten, aber auch mit Beglaubigungen, Erbscheinsfragen, Führungszeugnissen, Rentenbescheiden etc. Eine trockene, aber notwendige Materie. Beurkundungen sind ausgesprochen selten. Man braucht hierzu eine besondere Ermächtigung nach §19 Absatz 2 des Konsulargesetzes. Mir war sie kurz zuvor erteilt worden. Leider. Denn trotz Ermächtigung hatte ich als frischgebackener „RK-Referent“ keine blasse Ahnung. Ich wusste allerdings, dass man als Beurkundender für Fehler persönlich haftet. Mir wurde schwindelig. Der Blick ins konsularische Handbuch war auch nicht wirklich hilfreich. Aber bloß keine Schwäche zeigen.

Ein befreundeter Kollege an unserer Botschaft in Brasilia riet mir, doch zunächst einmal die Sachlage zu prüfen. Wie sich herausstellte, hatte der Baulöwe acht Hektar Bauland bzw. „Bauerwartungsland“ zwecks Errichtung von Hunderten Wohneinheiten erworben. 80 000 m^2 gut angebundenes Bauland in citynaher Lage. 65.- DM pro m^2. Ein Schnäppchen. Gesamtpreis 5.200.000 DM.

Laut der für Auslandsvertretungen damals geltenden Gebührenordnung waren für notarielle Beurkundungen 1,5% des Kaufpreises fällig. Darin enthalten waren allerdings 0,5 % Grundbuchkosten, die für uns nicht relevant waren. Es verblieb also ein glattes 1 %. Ein Prozent von 5,2 Millionen ist 52.000. Mir wurde wieder schummrig. Was, wenn ich einen Fehler machte? Würde ich die 52.000 DM erstatten müssen? Immerhin fast mein gesamtes damaliges Jahresgehalt. Oder noch schlimmer: Schadensersatz? Eine Berufshaftpflichtversicherung hatte ich noch nicht abgeschlossen.

Ich suchte nach Auswegen. Aber kaum einer meiner Kollegen war für Beurkundungen ermächtigt. Und die „Ermächtigten" wollten nicht. Aus verständlichen Gründen.

Einer stellte die nicht ganz unberechtigte Frage: Warum will denn der Baulöwe nicht in München beurkunden? Schließlich handele es sich doch um die Beurkundung eines Kaufvertrages nach deutschem Recht zwischen zwei deutschen Staatsangehörigen über ein in Deutschland gelegenes Baugrundstück. Man könnte meinen, dass damit der Gang zu einer deutschen Auslandsvertretung ausgeschlossen sei.

War er aber nicht. Ein Blick in die Vorschriften ergab keine Ausnahmeregelung für diesen Fall. Lediglich den Hinweis, dass es im Ermessen des Konsularbeamten liege, Beurkundung abzulehnen, mit denen „erkennbar unredliche Zwecke" verfolgt werden. Aber auch das half zunächst nicht weiter. Die erbetene Beurkundung war sicher nicht unbedingt nötig, aber eben auch prima facie nicht „unredlich". Der Wirtschaftskollege drängelte. Ich war kurz davor, mich in mein Schicksal zu fügen. In einer letzten verzweifelten Suche nach Auswegen blätterte ich in der Bundesnotarordnung. Eher zufällig stieß ich auf den Begriff „Umsatzsteuer". Ich schaute genauer hin: Beurkundungen sind in der Regel umsatzsteuerpflichtig. Damals waren es 18%. 18% von 52.000. Mein Taschenrechner ergab 9.360. Ich konsultierte unseren Zahlstellenleiter. Er versicherte mir, dass für derartige Dienstleistungen im Ausland keine Umsatzsteuer fällig sei. Wollte der Baulöwe durch die Beurkundung in São Paulo also knapp 10.000 DM Umsatzsteuer sparen? War das redlich? Ich wurde mutig und schrieb meinem Kollegen einen Vermerk mit etwa folgendem Inhalt: Es sei mir als zuständigem Referenten nicht ersichtlich, mit welcher Begründung der Fiskus auf die Einnahme von 9.360 DM Umsatzsteuer für einen Vorgang verzichten solle, der nach der vorgetragenen Sachlage ohne weiteres steuerpflichtig im Inland vorgenommen werden könne. Mein Kollege leitete den Vermerk weiter.

Nervös wartete ich auf eine Antwort. Es passierte nichts. Der Baulöwe kam und reiste wieder ab, ohne sich im Konsulat zu melden. Später erfuhr ich, dass der befreundete Unternehmer dem „Baulöwen" empfohlen habe, auf die „steueroptimierende Auslandbeurkundung" zu verzichten. Ich jedenfalls atmete auf und freute mich darüber, dem deutschen Steuerzahler einen kleinen Dienst erwiesen zu haben. Und obwohl es sich um die Umsatz- und nicht die Mehrwert-Steuer handelte, hatte ich das wohlige Gefühl, zum Mehrwert unserer Arbeit beigetragen zu haben.

3. SINAL

Lissabon, im September 1991

Einer der schönsten Jobs im Auswärtigen Dienst ist der des Pressereferenten. Man muss nicht den ganzen Tag im Büro hocken und an mehr oder weniger intelligenten Berichten basteln. Sondern man verdient sein Geld überwiegend mit Redaktionsbesuchen, Pressekonferenzen, Vortragsveranstaltungen und Mittagessen mit Journalisten. Eben: „Futtern für Deutschland". Aber alles in Maßen. Denn zu viel „politische Öffentlichkeitsarbeit" wäre bei der hervorragenden portugiesischen Küche eine ernsthafte Belastung für meinen Body-Mass-Index geworden.

Als Alternative zum ständigen Futtern bot sich eine Renovierung unseres Botschafts-Rundbriefs an. Ein Relikt aus vorrevolutionären Zeiten. 5-6 lieblos zusammengetackerte Fotokopien mit überwiegend banalen BRD-Infos, mühsam ins Portugiesische übertragen und bei Eintreffen bei unseren ca. 150 „Abonnenten" bereits hoffnungslos veraltet. Jede durchschnittliche Schülerzeitung war dagegen ein mediales Feuerwerk.

Ziemlich peinlich für eine Botschaft. Aber niemand traute sich, dem traurigen Spiel ein Ende zu bereiten. Zumal auch das wöchentliche Zusammentackern einen prominenten Stellenwert in der Arbeitsplatzbeschreibung des Hausmeisters António einnahm. Und man war gut beraten, António nicht zu ärgern. Eine Einstellung der Botschafts-Gazette war also keine Option. Aber wie wär's mit einer Grundsanierung? Ein modernes Magazin, einmal pro Monat, mit spannenden und auch witzigen Beiträgen aus Portugal und Deutschland, 600 „Abonnenten", Hochglanz und in Farbe!

António war skeptisch. Wer sollte das denn bezahlen? Die von uns eingeholten Angebote waren ernüchternd. Selbst wenn ich nie mehr für Deutschland gefuttert hätte, hätten wir uns das mit unserem schmalen Budget nicht leisten können. Mein Vorschlag, die Kosten weitgehend durch Anzeigen deutscher Unternehmen in Portugal zu decken, wurde nach Rücksprache im Bundespresseamt abgelehnt. „Nicht vereinbar mit den Haushaltsvorschriften", hieß es aus Bonn. Denn die Werbeeinnahmen müssten dem Bundeshaushalt und nicht dem Botschaftsetat zufließen.

Was tun? Eine Freundin hatte jüngst eine kleine PR-Agentur namens „Infobus" gegründet. Das war die Lösung: Wir liefern die Texte, „Infobus" ist für Satz und Druck verantwortlich, finanziert sich durch Anzeigen von Lufthansa, Mercedes, Siemens & Co., und die Botschaft erhält das attraktive Endprodukt so gut wie gratis. Nur für den Versand waren wir noch zuständig. Und damit war dann auch António zufrieden. „SINAL" *(Serviço de Informação de Alemanha)* konnte in den Druck gehen. Alle waren zufrieden. Ein Hochglanzmagazin mit aktuellen politischen, wirtschaftlichen und kulturellen Infos, Interviews mit deutschen und portugiesischen Politikern, Künstlern und Unternehmern mit zunächst 300, später 700 Abonnenten. Und das ganze fast ohne Kosten für den Steuerzahler. Das war, wie wir fanden, ein echter Mehrwert unserer Arbeit.

Doch das Glück währte nicht lange. Schon am nächsten Morgen meldete sich eine ältere Mitarbeiterin, die in Lissabon aufgewachsen war und sich daran erinnerte, dass schon die Nazis 1943 in Portugal eine Zeitschrift unter dem Titel SINAL herausgegeben hatten!

O Schreck! Katastrophe! In der Druckerei hatte man zwar das Layout schon fertig gestellt, aber die Offsetmaschine zum Glück noch nicht angeworfen. Andere Aufträge warteten. Ein neuer Name musste schnellstens her!

Der eheliche Gehirnsturm mittags in der Küche brachte die Lösung: Das Baby wurde umgetauft in „INFORMAL" *(Informações da Alemanha)* Wir fanden das genial. Denn damit hatten wir nicht nur einen neuen Namen, sondern auch einen Hinweis auf unsere redaktionelle Philosophie: möglichst „informell" zu sein, so gut dies eben für eine Botschaft geht.

INFORMAL erfreute sich auch nach unserer Versetzung noch lange einer fröhlichen Existenz, bis dann, 10 Jahre später, die digitale Konkurrenz unserem Botschaftsmagazin endgültig den Garaus machte.

4. Flower Power

Bern, im Sommer 2014

Zwischen der deutschen Botschaft in Bern und unseren liechtensteinischen Nachbarn liegt, leicht erhöht, ein ca. 500 m^2 großes, bundeseigenes Grundstück. Angeblich unverkäuflich.

Zu Kaisers Zeiten wurden hier Obst und Gemüse für die Festmahle der Botschafter angepflanzt. Die dafür erforderlichen Beete nebst Bewässerungsanlagen waren noch vorhanden, wenngleich verrottet. Ansonsten wilder Rhabarber, ein schütteres Apfelbäumchen und verwitterter Rasen.

Die Schweiz ist teuer. Man verdient zwar als Schweizer sehr ordentlich, aber man gibt auch viel aus. Für deutsche Beamte in der Schweiz gilt vor allem Letzteres. Zum Beispiel Blumenschmuck: Für ein kleines Feierabendsträußchen, dass bei uns in Berlin an der Tanke für 6,95 € mitgenommen werden kann, darf man auf dem – zugegebenerweise pittoreskeren – Berner Wochenmarkt umgerechnet 28,- € hinblättern. Doch selbst mit zwei, drei Feierabendsträußchen ließ sich die Residenz nicht dekorieren. Da mussten schon ernsthafte Bouquets her, für die gerne dreistellige Beträge verlangt werden.

Wir standen angesichts unseres bescheidenen Budgets also vor der Wahl: Entweder hübsche Blumen oder ordentliches Essen. Da wir aber beides haben wollten, kam uns eine Idee: Warum nicht die alten Botschaftsbeete rehabilitieren?

Unsere liechtensteinische Nachbarin Doris, deren hübsche Residenz ebenfalls einen Blumenladen hätte beschäftigen können, war begeistert. Gemeinsam fuhren wir mit dem Botschafts-Pick-Up zum Blumengroßmarkt.

Hyazinthen, Pfingstrosen, Lilien, Lupinen, Margarethen, Astern, Dahlien, Rosen, Tulpen etc. wurden palettenweise als Stauden aufgeladen oder in bunten Tütchen für die Aussaat besorgt. Hinzu kamen Samen von Zucchini, Tomaten, Kürbis, Bohnen, Gurken, Radieschen und diversen Kräutern.

Doris und wir hatten uns darauf geeinigt, dass die Beete in wöchentlichen Wechsel von Deutschland und Liechtenstein gepflegt werden sollten. Hierfür wurde unserer Freundin sogar eigens ein Wege- und Nießbauchsrecht eingeräumt, dass sie zum Betreten deutschen Bodens und Nutzung seiner Früchte ermächtigte. Und so verbrachten wir unsere karge Freizeit mit Pflanzen, Unkrautjäten und Bewässern.

Der Lohn der Arbeit konnte sich dann aber durchaus sehen lassen: herrliche Schnittblumen von April bis November, riesige Kürbisse und saftige Zucchini. Das Kürbiscremesüppchen bei opulenter Tischdeko war dann ein ganz besonderer Genuss.

Doris, die über unser Flowerpower-Joint-Venture nach Vaduz berichtet hatte, erhielt wenig später ein Schreiben von seiner Durchlaucht, Fürst Hans-Adam von Liechtenstein. Dahin beglückwünschte seine königliche Hoheit seine Botschafterin für eines der „wohl nachhaltigsten Projekte der deutsch-liechtensteinischen Zusammenarbeit“.

Und so schafften wir durch unsere Gartenarbeit nicht nur einen Mehrwert für Küche und Dekoration, sondern auch für die bilateralen Beziehungen zum Fürstentum.

Vom Mehrwert der Diplomatie in der „Kulturhauptstadt der Welt"

„New York-LKu" (Leiter des Kulturreferats im Generalkonsulat) war mein Wunschposten, und die Personalabteilung spielte mit – im Januar 1993 konnte ich meinen Dienst dort antreten. Es folgten mehr als drei inspirierende und spannende Jahre. New York hatte mich schon immer fasziniert, und ich wurde nicht enttäuscht. Die unglaubliche Diversität der Stadt, in der alle Nationen vertreten sind und deren Einwanderer zahllose Traditionen mitgebracht haben und dort weiterleben lassen – seien es chinesische Drachentänze oder brasilianischer Samba –, nähren die Kreativität im Schmelztiegel oder besser Mosaik NY (Bürgermeister David Dinkins 1990: „I see New York as a gorgeous mosaic of race and religious faith, of national origin and sexual orientation").

Seinen Ruf als „Kulturhauptstadt der Welt" begründet NY vor allem mit seinem überwältigenden Angebot im Bereich der „Hochkultur": das Lincoln Center ist mit der Metropolitan Opera, dem State Theater und seinen Konzertsälen das Mekka der Freunde der E-Musik aus aller Welt. Auf der anderen Seite des East River präsentiert die Brooklyn Academy of Music (BAM) zeitgenössische und bisweilen auch experimentelle Aufführungen des „cutting edge" aus aller Welt im Rahmen des „Next Wave Festivals" – auch aus Deutschland (in meiner Zeit: Pina Bausch, Thalia-Theater u. a.). Nicht selten hat man an einem Abend Gelegenheit, zwischen einem halben Dutzend herausragender Ballettaufführungen zu wählen (klassisch ebenso wie modern dance).

Im Medienzentrum der USA finden sich auch die wichtigsten Fernsehsender, die bedeutendste Tageszeitung und fast alle großen Buchverlage.

Außerdem beherbergt New York auch einige der wichtigsten Museen der Welt: darunter das Metropolitan Museum of Art, MoMA, Guggenheim, Whitney (insgesamt etwa 140 Museen in NYC). Darüber hinaus finden sich dort etwa 1400 Galerien und 100 Universitäten sowie Colleges, zu denen so bedeutende Bildungseinrichtungen wie die New York University, die Columbia University oder die Julliard School of Music gehören. Auch in den Entertainment-Bereichen Musical, Jazz, Rock und Pop etc. belegt New York bekanntermaßen Spitzenpositionen.

Man mag sich die Frage stellen, weshalb sich Deutschland im New Yorker Generalkonsulat auch ein Kulturreferat leistet, zumal dort eine Vielzahl kultureller Mittler aus Deutschland bereits erfolgreich agiert, darunter das Goethe-Institut New York (seinerzeit: Goethe House), der DAAD, die Alexander-von-Humboldt-Stiftung sowie die Deutsch-Abteilungen der Columbia Universität oder der New York University.

Der „Mehrwert" des Generalkonsulats bestand und besteht mithin in der Unterstützung der Verbreitung unserer Kultur einschließlich Ausstellungen, Gastspiele etc., Förderung kultureller Institutionen mit Deutschland-Bezug sowie Koordination der zahlreichen Mittleraktivitäten unter anderem durch regelmäßige Abstimmungsrunden.

Stichwort Synergie: Für nahezu alle Mittler war es interessant zu erfahren, was die anderen Akteure in der Programmplanung hatten – ein Beispiel: In unserer Abstimmungsrunde fand ein Nietzsche-Seminar der NYU das Interesse einiger Mittler. Dann ermöglichte das Goethe House die Teilnahme mehrerer externer Referenten. Das Generalkonsulat half bei der Organisation eines Konzerts mit wenig bekannten Kompositionen des Philosophen usw. Außerdem boten die Koordinationsrunden auch die Chance, Überlappungen mit den Aktivitäten der anderen Akteure in der kommenden Saison zu vermeiden.

Mit dem Kleinen Kulturfonds stand uns auch ein probates Mittel zur Förderung von Projekten mit Deutschland-Bezug vor Ort zur Verfügung, mit denen in bescheidenem Rahmen Vorhaben z. B. aus den Bereichen Theater, Literatur und Ausstellungen mit Deutschland-Bezug unterstützt wurden.

Fokus meines Beitrags zu diesem Buch sind deshalb im Wesentlichen Projekte der Programmarbeit, die wegen der einzigartigen Stellung New Yorks im „High Culture"-Bereich naturgemäß stärker ausgeprägt ist als an nahezu allen anderen Dienstorten.

Albert Einsteins „rechte Hand“: Eine Privatbibliothek für Dresden

Das passiert auch nicht alle Tage – Sommer 1994: Anruf beim Kulturreferenten des deutschen Generalkonsulats in New York. Aus einer New Yorker Anwaltskanzlei meldet sich eine aufgeregte Stimme – wahrscheinlich um die Dringlichkeit des Ansinnens zu verdeutlichen: Bereits sieben Jahre zuvor sei Professor Otto Nathan, Volkswirt in Princeton, der auch Nachlassverwalter und „rechte Hand“ Albert Einsteins war, verstorben. Jetzt müsse seine Wohnung an der Fifth Avenue innerhalb einiger Tage geräumt werden; darunter auch seine Bibliothek, deren Wert die Kanzlei nicht beurteilen könne. Dem Generalkonsulat sei anheimgestellt, die Sammlung kostenfrei zu übernehmen. Anderenfalls werde sie nach Ablauf der kurzen Frist der New Yorker Müllabfuhr übergeben.

Was tun? Habe mich in die U-Bahn geschwungen, um nach Downtown zu fahren und die Sammlung zu inspizieren. Ergebnis aus Sicht des Laien: ca. 10 000 Werke aus Betriebswirtschaft, Volkswirtschaft, Statistik, Philosophie und Judaistik; vermutlich von Interesse für wissenschaftliche Bibliotheken in unserem Land. Dann war zu klären, wer die Ladung übernimmt – hier war Gott sei Dank ein deutschstämmiger Spediteur in New York hilfreich. So weit, so gut. Danach galt es natürlich, Interessenten in Deutschland zu finden, die auch bereit wären, die nicht unerheblichen Transportkosten zu übernehmen. Anfragen beim DAAD und bei der Deutschen Forschungsgemeinschaft (DFG) waren nach einiger Zeit erfolgreich – sie kontaktierten Universitätsbibliotheken und fanden bei der UB Dresden großes Interesse. Diese war seinerzeit im VWL-/BWL-Segment noch im Aufbau. Die Übernahme der nathanschen Privatbibliothek erwies sich als willkommene Ergänzung ihres Bestands. Dies entsprach im übrigen auch einer Verfügung des Nachlassverwalters Otto Nathans, nämlich dass diese Sammlung nach Möglichkeit einer deutschen Universitätsbibliothek, vorzugsweise in den neuen Bundesländern, zugute kommen solle.

Stichwort Deutsche Einheit: Ein wichtiger Eckpunkt unserer Kulturarbeit in New York waren Anfang/Mitte der Neunzigerjahre zahlreiche

Auftritte von Ensembles aus den neuen Bundesländern, z. B. die Dresdner Philharmoniker, die Staatskapelle Dresden, der Dresdner Kammerchor, die Weimarer Staatskapelle und das Leipziger Gewandhaus Orchester.

Der gesellschaftliche Höhepunkt des Jahres 1995 für das Generalkonsulat war die Feier des fünften Jahrestages der Deutschen Einheit im Metropolitan Museum of Art. Es nahmen ca. 1300 New Yorker teil, darunter Henry Kissinger, Rudy Giuliani, Geraldine Ferraro, Kurt Masur und Christo. Ehrengast war Ex-Bundespräsident Richard von Weizsäcker.

Highlights in der Brooklyn Academy of Music, im Lincoln Center, der „Verhüllte Reichstag“ u. a.

Ende 1994 gab es im Bereich der darstellenden Kunst ein besonderes Highlight, das mit Unterstützung des Generalkonsulats und aus dem Kulturbudget des AA mitfinanziert und realisiert werden konnte: Das fünfte Gastspiel von Pina Bausch in der Brooklyn Academy of Music (BAM): „Two Cigarettes in the Dark“ – ausverkaufte Vorstellungen, stehende Ovationen und begeisterte Kritiken in den New Yorker Medien.

Bereits 1993 hatten die zehn Aufführungen der Robert-Wilson-Produktion „Black Rider“ mit dem Thalia Theater Hamburg in der BAM, die aus Bundesmitteln mitfinanziert worden waren, zu den Höhepunkten unserer Kulturarbeit in NY gehört. In der New York Times wurde diese Inszenierung als „nastily funny“ und „playful union of German Expressionism and Japanese Kabuki with American Vaudeville musical comedy and silent movie clowning“ gefeiert. Mit der Aufführung des Kult-Musicals „Alice“ zwei Jahre später, ebenfalls Thalia Theater / Bob Wilson und wieder in der BAM, wurde an den Erfolg des „Black Rider“ angeknüpft: Das ebenfalls vom Auswärtigen Amt unterstützte Gastspiel fand erneut vor ausverkauftem Hause statt.

Ein Höhepunkt im Musikbereich im Jahre 1996: im Lincoln Center konzertierte das Ensemble Modern aus Frankfurt mit der „Yellow Shark Suite“ von Frank Zappa und Werken von John Adams, der auch dirigierte. Im Anschluss an das Konzert hatte ich Gelegenheit, im Lincoln Center einen Empfang zu Ehren des Ensembles zu geben, an dem mit John Adams, Steve Reich und Philip Glass die – zumindest meines Erachtens – drei wichtigsten Komponisten der USA jener Zeit teilnahmen.

Im Vorfeld des Projektes „Verhüllter Reichstag“ gelang es uns Mitte 1994, Christo für eine Vortragsveranstaltung in der Architekturschule Cooper Union zu gewinnen: Bei einem Empfang im Goethe-Institut hatte ich ihn spontan gefragt, ob wir so ein Projekt zusammen planen könnten. Christo erklärte sich unzuständig, verwies aber lächelnd auf seine Frau Jeanne-Claude, an die ich mein Petitum direkt weiterleitete. Sie reagierte überraschend schnell („Yes, we'll do it“!). Veranstaltungsort, Catering, etc. waren ziemlich schnell gebucht, da Christo ja auch in der Cooper Union gerne gesehen wurde. Meine Planungen hatten nur ein Manko – im Eifer des Gefechts hatte ich vergessen, Jeanne-Claude nach einer etwaigen Gage zu befragen.

Im folgenden Telefonat mit ihr stieg dann mein Adrenalinpegel, als sie zunächst 5-stellige Dollarbeträge, je nach Publikum, nannte – was weit über unserem Budget lag. Mein vorsichtiger Einwand, Zielgruppe in der Hochschule seien ja vorwiegend Studenten, stimmte sie aber doch noch milde und so einigten wir uns auf einen deutlich geringeren Betrag … Das Auditorium war dann prall gefüllt und der charismatische Künstler begeisterte das überwiegend junge Publikum mit einer engagierten Vorstellung seines bis dato größten Vorhabens. Mit Heiterkeit quittierte das Publikum die Reaktion auf die Frage, ob der Künstler bei der Arbeit am Reichstagsprojekt bereits seine nächsten Vorhaben konzipiere. Christo hatte diese Frage akustisch nicht verstanden und Jeanne-Claude sprang ein: „The question was: when you make love with me, do you think of another woman?“ …

In besonderer Erinnerung blieb mir auch ein Besuch von Heiner Müller 1995 in Princeton. Er beteiligte sich an Lesungen, Workshops und Diskussionen. Ich hatte Gelegenheit, auf einem Panel mit ihm über die Folgen der Deutschen Einheit zu diskutieren.

Darüber hinaus hatten wir mit Kurt Masur als Leiter der New Yorker Philharmoniker in den Neunzigerjahren einen Aktivposten unserer Kulturarbeit. Seine Rolle während der friedlichen Revolution in Leipzig war auch dem New Yorker Publikum nicht entgangen – vor seinem Antritt als Musikdirektor der New Yorker Philharmoniker (1991) hieß es in der NY Times, der Umgang mit dem Orchester gelte als besonders schwierig – Masur habe sich jedoch gegen die sowjetischen Panzer zur Wehr gesetzt, also werde er auch die New Yorker Philharmoniker leiten können. Mit dem Leipziger Gewandhaus-Orchester gastierte Masur 1994 in New York und zwar im Plenum der Vereinten Nationen. Aufgrund von Sparmaßnahmen in den VN war das Konzert kurzfristig gefährdet. Mit Unterstützung des Generalkonsulats und des AA konnte es jedoch in letzter Minute gerettet werden.

Ein Schwerpunkt des Goethe-Instituts New York lag in meinen New-York-Jahren im Programm- und Film-Bereich. Positiv erinnerlich sind mir u. a. die Vorstellung der Choreographin Sasha Waltz und Retrospektiven mit Filmen von Konrad Wolf, Filmen zum deutschen Widerstand, zu 50 Jahren Frieden in Deutschland sowie eine Wortveranstaltung zur Rolle Deutschlands in den Vereinten Nationen mit Theo Sommer und Marion Gräfin Dönhoff.

Museen und Galerien – „German and American artists nose to nose"

In meinen Jahren erlebte New York eine außerordentliche Dichte von Ausstellungen deutscher Künstler (MoMA: Joseph Beuys, Max Ernst, John Heartfield/Guggenheim: bislang größte Retrospektiven von Rebecca Horn und Georg Baselitz). Diese Ausstellungen wurden aus Bundesmitteln unterstützt. Auch in den privaten New Yorker Galerien waren die deutschen zeitgenössischen Künstler hervorragend vertreten (darunter Lüpertz, Richter, Baselitz, Darboven, Kiefer, Beuys, Polke, Richter, Oehlen).

Die leitende Kunstkritikerin der New York Times, Roberta Smith, schrieb 1993: „After a slow start in the 1950s, German art easily outstripped French, in part through its careful attention to pop art, and by the early 1980s the German and American artists were nose to nose … Of all European countries whose contemporary arts scenes started blossoming in the late 1960s and early 1970s, Germany's has remained the strongest"!

Lange Zeit habe ich es als Manko empfunden, dass der deutsche Expressionismus in den New Yorker Museen unterrepräsentiert war. Umso erfreulicher war es dann, dass Pläne des aus Österreich stammenden Kunsthändlers Serge Sabarsky für ein Museum für deutschen und österreichischen Expressionismus in den Neunzigerjahren an der Fifth Avenue verwirklicht werden konnten („Neue Galerie New York") – in bester Lage gegenüber dem Metropolitan Museum of Art. Und 1995 kam unser Expressionismus in New York in weiteren Ausstellungen zu Ehren: Druckgrafiken Max Beckmanns im MoMA, sieben von zehn Kompositionen Kandinskys ebenfalls im MoMA, sowie eine Sammlung von Druckgrafiken deutscher Expressonisten im Brooklyn Museum of Art.

Eine vom Folkwang Museum kuratierte Ausstellung wurde 1994 im Jüdischen Museum mit Werken deutscher Fotografinnen der Weimarer Zeit gezeigt, die ich zusammen mit der Leiterin des Museums Joan Rosenbaum eröffnen durfte.

Mit großem Interesse begleitete ich seinerzeit auch den Besuch des Berliner Kultur-Senators im Auktionshaus Sotheby's, bei dem der Berliner Senat Tausende von Objekten aus dem Nachlass Marlene Dietrichs ersteigerte, einschließlich Filmrequisiten, Schmuck, Garderobe, Fotos, Korrespondenz, Manuskripten der Diva, die den Grundstock des heutigen Film-Museums am Potsdamer Platz bildeten.

Unser Generalkonsulat leistete auch einen Beitrag zur Präsentation unserer Kunst durch monatliche Ausstellungen mit jungen Künstlern/-innen aus Deutschland in der Kanzlei, seinerzeit noch auf der Park Avenue.

Fazit/Schlussbetrachtung

Dass auch unsere wissenschaftliche Zusammenarbeit mit zahlreichen New Yorker Universitäten und Hochschulen wie auch die Sprachförderung von großer Bedeutung waren, soll nicht unterschlagen werden, muss jedoch einem weiteren Bericht vorbehalten bleiben. Problem übrigens bereits damals: Schon im New York der Neunzigerjahre ging die Nachfrage nach Deutschunterricht zurück, gepaart mit Kürzungen oder gar Streichungen bei Fremdsprachenprogrammen an vielen öffentlichen High Schools, Colleges und Universitäten.

Den Mehrwert unseres Engagements in New York sah ich aber vor allem in der Möglichkeit, Kulturprojekte (Ausstellungen, Gastspiele, etc.) zu begleiten, häufig auch mit AA-Mitteln zu fördern und manchmal sogar zu initiieren, dies zu einer Zeit, in der die entsprechenden Budgets des AA besser dotiert waren, als dies heute der Fall ist. Sie machten meine Aufgaben als Kulturreferent des Generalkonsulats New York zu einem der faszinierendsten und prägendsten Posten meiner Laufbahn. Die Jahre in Manhattan haben meinen Horizont noch mehr erweitert, als ich es bei Dienstantritt 1993 erwartet/erhofft hatte. Auch Fortbildung war eingeschlossen: „dienstbegleitend", also nach Feierabend, hatte ich einige „Contemporary Art"-Kurse an der New School for Social Research belegt, was mir den Zugang zur dortigen Kunstszene erleichterte.

Mit gleichem Vergnügen konnte ich durch einige Vorträge zur Entstehung und Bedeutung der Künstlergruppen „Brücke" und „Blauer Reiter" einen kleinen Beitrag dazu leisten, das New Yorker Interesse an diesem ja nicht ganz unwichtigen Teil unserer Kultur zu beflügeln.

Ich will auch nicht verhehlen, dass ich die (wenngleich oft nur kurzen) Begegnungen mit Persönlichkeiten des öffentlichen Lebens bzw. der deutschen und US-amerikanischen Kulturszene als bereichernd empfand (darunter u. a. Philip Glass, Heiner Müller, Pina Bausch und – ja – John McEnroe: er hatte in SoHo eine Galerie eröffnet, deren erste Ausstellungen auf den deutschen Expressionismus fokussiert waren ...).

Die Pupille des Drachen – Vom Mehrwert diplomatischer Verhandlungen

Am 20. Dezember 1993 stand ein denkwürdiger Punkt auf der Tagesordnung des Dritten (Menschenrechts-)Ausschusses der UN-Generalversammlung: „Annahme des Resolutionsentwurfs zur Schaffung des UN-Menschenrechtshochkommissars". Nach nur zweimonatigen Verhandlungen hatten die Delegierten der 184 UN-Mitgliedstaaten einen Kompromiss zwischen den sehr konträren Ausgangspositionen gefunden und waren bereit, die Resolution im Konsens anzunehmen. Doch dann sorgte die unerwartete Wortmeldung des chinesischen UN-Botschafters noch einmal für Nervosität. Durch die scheinbar harmlose Änderung von ein, zwei Worten sollte das Initiativrecht des Hochkommissars durch die Betonung seiner Verpflichtung zur Wahrung der staatlichen Souveränität verwässert werden.

José Ayala Lasso, der als ecuadorianischer UN-Botschafter die Verhandlungen leitete und einen Monat später der erste UN-Menschenrechtshochkommissar wurde, hörte seinem chinesischen Kollegen freundlich zu. Dann gab er eine Geschichte zum Besten. Der Kaiser von China hatte den Hofmaler beauftragt, einen lebensechten Drachen zu malen. Bei jeder Besichtigung des entstehenden Gemäldes gab der Kaiser neue Anregungen, wie der Realismus noch gesteigert werden könne. Dann war er endlich zufrieden – bis auf einen kleinen Lichtpunkt, der in der linken Pupille des Drachen fehle. „Majestät", sagte der Hofmaler, „Sie haben Recht. Aber wenn ich den Lichtpunkt male, wird der Drache so echt, dass er von der Leinwand springt und Sie auffrisst." Der überraschte chinesische UN-Botschafter verstand – und stimmte der Resolution zu.

Die Pointe ist offensichtlich. In Verhandlungen geht es nicht um absolute Perfektion, sondern um den bestmöglichen Kompromiss. Die Anekdote hat freilich noch eine zweite Pointe: Ayala Lasso hatte sich gut vorbereitet. Er war ein guter Diplomat – ein guter Verhandler.

Verhandeln ist ein diplomatisches Kerngeschäft. An diplomatische Verhandlungslösungen knüpften sich schon immer viele Erwartungen: einstmals die Hoffnung, auf dem Verhandlungswege den Kopf möglichst heil aus den Schlingen einer gewaltsamen und chaotischen Welt zu ziehen; heute der ambitionierte Vorsatz, durch multilaterale Vereinbarungen unsere Erde zu einer friedlicheren, gerechteren und überlebensfähigeren zu machen.

Wo es Hoffnungen gibt, da gibt es auch Scheitern. Das öffentliche Urteil kommt dann oft erstaunlich schnell zum Befund, die Diplomatie habe mal wieder versagt. Es sei nicht hart genug (oder zu hart) verhandelt worden, es habe am rechten Verhandlungswillen gefehlt, und so weiter.

Im Kontext des Krieges zwischen Russland und der Ukraine gab es wiederholt Aufrufe zum Ende der Gewalt, zur Aufnahme von Verhandlungen, zum Vorrang der Diplomatie. Der Westen, so hieß es in einem Aufruf[1], müsse „alles daransetzen, dass die Parteien zu einer zeitnahen Verhandlungslösung kommen"; die internationale Gemeinschaft müsse „Bedingungen schaffen, unter denen Verhandlungen überhaupt möglich sind". Was für Bedingungen das sind und wie man sie schafft, blieb offen. Ich lasse das hier unkommentiert und stelle nur fest, dass die Hoffnung, die auf Diplomatie gesetzt wird, anscheinend sehr groß ist – jedenfalls größer als das Wissen um die Voraussetzungen von Verhandlungen.

Neunzehn meiner 36 Berufsjahre verbrachte ich auf Posten, auf denen multilaterale Verhandlungen ein wesentlicher Teil des Geschäfts waren. Ich mache hierzu ein paar vergleichende Anmerkungen, vor allem zu den politischen Voraussetzungen und Rahmenbedingungen, die

---

[1] Waffenstillstand jetzt! - Verhandlungen so schnell wie möglich. Beitrag in der ZEIT Nr. 27/2022 von Jakob Augstein und anderen. https://www.zeit.de/2022/27/ukraine-krieg-frieden-waffenstillstand

über Erfolg und Scheitern von Verhandlungen entscheiden. Ich greife dabei drei Verhandlungsprozesse heraus – nicht als Ranking ihrer Bedeutung, sondern weil sie mir besonders aussagekräftig erscheinen: Die Verhandlungen über den Internationalen Strafgerichtshof und sein juristisches „Beiwerk“ (1998 - 2002), über eine Internationale Konvention zum Verbot des reproduktiven Klonens (2001 - 2003) und über ein „Politisches Abkommen“ zur Neuordnung Libyens nach dem Bürgerkrieg von 2014 - 2015.

Wenn ich mich auf die politischen Voraussetzungen und Rahmenbedingungen beschränke, dann nicht aus Geringschätzung gegenüber den menschlichen. Für den Erfolg von Verhandlungen hat persönliche Integrität, also die Fähigkeit des Diplomaten, durch Verlässlichkeit und Wahrhaftigkeit Vertrauen aufzubauen, eine kaum zu übertreibende Bedeutung. Diplomatische Verhandlungen sind – allen landläufigen Vorurteilen zum Trotz – kein Wettbewerb zur Ermittlung der maximalen Verschlagenheit. Das Ergebnis derartiger Verhandlungen wäre nur von kurzer Dauer. Verhandlungen sind auch kein Millionen-Quiz, in dem die größte Intelligenzbestie am weitesten kommt. Während meiner ersten Jahre im Auswärtigen Amt referierte ich als ehemaliger Ethnologie-Student vor Attachékursen über interkulturelle Kommunikation. Eine der Kernbotschaften war: In anderen Kommunikationskulturen ist der Überbringer der Mitteilung mindestens ebenso wichtig wie die Mitteilung. Fachlich überragende Verhandler können scheitern, wenn sie sich wie allwissende, aber gefühlskalte Apparate gebärden und nicht wie Menschen, die mit Empathie, Wissenslücken und einem entsprechend großen Interesse für die Ansichten anderer ausgestattet sind.

Eine verwandte Frage ist, was Verhandlungen leisten können, die ohne den human touch auskommen müssen, also nur in virtueller Präsenz der Verhandelnden stattfinden. Videokonferenzen sind natürlich besser als völliges Schweigen. Aber als ebenbürtigen Ersatz für Verhandlungen von Angesicht zu Angesicht empfinde ich sie nicht. Für mich bestehen Verhandlungen nicht nur aus dem, was ein Bildschirm-Gesicht sagt, sondern auch aus dem, was außerhalb des Videoausschnitts an Körpersprache verloren geht – die nervös trommelnden Finger, der verstohlene Wink an einen Verbündeten, der fragende Blick – und was man in der Kaffeepause unter vier Augen bespricht.

Das eklatanteste Scheitern einer Verhandlung erlebte ich 2003. Deutschland und Frankreich hatten die Initiative ergriffen, im Sechsten (Rechts-)Ausschuss der UN-Generalversammlung Verhandlungen über eine internationale Konvention zum Verbot des reproduktiven Klonens einzuleiten[2]. Die Absichten waren edel. Seit der Geburt des geklonten Schafes Dolly (Februar 1997) befürchtete man, dass die Geburt eines geklonten Menschen nur eine Frage der Zeit sei. Es ging darum, vom wissenschaftlichen Machbarkeitswahn nicht überrollt zu werden, sondern sich vorher auf die ethischen Grenzen des Fortschritts zu verständigen.

So weit, so gut. Der anfängliche Enthusiasmus in den Vereinten Nationen war groß. Aber dann forderte eine Staatengruppe um Costa Rica, die USA, den Vatikan und Italien, in der Konvention auch das therapeutische Klonen zu verbieten. Bei diesem Verfahren entnimmt man – nach damaligem Stand der Medizin – Stammzellen aus einer wenige Tage alten befruchteten Eizelle, die dabei zerstört wird. „Vernichtung menschlichen Lebens!“, hielt man uns entgegen. Nachdem alle typischen vertragstechnischen Notbehelfe gescheitert waren (zum Beispiel die Aufnahme einer ausdrücklichen Ermächtigung in die Konvention, dass Staaten, die auch das therapeutische Klonen verbieten wollen, dies in ihrem nationalen Recht durchaus tun können), wurden die Verhandlungen Ende 2003 sine die vertagt, sprich: beerdigt.

Etwa zur selben Zeit (1998 - 2002) fanden Verhandlungen über völkerrechtliche Verträge und Nebenabkommen statt, die zu einem jahrzehntelang als utopisch geltenden Ergebnis führten: zur Errichtung des Internationalen Strafgerichtshofes (International Criminal Court – im Folgenden: ICC). Im 1998 einigte sich in Rom eine Staatenkonferenz auf dessen Gründungsstatut („Römisches Statut“). In der Zeit bis zu sei-

---

[2] Ausführlich zu Inhalt und Ablauf der Verhandlungen: Tinia TOBER, Towards an International Convention against Human Reproductive Cloning (Doktorarbeit Halle-Wittenberg 2006), https://opendata.uni-halle.de/handle/1981185920/9367

nem Inkrafttreten (1. Juli 2002) folgten Verhandlungen über einige Nebenabkommen.

Mehrere Faktoren können erklären, warum das eine Projekt nach einem hoffnungsvollen Start scheiterte und das andere nach einer frustrierend langwierigen Anlaufphase von Erfolg gekrönt[3] war.

1. Das Verhandlungsziel muss inhaltlich und prozedural klar formuliert sein.

Dieser Grundsatz geriet bei den Klon-Verhandlungen schon bald ins Straucheln. Ging es, inhaltlich gesehen, um das Verbot des reproduktiven Klonens? Oder um das Verbot aller Formen des Klonens? Oder um das eine mit einem nationalen Verbotsvorbehalt für das andere? War es möglich, die Verhandlungsmaterie wissenschaftlich so präzise abzustecken, dass sie rechtlich geregelt werden kann? Oder war die implizite Kernfrage der Verhandlungen, nämlich die Definition des Beginns menschlichen Lebens (ab der Befruchtung der Eizelle, ab der Einnistung der Eizelle, ab der „Beseelung“[4]), dermaßen mit religiösen Konzepten verwoben, dass sie als Verhandlungsgegenstand nicht taugte?[5]

Auch angesichts des russisch-ukrainischen Krieges stellen sich Fragen nach der Verhandelbarkeit, die von den Autoren gewisser Manifeste möglicherweise nicht zu Ende gedacht wurden. Wissen wir genug über Putins wahre Kriegsmotive, um über sie verhandeln zu können? Oder, falls es zutreffen sollte, dass Putin von eschatologisch aufgeblasenen

---

[3] Sehr instruktiv hierzu ist ein Aufsatz einer ehemaligen leitenden Beamtin in der Rechtsabteilung des UN-Sekretariats: Mahnoush ARSANJANI, The Negotiations on a Treaty on Cloning: Some Reflections, in: Silja VÖNEKY/Rüdiger WOLFRUM, Human Dignity and Human Cloning (Leiden/Boston, 2004)

[4] In der jüdischen Tradition und in den meisten islamischen Rechtsschulen wird das Embryo 40 Tage nach der Befruchtung durch Beseelung zum Menschen. Bis 1869 war das auch die katholische Lehrmeinung.

[5] Die Verbissenheit des Vatikanstaats in den Verhandlungen stützt diese These. Ihr widerspricht allerdings, dass es in den Vereinten Nationen immer wieder gelungen ist, zu den sogenannten reproduktiven Rechten, die theologisch nicht weniger aufgeladen sind, Formelkompromisse zu finden.

Großrussland-Fantasien getrieben wird: Sind diese Fantasien aus Putins Sicht überhaupt verhandelbar? Ich verkneife mir an dieser Stelle einen Hitler-Vergleich.

Zurück zu den Verhandlungen über ein Klon-Verbot. Parallel zur genannten Konfusion über das inhaltliche Verhandlungsziel verschwamm auch das ursprüngliche prozedurale Ziel. Angestrebt war ein konsensualer Beschluss zur Einleitung von Verhandlungen über eine einzige Konvention (zum Verbot des reproduktiven Klonens). Doch schon bald jonglierten die Delegierten auch mit anderen Optionen. Im Gespräch waren unter anderem eine umfassende, d. h. auch das therapeutische Klonen einbeziehende Konvention oder ein Stufenplan (erst die eine, dann die andere Konvention). Auch die Möglichkeit eines nicht im Konsens, sondern per Mehrheitsvotum beschlossenen Verhandlungsrahmens wurde erwogen, obwohl in den Vereinten Nationen jeder Rechtsexperte aus Erfahrung weiß, dass nur im (Beinahe-)Konsens beschlossene Konventionen eine Aussicht haben, die zum Inkrafttreten erforderliche Zahl von Ratifizierungen zu erreichen.

Als deutsches Sonderproblem kam hinzu, dass die Verwirrung über das inhaltliche und prozedurale Verhandlungsziel auch Teile des Deutschen Bundestages befiel. Inhaltlich war die Ausgangslage in der Tat komplex. In den Vereinten Nationen setzten sich Deutschland und Frankreich aus pragmatischen Gründen für das universell akzeptabel erscheinende Verbot nur des reproduktiven Klonens ein, obwohl nach deutschem Recht auch das therapeutische Klonen verboten war. Dessen Verbot blieb im deutsch-französischen Ansatz jedoch außen vor, weil es international nicht konsensfähig war. Es dauerte nicht lange, bis Mitglieder des Bundestages der Verhandlungsstrategie (die sie zuvor sogar explizit abgesegnet hatten) in den Rücken fielen. Sie forderten, nicht (wie bisher) machbare Ziele anzupeilen, sondern Maximalziele, notfalls auch nur mit einer knappen Mehrheit. Das blieb den Verhandlungsgegnern in den Vereinten Nationen nicht verborgen. Ich wünschte dem fluguntauglichen Drachen, den wir aus der Asche zaubern sollten, dass er vor seinem vorhersehbaren Absturz einen guten Appetit entwickeln möge.

Bei den Verhandlungen über den ICC waren die Verhältnisse zumindest strukturell einfacher. Die mit der Ausarbeitung des Römischen Statuts beauftragte Staatenkonferenz nahm es zwar nicht im Konsens, aber mit überwältigender Mehrheit an (Ja: 120, Nein: 7). Für strittige Fragen (z. B. das Verhältnis zwischen ICC und UN-Sicherheitsrat oder die Einbeziehung des Verbrechens des Angriffskrieges in die Straftatbestände) konnten durch die bewährten Techniken des Kompromisses (Sicherheitsrat) oder des Vertagens (Verbrechen des Angriffskrieges) Lösungen gefunden werden.

2. Das Verhandlungsziel muss als wichtiger Beitrag zu einem aktuellen Problem empfunden werden.

Zu diesem Zweck ist es nützlich, wenn es in der Praxis Belege dafür gibt, dass das angestrebte Ziel realisierbar ist. Auch in dieser Hinsicht schnitten die Verhandlungen über ein Klon-Verbot nicht gut ab. Die praktische Relevanz eines Verbots des reproduktiven Klonens war zwar hoch für die wenigen Staaten, in denen das entsprechende technische Know-how vorhanden war bzw. bald vorhanden sein könnte (vor allem in Europa, Nordamerika und Ostasien). Die Relevanz war aber ausgesprochen gering für die meisten übrigen Staaten. Auf ihrer Agenda rangieren sehr viel existenziellere Fragen sehr viel höher. Ungünstig war auch, dass es für eine umfassende, das Klonen einbeziehende Regelung bioethischer Fragen damals auf nationaler wie auf internationaler Ebene nur wenige Vorbilder gab.[6]

---

[6] Die (unverbindliche) „Allgemeine Erklärung über das menschliche Genom und Menschenrechte" (Humangenom-Erklärung der UNESCO, 1997) ächtet Praktiken, die gegen die Menschenwürde verstoßen und nennt hierbei explizit das reproduktive Klonen. Der Europarat beschloss 1998, in Ergänzung seines Biomedizin-Übereinkommens, ein 2001 in Kraft getretenes „Zusatzprotokoll über das Verbot des Klonens von menschlichen Lebewesen", das sich den amtlichen Erläuterungen zufolge nur auf das reproduktive Klonen bezieht

Ganz anders lagen die Dinge beim ICC. Das Ringen um die strafrechtliche Aufarbeitung der argentinischen Diktatur nach 1983, Iraks Einmarsch in Kuwait, vor allem der erste Balkankrieg und der Völkermord in Ruanda führten in den Neunzigerjahren zu einer Renaissance des internationalen Strafrechts. Die beiden vom UN-Sicherheitsrat eingesetzten Internationalen Strafgerichtshöfe für Ex-Jugoslawien (1993) und Ruanda (1994) belegten sowohl die Relevanz als auch die Funktionsfähigkeit eines internationalen Tribunals.

3. Die Rolle der Öffentlichkeit (Zivilgesellschaft) bei der Erzeugung von Verhandlungsdruck wird immer wichtiger.

Nichtregierungsorganisationen (NGOs) machen mehr als nur öffentliche Kampagnen. Indem sie die Delegierten mit oft sehr profundem Sachverstand über ihre Sicht der Dinge informieren und mit viel Kreativität eigene Vorschläge einbringen, nehmen sie auf Verhandlungen Einfluss. Mit ihrer Kombination von Expertise und Mobilisierungskraft spornen NGOs die Verhandler zu ernsthaftem Bemühen an und rufen sie, falls sie die Erwartungen enttäuschen, öffentlich zur Raison. Sie sind ein Machtfaktor geworden.

Diese Dynamik fehlte nahezu völlig bei den Verhandlungen über das Klon-Verbot. Die Zivilgesellschaft und die wissenschaftliche Gemeinschaft (mit Ausnahme einer Koalition US-amerikanischer Forschungsinstitute) nahmen nur geringen Anteil.

In den Verhandlungen zur Errichtung des ICC hingegen spielte ein weitgespanntes Netzwerk menschenrechtlicher NGOs, die „NGO Coalition for the ICC“, eine zentrale Rolle. Sie unterbreitete juristisch durchdachte Vorschläge und leistete bei den verhandelnden Staaten äußerst professionelle Lobbyarbeit. Umgekehrt suchten einige ICC-freundliche Delegationen, unter ihnen die deutsche mit dem späteren ICC-Richter Hans-Peter Kaul als Angelpunkt, den Schulterschluss mit der NGO-Koalition, um eigene Vorstellungen (insbesondere zur Wahrung der Unabhängigkeit des ICC-Chefanklägers gegenüber dem UN-Sicherheitsrat) durchzusetzen.

4. Diskretion ist in manchen Situationen unverzichtbar.

Eine engagierte Öffentlichkeit ist dank des von ihr erzeugten Verhandlungsdrucks oft spielentscheidend. Sie trägt auch dazu bei, das allgemeine Verständnis für eine laufende Verhandlungsrunde zu erhöhen und somit auch die Transparenz. Dennoch betrachte ich Diskretion weiterhin als eine wichtige Voraussetzung dafür, in delikaten Verhandlungssituationen Fortschritte zu erzielen. Diskretion ist ein Teil der unerlässlichen Vertrauensbildung zwischen Verhandlungspartnern – es muss Verlass darauf sein, dass private oder inoffizielle oder sonstwie als vertraulich gekennzeichnete Mitteilungen nicht hinausposaunt werden. Diskretion ist zudem in zwei besonderen Situationen unverzichtbar: wenn ein Vermittler sich bemüht, den Spielraum beider Seiten zu ergründen, um Schnittmengen für einen Kompromiss auszuloten; und wenn persönliche Umstände und Gefühle, ja: auch Eitelkeiten, im Spiel sind. Eine entsprechende Erfahrung nenne ich beispielhaft: 2002 wurde ich vom ICC-Aufbauausschuss beauftragt, dafür zu sorgen, dass der erste Präsident der ICC-Vertragsstaatenversammlung im Konsens, also ohne Kampfabstimmung, gewählt wird. Ich musste zwei kompetente und zudem sympathische UN-Botschafter, die sich in der ICC-Gründungsphase unbestrittene Verdienste erworben hatten, überzeugen, dass sie ihre Kandidatur zugunsten des Dritten zurückziehen. Es gelang – in der Diskretion der Vier-Augen-Gespräche. Auf dem Marktplatz wäre es nicht gelungen.

5. Externe Störfaktoren müssen ferngehalten oder eingebunden werden.

Verhandlungen werden nicht notwendigerweise durch Argumente entschieden. Es hat lange Tradition, ungeliebte Verhandlungen durch Methoden wie Verschleppung, Überfrachtung, Streuung falscher Gerüchte, Diskreditierung der Verhandlungsmaterie oder der Verhandlungsführer solange zu sabotieren, bis die Verhandlungen kollabieren.

Gegen die Verhandlungen über ein Klon-Verbot machte sich schon bald eine Reihe von Störmanövern bemerkbar. Es war sicherlich kein Zufall, dass die anfangs zustimmende Haltung der USA just dann zu schroffer Ablehnung mutierte (gegen das Votum des damaligen US-Gesundheitsministers), als Deutschland und Frankreich, die beiden Initiatoren der Verhandlungen, im Sicherheitsrat Stellung gegen den Irak-Krieg bezogen. Sachfremd motiviert war auch die sich immer mehr verhärtende Haltung Italiens: Politische Geschenke des damaligen Ministerpräsidenten Berlusconi an den Vatikan häuften sich in dem Maße, wie Berlusconi auf dessen mildes Wegschauen gegenüber seinem Lebenswandel angewiesen war.

In den Verhandlungen über den ICC hätte man von den Supermächten starken Widerstand erwarten können. Supermächte mögen es nicht, dass die Art und Weise ihrer militärischen Machtprojektionen juristisch hinterfragt wird. Doch tatsächlich beteiligten sich die Supermächte an den Verhandlungen konstruktiv (Russland, USA) bzw. passiv abwartend (China). Nur so konnten sie darauf hinarbeiten, dass ein gewisser Einfluss des (von den Veto-Mächten beherrschten) Sicherheitsrates auf den ICC erhalten bleibt und dass die Schwellen, die der ICC überwinden muss, falls er sich einmal mit dem Verhalten von Truppen und Politikern dieser Staaten befassen will, möglichst hoch liegen. Zudem war allen drei Supermächten gemeinsam, dass sie sich schlecht gegen den ICC positionieren konnten, nachdem sie den beiden Ad-Hoc-Tribunalen zugestimmt hatten. Die potenziellen Störer waren eingebunden.

6. Glück, Pech und der richtige Moment.

Wer einen Verhandlungsprozess initiiert, kalkuliert anfangs die Erfolgsaussichten und Risiken. Doch auch beim besten Willen ist nicht alles vorhersehbar. Glück und Pech gehören zum Geschäft.

Das gilt vor allem für den Zeitfaktor. Schon die alten Griechen wussten, dass es für alles den richtigen Moment gibt: den kairós, den sie sogar als Gottheit personifizierten. Wann sind alle Verhandlungspartner gleichzeitig an einem Gleichgewichtspunkt (im Sinne, dass sie sich von weiteren Verhandlungen keine Fortschritte mehr erhoffen, vielleicht sogar den Verlust des Erreichten befürchten)? Ein als signalhaft oder paradigmatisch empfundenes Ereignis, ein aufrüttelndes Pressefoto, eine plötzliche innenpolitische Wende in einem verhandlungsführenden Staat – all das kann den kairós unvorhersehbar beeinflussen. Die Geschichte der Verhandlungen ist voll von Beispielen dafür, dass der kairós hellsichtig genutzt oder aber verpasst wurde.

Dass die Supermächte 1998 meinten, gegen den Internationalen Strafgerichtshof keine Fundamentalopposition betreiben zu können, ohne dabei unglaubwürdig zu erscheinen, war Glück (ebenso der Umstand, dass der Vernichtungsfeldzug der USA gegen den Strafgerichtshof erst nach dem Amtswechsel von Bill Clinton zu George W. Bush begann, also 2001, als der ICC-Gründungsprozess schon irreversibel fortgeschritten war).

Pech war es hingegen, dass im Kontext des Irak-Krieges ausgerechnet die Anti-Klon-Verhandlungen zur Zielscheibe des amerikanischen Unmuts über Deutschland und Frankreich wurden – ein Prügelknabe, den man umso leichter verprügeln konnte, als das Scheitern der Verhandlungen zumindest kurzfristig keinen großen inhaltlichen Schaden anzurichten drohte und die Abstrafung der Saboteure durch eine empörte Zivilgesellschaft nicht zu befürchten war.

In den Vereinten Nationen verhandeln Delegierte, weil sie von ihrer Regierung damit beauftragt worden sind. Sie dienen vorrangig den Interessen des eigenen Landes und bemühen sich, diese mit den Interessen anderer Länder auszugleichen. Sie wissen, dass sie das nur durch Verhandlungen erreichen können; ein Duell im Park ist keine Option.

In den Verhandlungen, die Ende 2014 bis Ende 2015 zu einem libyschen „Politischen Abkommen" führten, war das anders.

Gaddhafi hinterließ im Herbst 2011 ein Land mit nur rudimentären Institutionen. Die historisch ohnehin starke Fragmentierung des Landes hatte er weiter verschärft, um sich als Schiedsrichter maximale persönliche Macht (und Provisionen) zu sichern. Der zunächst verheißungsvolle demokratische Aufbruch nach 2011 brach Anfang 2014 zusammen. Latente Gegensätze zwischen West- und Ost-Libyen mündeten ab Mai 2014 in offene militärische Auseinandersetzungen. Sie wurden sowohl im Westen als auch im Osten von örtlichen Milizen mit jeweils eigenen, oft recht lokalen Ambitionen ausgetragen. Mehrere größere Milizen wurden von Regionalstaaten unterstützt; der Konflikt wurde zum regionalen Stellvertreterkrieg entlang der bekannten Trennlinien (hier Ägypten, Saudi-Arabien und die Vereinigten Emirate; dort Katar und die Türkei). Erschwerend kam hinzu, dass der Islamische Staat sich zwischen 2013 und 2016 im Süden Libyens und an der ölreichen Küste der Großen Syrte einnistete. Das beunruhigte einige westliche Staaten und veranlasste sie, die libyschen Unterhändler zu einem möglichst raschen Verhandlungsresultat zu drängen.

Unter der Ägide der UN-Friedensmission (UNSMIL) verhandelten von Dezember 2014 bis Dezember 2015 etwa zwei Dutzend Libyer über ein „Politisches Abkommen". Es sollte eine neue, alle namhaften Kräfte einbindende politische Ordnung etablieren. Das Abkommen wurde am 17. Dezember 2015 unterzeichnet und trat sofort in Kraft. Die neue Einheitsregierung konnte aber erst im März 2016 nach Tripolis ziehen, da die Stadt unter Kontrolle diverser, auch islamistischer Milizen stand. Das libysche Parlament (mit Sitz im ostlibyschen Tobruk) verschleppte die Ratifizierung des Abkommens und hielt an einem politischen Sonderweg mit General Khalifa Haftar als Galionsfigur fest. Neue Runden der Gewalt (2019/20) mündeten in einen erneuten Waffenstillstand und einen neuen politischen Fahrplan. Beide sind weiterhin labil. In dieser verworrenen Lage stand UNSMIL als Moderator der Friedensverhandlungen vor einer Reihe situationsspezifischer Probleme. Ich kann sie hier nur anreißen, obwohl sie in abgewandelter Form auch in anderen Konfliktbeilegungs-Verhandlungen relevant sind.

7. Wer ist in einem fragmentierten Staat ein legitimer Repräsentant?

Darauf gab es in Libyen keine plausible Antwort. Die beste Hoffnung war, dass die realen Verhandlungsteilnehmer (deren Legitimation stets angezweifelt wurde) sich durch den Verhandlungserfolg legitimieren würden. Diese Rechnung ist in Libyen nicht aufgegangen. Der Vorschlag, die neue libysche Friedensordnung wegen des Repräsentations-

Dilemmas nicht von oben nach unten zu vereinbaren, sondern von unten (der Ebene der gewählten Bürgermeister) wachsen zu lassen, stieß an praktische Grenzen: Wer entscheidet während der Aufwuchsphase über (unaufschiebbare) Fragen, die den Staat als Ganzes betreffen und den Bürgermeister-Horizont übersteigen?

8. Anreize und Verhinderungsgründe für Verhandlungslösungen.

Der größte Anreiz für die Verhandlungslösung eines bewaffneten Konflikts liegt darin, dass die Beteiligten gleichzeitig glauben, der Konflikt befinde sich in einer militärischen Pattsituation und ein Ende des Konflikts verspreche mehr Nutzen als seine Fortsetzung. Diese Aussage enthält zwei Aspekte: 1. Wann sehen sich die Konfliktparteien in einer Pattsituation? 2. Was sind die Kosten der Fortsetzung des Konflikts?

Zum Kostenaspekt meinten zynische Beobachter der Lage in Libyen, der Leidensdruck sei nicht hoch genug gewesen. Die Zahl der Kriegstoten hielt sich im einstelligen Tausender-Bereich. Potenziell blieb Libyen immer reich. Aus anderen ressourcenreichen Staaten weiß man, dass dies für sich allein ein Anreiz zur Fortführung der Kämpfe sein kann. Aber lohnte es sich wirklich, weiter um den Zugang zu den Ölquellen und zur Zentralbank zu kämpfen? 2014, als der Krieg auch die Ölfördergebiete erfasste, musste Libyen feststellen, dass die Verteilungskämpfe müßig waren. Der internationale Ölmarkt konnte nach einem zweitägigen Schock sehr gut auf libysches Öl verzichten. Umgekehrt wäre ein Schuh aus dem (potenziellen) Reichtum geworden: Anfang 2016 lancierten die Vereinten Nationen einen Spendenaufruf zur Linderung der humanitären Notlage in Libyen (medizinische Versorgung, Versorgungsengpässe, Zerstörung von Verkehrs-Infrastruktur und Schulen) – in Höhe eines Betrages, der den in drei Tagen (!) erzielbaren Öl-Einnahmen eines friedlichen Libyen entsprach. Libyen hätte seine humanitären Probleme unter günstigeren Umständen leicht aus eigener Kraft lösen können.

Für mich sind das Beispiele, dass die Einschätzung von Konfliktparteien, ob die Fortsetzung des Konflikts sich lohnt, von außen betrachtet sehr unvernünftig wirken kann. Auf diese (vermeintliche) Unvernunft von außen Einfluss zu nehmen, ist freilich sehr schwer.

Ernüchternd ist auch ein Blick auf die Frage nach dem militärischen Patt. Die libyschen Konfliktparteien zweifelten immer wieder am Primat einer Verhandlungslösung und warfen bereits Vereinbartes über den Haufen, weil ihre jeweiligen Paten sie im Glauben bestärkten, dass ein militärischer Sieg möglich sei – und sie mit Waffen versorgten. Der UN-Sicherheitsrat reagierte, zumindest formal. Die aus dem „Politischen Abkommen" hervorgegangene Einheitsregierung erklärte er zur einzig legitimen – also zur Inhaberin des staatlichen Gewaltmonopols. Waffenlieferungen durften nur an sie erfolgen, ansonsten galt ein Waffenembargo[7]. Doch der Sicherheitsrat setzte sein eigenes Embargo nicht um. Zwei ständige Sicherheitsrats-Mitglieder (Russland und Frankreich) waren an embargowidrigen Waffenlieferungen beteiligt. Gegenüber den größten Embargo-Sündern, nämlich Ägypten, den Vereinigten Emiraten und ab 2019 auch der Türkei, war Nachsicht angesagt – zu wichtig ist ihre Rolle in anderen Regionalkonflikten (Syrien, Jemen, Palästina). Diese Inkonsequenz war kurzsichtig. Friedensverhandlungen werden nicht leichter, wenn der Sicherheitsrat das militärische Austrocknen von Konflikten hintertreibt. Während seiner Sicherheitsrats-Mitgliedschaft (2019/2020) bemühte sich Deutschland als Vorsitz des Libyen-Sanktionsausschusses um eine konsequentere Umsetzung des Embargos. Der Erfolg war bislang gering.

Seit Putins Überfall auf die Ukraine haben wir gelernt, dass der Vorrang der Diplomatie in Europa keine Selbstverständlichkeit mehr ist. Das darf uns nicht entmutigen. Die beispiellos schnelle Orchestrierung einer geschlossenen politischen, militärischen und wirtschaftlichen Reaktion auf Putins Aggression war auch eine diplomatische Leistung und hat den Mehrwert der Diplomatie sichtbar gemacht.

---

[7] Resolution 2292 des UN-Sicherheitsrates vom 14. Juni 2016 und Folgeresolutionen.

Verhandlungen sind keine Selbstläufer und kein Wundermittel. Sie sind vielfach nur ein Teil einer breiteren politischen Strategie[8], bergen Risiken und sind an Bedingungen geknüpft, die gefördert, aber auch hintertrieben werden können. Dennoch: Dass Ayala Lassos imponierendem Drachen ein Pupillenschatten fehlte, bedeutete zwar, dass er einen Makel hatte. Er war deswegen aber weder blind noch lahm. Verhandlungen bedienen sich weitaus erfolgreicher als die Gewalt einer der größten menschlichen Ressourcen: des Erfindungsgeistes – der Fähigkeit, zum Wohle der Menschen aus Versatzstücken etwas Besseres zusammenzufügen. Kanonen können das nicht.

[8] Zum Beispiel wenn es gilt, zunächst vertrauensbildende Maßnahmen politisch umzusetzen oder materielle Voraussetzungen für die Erreichung des Verhandlungszieles zu schaffen.

In den Klippen von Miraflores, ein Ort der Erinnerung für Peru

Das Land

Eigentlich ist Peru ein Land der Wunder.

Wunder der Natur ebenso wie der zivilisatorischen Kraft seiner Menschen. Geologische Urkräfte schufen überwältigende Landschaften extremer Unterschiedlichkeit und einzigartiger Biodiversität: die wüstenhafte Küstenebene am Pazifik, durchsetzt von bizarren Felsformationen und spärlichen Flussoasen; der steile Anstieg zum Altiplano mit dem Titicacasee und den eisgepanzerten Bergriesen der Cordillera Blanca; daran anschließend im Osten der allmähliche Übergang in das tropisch üppige Ursprungsgebiet des Amazonas. Die Herausforderungen von Land und Klima mögen die Menschen zu besonderen Leistungen angespornt haben, jedenfalls entstanden fast alle Hochkulturen des alten Südamerika auf dem Territorium des heutigen Peru:

Caral, gegründet vor etwa 5 000 Jahren, damit die wohl älteste städtische Siedlung des Doppelkontinents, wurde erst vor knapp 30 Jahren in der Küstenebene im Norden Limas entdeckt. Schon länger bekannt sind eine Vielzahl anderer Kulturen, die alle einzigartige Zeugnisse hinterließen, darunter die rätselhafte, mindestens zweieinhalb tausend Jahre alte Tempelanlage Chavín de Huántar im Hochland; die staunenswerten, mehr als 2 000 Jahre alten Textilien der Paracas-Kultur; die geheimnisvollen Linien der Nasca; Skulpturen und Schmuck der Moche; die gewaltigen Bauwerke der Chimú an der Küste; die Bergfestung Kuelap der "Nebelkrieger" in den wolkenverhangenen Bergen bei Chachapoyas; schließlich, kurz vor Ankunft der spanischen Konquistadoren, der Höhepunkt vorkolumbianischer Staatenbildung in Südamerika: das Großreich der Inka mit dem Zentrum Cusco und dem magischen Ort Machu Picchu.

Schon immer barg das Land jedoch für seine Bewohner nicht nur Wunder, sondern auch existentielle Schrecken.

Die Natur war von mörderischer Unberechenbarkeit. Erdbeben prägen seit jeher das Leben an der Kollisionslinie von subozeanischer Nasca-Platte und südamerikanischer Kontinentalplatte. Die heute als „El Niño" bekannten unregelmäßig wiederkehrenden Anomalien des Wetters zerstörten in den Flussoasen der Küstenebene immer wieder die Lebensgrundlagen. Die Schrecken der Menschenopfer der frühen Kulturen waren möglicherweise ein Appell an die Götter zur Abwendung der Schrecken der Natur. Auch das Wüten kriegerischer Gewalt und gewalttätiger Herrschaft kam nicht erst mit dem Kolonialismus nach Peru. Der kulturelle Kulminationspunkt der vorkolumbianischen Zeit, das Reich der Inka, bedeutete nicht nur zivilisatorischen Glanz, sondern auch imperialistische Eroberungskriege und kompromisslose Zwangsherrschaft. Bei Ankunft der Spanier war das Reich bereits zutiefst geschwächt, nicht nur durch tödliche europäische Seuchen, die schon vor den Konquistadoren eintrafen, sondern mehr noch durch einen selbstzerstörerischen Bruderkrieg um die Macht.

Die folgenden Jahrhunderte, die zur europäisch geprägten Staatwerdung des modernen Peru führten, ließen eine Gesellschaft entstehen, die ihre vielen Brüche nicht wirklich überwinden konnte. In kaum einem Land wird die Nationalhymne so oft und mit solcher Hingabe gesungen wie in Peru, doch bleibt das Land auf der Suche nach einer gemeinsamen nationalen Identität. Es fehlt eine gemeinsame historische Erinnerung, die alle verbindet. Die Nachfahren der Kolonisatoren und Einwanderer bilden eine zu schmale Schicht, als dass sie das kollektive Bewusstsein prägen könnten. Die vorkolumbianische Zivilisation wiederum wurde zu nachhaltig zerstört, als dass sich aus der großen Vergangenheit eine Kontinuitätsbrücke in die Gegenwart schlagen ließe. Der Gedanke einer positiven „Mestizaje" im Sinne gegenseitiger Bereicherung und Fusion der Kulturen brachte zwar der peruanischen Küche weltweiten Ruhm, aber er greift noch nicht wirklich, solange in manchen Clubs, Diskotheken und Badeorten nur das Dienstpersonal indigene Gesichtszüge aufweist. Und noch in der zweiten Hälfte des 20. Jahrhunderts wollten die endemische Verarmung, ja, Verwahrlosung großer Teile der Bevölkerung im kargen Hochland und in Amazonien nicht weichen.

Zwanzig Jahre der Gewalt

All dies war Hintergrund der „veinte años de violencia", der zwanzig Jahre der Gewalt, die Peru ab 1980 heimsuchten.

Der Terrorismus des „Sendero Luminoso", eines maoistisch inspirierten, sektenhaft organisierten Erlösungsglaubens und Führerkults, riss das Land in einen blutigen internen Konflikt, dessen Traumata kaum überwindbar erschienen. Laut Bericht der von Peru selbst 2001 eingesetzten Wahrheits- und Versöhnungskommission war der „Leuchtende Pfad" nicht nur direkt verantwortlich für den Tod von etwa zwei Dritteln der geschätzten 70 000 Todesopfer, sondern agierte mit „extremer Gewalt und unerhörter Grausamkeit" sowie einem „absoluten Mangel an Respekt vor der Menschenwürde und dem Recht auf Leben." Auf der anderen Seite kam es zu Exzessen der Sicherheitskräfte, die in ihrer Brutalität den Terroristen kaum nachstanden. Der Konflikt machte außerdem etwa eine halbe Million Menschen zu Flüchtlingen und hinterließ geschätzte 200 000 Menschen schwer traumatisiert. Es war nicht zu erwarten, dass diese Vergangenheit von selbst verginge.

Nach meinem Dienstantritt als Botschafter in Lima 2006 – meiner ersten Begegnung mit Lateinamerika – traten mir die Schrecken der zwanzig Jahre der Gewalt in Peru erstmals wirklich ins Bewusstsein, nicht als Gegenstand irgendwelcher Zielvorgaben für das operative Handeln der Botschaft, sondern eher als szenischer Hintergrund, der mir beim Abarbeiten meines umfangreichen Aufgabenkatalogs immer wieder begegnete. Dass die Thematik nicht in meinen konkreten Aufgaben aufschien, war im Grunde richtig: Als Diplomat und Ausländer ist man in der Regel gut beraten, sich aus spürbar sensiblen Themen im Gastland herauszuhalten, wenn evident ist, dass nur die dortige Gesellschaft selbst befähigt und berufen ist, den adäquaten Umgang mit solchen Themen zu finden und zu entscheiden.

Die Idee

So reagierte ich Ende 2007 zunächst auch eher zurückhaltend, als zwei prominente Vertreter der peruanischen Zivilgesellschaft in der Botschaft vorsprachen, der Philosophieprofessor und Menschenrechtsaktivist Salomón Lerner Febres sowie die Bildhauerin Lika Mutal: er ehemaliger Rektor der Päpstlichen Katholischen Universität von Peru und Vorsitzender der zuvor erwähnten Wahrheits- und Versöhnungskommission; sie die Bildhauerin, die „El Ojo que Llora" (das weinende Auge) geschaffen hatte, das einzige Mahnmal in Lima, das den Opfern der zwanzig Jahre der Gewalt gewidmet war. Sie hatten ein einfaches und ziemlich kostspieliges Anliegen – Unterstützung beim Bau eines zentralen Ortes der Erinnerung für die Opfer der Gewalt.

Sie vertraten eine breit aufgestellte bürgerschaftliche Initiative und legten weitgehend ausgearbeitete Pläne vor, wonach in dem Park, wo sich Lika Mutals Mahnmal befand, ein anspruchsvoll gestalteter Bau mit Museum und Begegnungsstätte als zentraler nationaler Gedenkort geschaffen werden sollte. Kern des Museums sollte eine bereits existierende dramatische und bewegende Fotoausstellung sein: „Yuyanapaq - para recordar", eine Form visueller Umsetzung des Berichts der Wahrheits- und Versöhnungskommission, die schon manche deutsche Besucher in Lima zutiefst beeindruckt hatte, wenngleich die Ausstellung damals in Lima nur temporär und unvollständig untergebracht war. Sie baten um finanzielle Unterstützung der Bundesregierung für das Projekt. Ich antwortete mit der unverbindlichen Zusage, die Möglichkeiten zu sondieren.

Viel Zeit und Arbeitskraft hierfür stand damals auch nicht zur Verfügung. Zum damaligen Zeitpunkt begann die Botschaft gerade, wegen anderer Aufgaben heiß zu laufen: den vielfältigen Vorbereitungen für den Besuch der Bundeskanzlerin mit einer Großdelegation im Mai 2008, bei dem es nicht nur um den ersten Kanzlerbesuch in Peru seit

Jahrzehnten und diverse Baustellen und Projekte der bilateralen Beziehungen ging, sondern auch um die deutsche Teilnahme am Gipfel aller Staats- und Regierungschefs aus der EU und Lateinamerika in Lima.

Abfuhr im Auswärtigen Amt

Doch Salomón Lerner und Lika Mutal hatten ziemlich überzeugend argumentiert, dass ihr Projekt einen wichtigen Beitrag zur Versöhnung und zur Stabilisierung der im Jahr 2000 neu begründeten peruanischen Demokratie leisten könne. So stellte ich die Frage der politischen Realisierbarkeit ihrer Pläne einstweilen zurück und befasste mich zunächst mit der hypothetischen Finanzierungsfrage. Im Auswärtigen Amt gab es damals bereits einen Haushaltstitel zur Krisenvorsorge ebenso wie zur Krisennachsorge, d.h. auch für Stabilisierungsmaßnahmen nach internen Konflikten. So ließ ich aus den Unterlagen meiner beiden Besucher einen für die „Zentrale" (das Auswärtige Amt in Berlin) handhabbaren Projektantrag formen, den ich in der Vorweihnachtszeit, in Erwartung festtäglicher Großzügigkeit, frohen Mutes auf den Weg brachte (es ging um eine halbe Million Euro als Anschubfinanzierung).

Die Antwort im neuen Jahr 2008 war ernüchternd: „Wir finanzieren keine Museen"; außerdem zwischen den Zeilen die unmissverständliche Botschaft, ich möge die Zentrale nicht mit solch abseitigen Projektideen belästigen. Möglicherweise war diese Antwort schlicht der Knappheit der Mittel geschuldet. Ich remonstrierte noch erfolglos beim zuständigen Abteilungsleiter, nahm die Lage zur Kenntnis, informierte Salomón Lerner, und wandte mich anderen Aufgaben zu.

Hilfe von der „roten Heidi"

Der April 2008 war nahezu völlig bestimmt von den organisatorischen und inhaltlichen Vorbereitungen des Besuchs der Kanzlerin und des EU-Lateinamerika-Gipfels, inklusive vielfältiger individueller Programmwünsche begleitender Abgeordneter, Wirtschaftsvertreter, Journalisten etc. Das an dieser Front sich allmählich entfaltende Pandämonium wurde noch überlagert von der unerwarteten Ankündigung eines mehrtägigen Besuchs der Bundesministerin für wirtschaftliche Zusammenarbeit und Entwicklung, Frau Heidemarie Wieczorek-Zeul. Dabei hatte ihr Haus große Sorge, dass so kurz vor dem Besuch der Kanzlerin der Ministerin nicht die erwartete hochrangige Wahrnehmung gesichert werden könne. Zudem galt die „rote Heidi" als eher anspruchsvoll (sprich: schwierig) im Umgang mit der Beamtenschaft nicht nur ihres Hauses.

Die Sorgen erwiesen sich als unbegründet. Vielmehr verlief der Besuch sehr erfolgreich und lieferte unerwartet auch den Startschuss für die Realisierung des großen Projekts eines nationalen Ortes der Erinnerung für die Opfer der zwanzig Jahre der Gewalt in Peru. Das geschah so, wie es auch in Zeiten der vernetzten Welt nur auf der Basis weltweiter und dauerhafter diplomatischer Präsenz möglich ist. Hier lief es wie folgt: Das Programm der Ministerin erforderte zwischen den einzelnen Besuchsorten teilweise längere Autofahrten, bei denen sie den begleitenden Botschafter ausgiebig grillte, wobei sehr rasch ihr genuines Interesse an Land, Leuten und den teilweise ziemlich komplizierten Sachfragen unserer Entwicklungsprojekte deutlich wurde. Nach einigen Fahrten mehrten sich zudem die Indizien dafür, dass die Ministerin davon ausging, dass ihre entwicklungspolitischen Anliegen bei der Botschaft Lima in guten Händen waren, und dass sie mich jedenfalls nicht für eine Fehlbesetzung hielt.

Es hatte sich eine neue Konstellation der Gelegenheit entwickelt, wie sie nur ein am Ort lebender Diplomat mit einer gewissen Kenntnis des Gesamtbilds der jeweiligen Beziehungen wahrnehmen und nutzen kann. Bislang unverbundene Elemente des größeren Ganzen treten unvermutet gleichzeitig ins gedankliche Blickfeld, die Synapsen arbeiten, und plötzlich wird deutlich, dass sich da gerade eine Gelegenheit bietet, die es zu nutzen gilt. Schlagartig wurde mir klar, dass hic et nunc der entscheidende „Pitch" erfolgen musste, um die zum Anschub des großen Erinnerungsprojekts erforderliche Finanzierung zu sichern. Gedacht, getan. Die Ministerin hörte aufmerksam zu, verstand sofort die politische Signifikanz und ermutigte mich, das Anliegen in den Entscheidungsprozess über unsere künftigen Projekte in Peru einzubringen, als Maßnahme im Kontext des deutschen Engagements zur Stabilisierung der nach den zwanzig Jahren der Gewalt noch fragilen peruanischen Demokratie.

Alles weitere war auf deutscher Seite beinahe Routine. Noch 2008 legten wir bei den anstehenden deutsch-peruanischen Konsultationen über die weitere Entwicklungszusammenarbeit das Angebot auf den Tisch, das Projekt eines nationalen Erinnerungsorts mit zwei Millionen Euro zu unterstützen. (Anders als mancherorts berichtet, spielte das Projekt beim zwischenzeitlichen Besuch der Bundeskanzlerin in Peru keine Rolle. Es bestand keinerlei Anlass, das Thema im Mai 2008 auf die Chefebene zu bringen, die sehr produktiven Gespräche der Kanzlerin hatten andere Themen.)

Besser vergessen als erinnern?

Anfang 2009 informierte uns die peruanische Seite auf Arbeitsebene, dass man unser Angebot leider nicht annehmen könne: die Zeit sei noch nicht reif, die Wunden zu frisch; das Risiko zu hoch, nicht nur nicht zu versöhnen, sondern im Gegenteil wieder zu polarisieren und zu spalten. Das waren durchaus ernst zu nehmende, wenngleich fragwürdige Argumente. Vergessen lässt sich nicht dekretieren, Erinnern nicht unterdrücken, wohl aber in seiner Richtung und seinen Inhalten beeinflussen. Es ging bei dem Projekt nicht um Schuldzuweisungen, sondern um den unverstellten Blick auf unfassbares menschliches Leid, um gemeinsame Trauer und die Förderung einer im Erinnern wurzelnden Entschlossenheit, die Zukunft positiv und zuversichtlich anzugehen, um nie mehr solchen Verirrungen wie in den zwanzig Jahren der Gewalt zu erliegen.

Jedoch konnte die Reaktion der Botschaft zu diesem Zeitpunkt nur sein, den Verzicht der peruanischen Regierung bedauernd zur Kenntnis zu nehmen, im Übrigen weiter ihren Aufgaben nachzugehen und zu warten. Das Projekt hatte auf peruanischer Seite erst jetzt die kritische

Phase der politischen Entscheidungsfindung erreicht, aus der wir uns tunlichst herauszuhalten hatten. Alles andere, auch nur der Anflug einer Attitüde deutscher „Erinnerungs-Weltmeister", unbedarften Partnern nun erklären zu wollen, wie Vergangenheitsbewältigung geht, hätte den „Kiss of Death" für das Projekt bedeutet.

Die Skepsis der peruanischen Regierung kam nicht unerwartet. Einige Gespenster der Vergangenheit waren noch sehr präsent, wenngleich sicher hinter Schloss und Riegel. Sowohl das Führungspaar des „leuchtenden Pfads", Abimael Guzmán und Elena Iparraguirre, wie auch ihre Bezwinger, der ehemalige Präsident Alberto Fujimori und sein Geheimdienstchef Vladimiro Montesinos, befanden sich in Peru im Gefängnis. Von ersteren drohte keine Gefahr mehr, ihre mörderische Brutalität hatte die „Senderistas" disqualifiziert, ein Ort der Erinnerung an ihre Untaten würde ihre Isolation eher verfestigen als lockern. Anders lagen die Dinge im Falle der „Fujimoristas". Ihre politische Bewegung lebte und lebt als reguläre Partei unter der Führung der Tochter des ehemaligen Präsidenten fort. Unter ihren Anhängern war und ist die Überzeugung verbreitet, dass Alberto Fujimoris Sieg über den Terror nicht angemessen gewürdigt wurde. Das Ende seiner Präsidentschaft in einem Strudel autoritärer Anmaßung und Korruption wie auch seine langjährige Haftstrafe als Verantwortlicher für willkürliche extralegale Hinrichtungen wollte man verdrängen. Zuviel Erinnern erschien in diesen Kreisen gefährlich, ebenso in Teilen von Polizei und Militär, die ihre zeitweilig hilflose, inkompetente und blindwütige Gewaltanwendung vergessen lassen wollten.

Zuspitzung und Dénouement

Ende Februar 2009 wurde die Ablehnung des deutschen Finanzierungsangebots innerhalb weniger Tage zum innenpolitischen Topthema der peruanischen Presse. Sie war aus dem Umfeld von Salomón Lerner über den Vorgang informiert worden. Umgehend entwickelte sich das Äquivalent eines heutigen Twittersturms. Die Internetseiten der Medien und verschiedene Blogs quollen über von Kommentaren zum Erinnern und Vergessen. Offenkundig berührte das Thema die Menschen, und schnell wurde deutlich, dass die teilweise äußerst polemische Kritik an einem nationalen Erinnerungsort vor allem von der grundlosen Befürchtung getragen wurde, dass dort nur die Sicherheitskräfte verdammt und die Terroristen zu Opfern stilisiert werden sollten. Oft folgten sie auch den Schablonen politischer Lagerbildung. Unter dem Strich erschien die Zahl der Befürworter aber deutlich höher, auch in den Kommentaren der Medien selbst war dies der Fall.

So weit, so gut. Hässlich war allerdings, wie sich in eine Reihe von Kommentaren Töne mischten, die zutiefst unsachlich Deutschland ins Visier nahmen. Dies begann mit der relativ häufig gebrauchten Unterstellung einer „imposición alemana", also dem angeblichen deutschen Versuch, Peru etwas aufzuzwingen und endete mit unterschiedlichen Bezügen zu den Untaten des Nationalsozialismus. Eher harmlos war dabei noch die Vermutung, uns ginge es doch nur darum, unser eigenes schlechtes Gewissen zu beruhigen. Unangenehmer waren Sätze wie: „Médico curate a tí mismo. Que se vayan a predicar a Dachau" (Arzt, behandele dich selbst. Geht und predigt in Dachau). Oder: „No queremos aceptar dinero de un pueblo como el alemán, con un pasado bárbaramente violento y fanático" (wir wollen kein Geld von einem Volk wie dem deutschen, mit einer barbarisch gewalttätigen und fanatischen Vergangenheit).

Für mich stand fest, dass wir gerade jetzt, in einer Situation, wo die öffentliche Debatte den Druck auf die Regierung erhöhte, eine Entscheidung über die Erinnerungskultur des Landes zu treffen, kein Jota von unserer Linie abweichen durften, uns aus diesem inner-peruanischen Prozess herauszuhalten. Andererseits konnte die Botschaft die gegen uns gerichtete Polemik auch nicht einfach so stehen lassen. Was also tun? Von der Zentrale „Guidance" erbitten? Das richtige Gespür für die Stimmungslage in Peru konnte man in Berlin nicht ohne weiteres unterstellen. Mir erschienen Überreaktionen, etwa die ostentative Rücknahme unseres Finanzierungsangebots, nicht ausgeschlossen. Also entschied ich, die Frage unserer Reaktion einstweilen nicht aus der Hand zu geben, berichtete über die dynamische Lageentwicklung nur sparsam nach Berlin und verfasste in höchster Eile in den ersten Märztagen 2009 einen Artikel für die führende peruanische Tageszeitung „El Comercio".

Der Artikel enthielt sich jeder Stellungnahme zu den Argumenten der hitzigen peruanischen Debatte und griff etwas weiter aus, um die Dinge indirekt gerade zu rücken. Zwei anstehende runde Jahrestage (60 Jahre Grundgesetz und 20 Jahre Mauerfall) boten den Anknüpfungspunkt, um das wechselvolle Geschick Deutschlands und Perus in der zweiten Hälfte des 20. Jahrhunderts zu skizzieren, die engen Verbindungen beider Länder zu illustrieren und die außerordentlich positiven Perspektiven zu betonen, die sich seit dem demokratischen Neustart Perus im Jahr 2000 und seiner tiefgreifenden wirtschaftlichen Erholung eröffneten. Unser Angebot für das Museum präsentierte ich als Ausdruck unserer Bewunderung für den Mut eines Projekts, das mit dem offenen Blick zurück einen klaren Weg nach vorn in eine bessere Zukunft wies. Auch fehlte nicht der Hinweis, dass ein Angebot das Gegenteil einer „imposición" ist; dass es vielmehr im diplomatischen Verkehr immer wieder vorkomme, dass Angebote nicht aufgegriffen würden, was keinerlei Drama bedeutete.

Nach Erscheinen des Artikels am 4. März hörten die Richtung Deutschland zielenden Verbalattacken auf. Die heftige inner-peruanische Kontroverse um die Erinnerungskultur beendete vier Tage später das Eingreifen eines deus ex machina: Mario Vargas Llosa, damals auf der Höhe seines Ansehens als Lichtgestalt der peruanischen Literatur (2010 erhielt er den Nobelpreis), veröffentlichte ebenfalls in „El Comercio" eine fulminante Philippika gegen die Borniertheit der ablehnenden Reaktion auf das deutsche Angebot. Als ich ihn wenige Tage später anlässlich einer Filmpremiere traf – die Regisseurin, seine Nichte, hatte gerade bei der Berlinale den Goldenen Bären gewonnen – wurde mir schnell deutlich, dass sein Engagement sich nicht auf einen Zeitungsbeitrag beschränken würde. Und tatsächlich war es so, dass sein Eingreifen auf Seiten der großen gesellschaftlichen De facto Koalition von Befürwortern des Projekts noch im März 2009 die Wende brachte. Präsident Alan García ernannte eine hochrangige Kommission, die das Mandat erhielt, ein konsensorientiertes Konzept für Planung und Bau einer nationalen Erinnerungsstätte zu erarbeiten. Die Leitung erhielt zu Beginn Mario Vargas Llosa selbst.

Verwirklichung des Projekts

Die politische Zangengeburt des Projekts hatten wir also ohne Blessuren für die deutsch-peruanischen Beziehungen hinter uns gebracht. Jetzt galt es, im Hintergrund weiter daran mitzuwirken, dass der „Lugar de la Memoria", wie er nun offiziell hieß, auch wirklich entstand, dass er nicht, wie so manches größere öffentliche Bauprojekt, in schwere Wasser geriet, dass eine solide Gesamtfinanzierung zustande kam und dass der deutsche Beitrag ordnungsgemäß Verwendung fand. Bei alledem hatte die Botschaft in der entscheidenden Anfangsphase das große Glück, eine Mitarbeiterin zu haben, die all dies souverän im Blick behielt, nachdem sie schon von Beginn an maßgeblich auf den verschiedenen Ebenen der diplomatisch sensiblen Förderung des Vorhabens mitgewirkt hatte. Kerstin Sieverdingbeck, unsere Referentin für EZ (entwicklungspolitische Zusammenarbeit) trug mit unerschöpflicher Energie dazu bei, dass nun auch andere Geber an Bord kamen, der Enthusiasmus der Beteiligten ihre gestalterischen Ambitionen nicht aus dem Ruder laufen ließ und wir über den Stand der Dinge immer im Bilde blieben.

Vordringlich zu klärende Frage war nun der Standort des künftigen „LUM" (dies war das rasch allgemein benutzte Kürzel für den Ort der Erinnerung „Lugar de la Memoria"). Dass die ursprüngliche Planung für eine räumliche Verbindung mit Lika Mutals Mahnmal „El ojo que Llora" eher nicht mehr in Frage kam, war mir schon einige Monate zuvor bei einem Gespräch mit dem dortigen Bezirksbürgermeister, einem „Fujimorista", ziemlich deutlich geworden. Die unerwartet schnelle Lösung des Problems kam mit einem Angebot des Bürgermeisters von Miraflores, einem südlichen Stadtteil Limas. Er bot an, ein Stück Brachland in einem Einschnitt der dortigen Steilküste kostenfrei zur Verfügung zu stellen. Beim Ortstermin war nicht nur ein eher desolates Terrain zu sehen, sondern mit etwas Fantasie ließ sich erahnen, dass hier, mit dem offenen Blick nach Westen über die Weiten des Pazifik, kreative Architekten etwas Ungewöhnliches erschaffen konnten.

Am 16. Dezember 2009, gut zwei Jahre nach dem ersten Besuch von Salomón Lerner und Lika Mutal in der Botschaft, kam für mich die in diesen zwei Jahren immer wiederkehrende, punktuell auch intensive Befassung mit dem Projekt zum vorläufigen Abschluss. An diesem Tag erfolgte am künftigen Standort eine feierliche Zeremonie zur Widmung des Geländes für den Bau des Lugar de la Memoria. Die Spitzen von Staat und Gesellschaft waren anwesend, der Präsident und Mario Vargas Llosa hielten Reden, und in Anerkennung der Rolle Deutschlands bei der Verwirklichung des Vorhabens war auch ich als Botschafter eingeladen, einige Worte zu sagen. Die Zeremonie war würdig und angemessen, und es war zu spüren, dass an diesem, auf natürliche Weise von der Metropole Lima abgeschiedenen Ort über dem Meer, etwas Besonderes entstehen konnte. Neben mir saß eine junge Frau, die als kleines Mädchen in Miraflores 1992 einen Terroranschlag der „Senderistas" erleben musste. Die in einer belebten Straße gezündete Autobombe hatte ihr ein Bein abgerissen. Ihre stille Genugtuung darüber, wie nun auch die Würde der Opfer der Gewalt in den Mittelpunkt rückte, war bewegend.

Die Ausschreibung für den Bau des LUM gewann Anfang 2010 das international erfolgreiche peruanische Architekturhaus Barclay & Crousse, gegründet von Sandra Barclay und Jean Pierre Crousse, beides gebürtige Peruaner, die nach Jahren des Studiums und beruflichen Wirkens in den USA und Frankreich Anfang der 2000er nach Peru zurückgekehrt waren. Ihr kühner Entwurf erhielt mehrere südamerikanische Architekturpreise. Die klaren kantigen Linien und teilweise zerklüfteten Elemente des Baus passen sich nicht nur perfekt in die felsige Steilküste, sondern reflektieren auch die Zerrissenheit des Landes in der Zeit der Gewalt. Gleichzeitig fügen sich die Teile unmissverständlich zu einem Ganzen, das nicht nur die dort durch einen Straßenbau gerissene Lücke in der Steilküste schließt, sondern auch die so unterschiedlichen Lebens- und Erinnerungswelten des Landes zusammenführen will. Hier entstand in den Klippen von Miraflores aus den Schrecken tatsächlich ein neues kleines Wunder.[1]

Fast auf den Tag genau sechs Jahre nach der Zeremonie zur Widmung des Baugeländes wurde am 17. Dezember 2015 der „Lugar de la Memoria, la Tolerancia y la Inclusión Social" feierlich eröffnet. In Vertretung des hierzu eingeladenen Bundespräsidenten nahm der Leiter des Bundespräsidialamts teil. Bundespräsident Gauck selbst hatte dort bereits im März 2015 anlässlich seines Staatsbesuchs in Peru eine Rede gehalten.

Die Aufbruchstimmung in Peru, die ich dort in den Jahren 2006-2011 gespürt hatte, hat sich seither leider verflüchtigt. Innenpolitische Rückschläge wurden noch verstärkt durch äußere Faktoren wie die Flüchtlingswelle aus Venezuela und die Verwerfungen infolge der Pandemie. Auch die alten gesellschaftlichen Bruchlinien öffneten sich im Zuge der Präsidentschaftswahlen 2021 erneut. Der Zerfall der traditionellen Parteien, die Zersplitterung des Parlaments in viele Träger egoistischer Partikularinteressen und die schlichte Inkompetenz mancher Amtsträger beunruhigen. Heute, zum Jahreswechsel 2022/23, muss man konstatieren, dass sich die politischen Institutionen des Landes in einer tiefgreifenden strukturellen Krise befinden.

Lässt sich dem Lugar de la Memoria vor diesem Hintergrund noch ein bleibender Mehrwert zuschreiben? Die Antwort ergibt sich aus einer Reihe von Gesichtspunkten: Rein gegenständlich betrachtet kann man zunächst einmal festhalten, dass sich heute in den Klippen von

[1] Was dort wirklich entstanden ist, lässt sich nur schwer in dürre Worte fassen. Die hier eigentlich unerlässlichen visuellen Eindrücke vermittelt am besten ein kurzes Video des peruanischen Kulturministeriums (siebeneinhalb Minuten, auf Spanisch mit englischen Untertiteln). Es ist auf **youtube.com** leicht zu finden. Man muss dort im Suchfeld lediglich folgenden kleinen Satz eingeben: **Qué es el LUM?**

Miraflores ein staunenswertes architektonisches Werk befindet, das ohne den zuvor skizzierten diplomatischen Hindernislauf der deutschen Botschaft kaum entstanden wäre. Sodann wurde in den vergangenen Jahren mehr und mehr deutlich, dass es ab Ende 2007 gerade noch gelungen war, ein politisches Fenster der Gelegenheit zur Einleitung und Verwirklichung des Projekts zu nutzen. Angesichts der 2011 erst unmerklich einsetzenden, sich seitdem aber in zunehmendem Tempo verschärfenden innenpolitischen Krise Perus muss man annehmen, dass sich dieses Fenster in den Folgejahren wieder geschlossen hätte. Ob der Lugar de la Memoria seinen eigentlichen immateriellen Zielen innenpolitischer Friedensstiftung und Versöhnung dauerhaft dienen kann, wird erst die Zukunft erweisen. Gerade jetzt aber ist der dortige Blick in die Abgründe der zwanzig Jahre der Gewalt geeignet, der politischen Klasse Perus klar vor Augen zu führen, was das Land heute braucht, und welche furchtbaren Risiken eine weitere innenpolitische Zuspitzung und Polarisierung mit sich brächte. Auf dem jetzt anstehenden schwierigen Weg aus der Krise wird der Lugar de la Memoria zudem hoffentlich dazu beitragen, die verantwortlich gesinnte Zivilgesellschaft zusammenzuhalten und zu stärken.

Im Lichte auch der symbolischen Bedeutung und Dimension des Ortes der Erinnerung war unsere Starthilfe von letztlich 4,5 Millionen Euro eine eher bescheidene Investition. Doch erwarb sich Deutschland damit die Sympathien aller Peruaner, die wirklich darum bemüht sind, in der schrecklichen Erfahrung der zwanzig Jahre der Gewalt einen Ansporn dafür zu finden, im friedlichen Kampf um eine bessere Zukunft nicht nachzulassen.[2]

---

[2] In diesem Sinne äußerte sich jedenfalls der damalige Außenminister Rafael Roncagliolo mit überschwänglichem peruanischen „cariño“, als er mir bei meinem Abschiedsbesuch namens des Präsidenten das "Gran Cruz" des Ordens "El Sol del Perú" verlieh, das in meinem Schreibtisch seinen eigenen Ort der Erinnerung gefunden hat.

Synergien (vom Mehrwert der „MAP“)

Die Einladung, einen Beitrag zu diesem Buch zu leisten, hat mich überrascht und zugleich herausgefordert. Zwar habe ich weder einen deutschen Pass noch bin ich Diplomatin. Aber durch meine beruflichen Aktivitäten in den verschiedenen Ländern, in denen mein Mann „auf Posten“ war, konnte ich hin und wieder einen bescheidenen Beitrag zu deutschen Interessen leisten und dadurch auch einen „Mehrwert“ beisteuern. Ich freue mich, auf diese Zeit zurückzuschauen und meine Erfahrungen teilen zu dürfen.

Unerwartetes, aber selbstverständliches Engagement

Ohne Zweifel ergibt sich ein Mehrwert für das Auswärtige Amt aus dem aktiven Engagement der „MAP“ („mitausreisende Partner/-innen“) durch deren Mitwirken im Ausland. Das geschieht meistens „pro bono“: als logistisches und protokollarisches Backup oder durch soziales und kulturelles Engagement vor Ort. So gibt es unzählige Beispiele gelungener Projekte, die man unter „Public Diplomacy“ oder „Social/Cultural Diplomacy“ einstufen könnte, die zwar nicht in amtlichen Berichten erscheinen, aber doch zu den Zielen und dem Mehrwert deutscher Außenpolitik beitragen. Dieses oft leider zu wenig gewürdigte Engagement der „MAP“ ergibt sich meist selbstverständlich in der Familie, aus der geteilten Freude, das Gastland kennenzulernen, aus dem Austausch von Erfahrungen, aus sich ergänzenden Perspektiven, aber auch komplementären Kompetenzen beider Partner.

Chancen ergeben sich

Die Welt zu „erobern“, war für uns beide eine Lebenseinstellung. Kennengelernt haben wir uns in Brüssel während eines Praktikums bei der EU-Kommission. Ein gutes Jahr später haben wir unsere Wege vereint. Der Beruf des Diplomaten hatte meinen Mann immer interessiert. Als

Volkswirtin und mit einigen Fremdsprachen im Gepäck, war auch ich enthusiastisch und zuversichtlich, meinen Beruf in der weiten Welt ausüben zu können. Einen B-Plan hatten wir sicherheitshalber dabei.

Das Schicksal hat mir dann tatsächlich eine Reihe von beruflichen Erfahrungen im In- und Ausland beschert. So konnte ich glücklicherweise auf jedem „Posten" berufstätig sein und dabei sogar eine eigene Karriere aufbauen. Und in bestimmten Momenten haben sich sogar Möglichkeiten eröffnet, einen bescheidenen Mehrwert zu den Zielen deutscher Diplomatie zu leisten.

Das war durchaus nicht selbstverständlich. „Mitausreisende Partner/-innen" erhielten nur in seltenen Fällen eine Arbeitserlaubnis im Gastland. Ihre diplomatische Immunität hinderte sie daran, im Gastland Steuern zu bezahlen. Und ohne Steuerkarte – kein Job! Auch das Auswärtige Amt war früher nicht allzu begeistert von beruflichen Ambitionen der MAP. Inzwischen hat sich das geändert. Das AA unterstützt die Berufswünsche der MAP aktiv. Versetzungsentscheidungen werden heute auch nach dem Kriterium gefällt, ob der oder die MAP auf dem neuen Posten arbeiten kann. Mit Dutzenden Staaten wurden sogenannte Reziprozitätsvereinbarungen geschlossen: „Wenn unsere MAP bei euch arbeiten dürfen, dann dürfen es eure auch bei uns." Das war früher anders.

Brasiliens föderaler Weg

Auf unserem ersten Auslandsposten, São Paulo, Brasilien, konnte man als Portugiesin problemlos einen Beruf ausüben. (Wenn ich die deutsche Staatsangehörigkeit besessen hätte, wäre dies nicht möglich gewesen.) Und so ist es mir gelungen, einen ersten Job bei der Fundação SEADE (Fundação Sistema Estadual de Analise de Dados), einer Stiftung für Politik und Wirtschaft, zu finden.

1984/85 war die Diktatur Brasiliens am Ende, und die Gesellschaft brannte für die Errichtung einer Demokratie. Brasilien, von Brasilianern wegen der Disparität zwischen Stadt und Land auch als „Bel-India" verspottet, hatte endlich die Perspektive im Sinne von Stefan Zweigs Prophezeiung „Land der Zukunft".

Eine neue Verfassung war angekündigt worden. U. a. forderten einflussreiche gesellschaftliche Kräfte eine Reform der bundesstaatlichen Ordnung.

Die föderative Organisation des Landes bestand seit der Staatsgründung im 19. Jahrhundert. Aber insbesondere in den letzen zwei Jahrzehnten des autoritären Regimes war deutlich geworden, wie künstlich und inhaltlos diese sogenannte „república federativa" war und wie sie in der Praxis im Konflikt mit den Prinzipien eines echten Föderalismus stand. Neben einer Neuverteilung der Zuständigkeiten zwischen der Zentralregierung und den regionalen und subregionalen Verwaltungsebenen sollte auch eine finanzielle Neuverteilung eine effektive Dezentralisierung bewirken und Mittel für die demokratische Entwicklung freisetzen. São Paulo, bei weitem Brasiliens reichstes Bundesland, erhoffte sich auch eine gerechtere finanzielle Autonomie.

Behörden, Verbände und Forschungsinstitute beteiligten sich an einer breiten Debatte über die Chancen einer Verfassungsänderung. Auch die Fundação SEADE, mein Arbeitgeber, befasste sich intensiv mit der Analyse von Reformvorschlägen. Insbesondere die Debatte um eine Steuerreform beschäftigte meine Abteilung. U. a. bestand großes Interesse an der Erfahrung mit erfolgreichen Modellen anderer Bundesstaaten und deren fiskalischem Föderalismus. Zwar waren die USA traditionell immer die erste Referenz für brasilianische Eliten. Aber da mir aufgrund meiner ausländischen Erfahrungen die Aufgabe zugeteilt war, die Relevanz Internationaler Vorbilder zu prüfen, ergab sich eine wunderbare Chance, das Interesse für die gelungene Erfahrung der Bundesrepublik Deutschland zu wecken. Ausgehend von einer sehr zentralisierten Föderation wie Brasilien, erschien das deutsche Modell als ein interessanter Mittelweg. So konnte ein Teil meiner Arbeit in dem Artikel „Föderalismus und der Brasilianische Bundesstaat" in der „Revista Fundação SEADE/ S. Paulo em perspetiva" 1986 erschienen und breit verteilt werden. Ob und inwieweit das deutsche Modell bei der Neugestaltung des brasilianischen Fiskalföderalismus Pate gestanden hat, lässt sich nicht genau feststellen. Aber ich hatte das gute Gefühl, mit meinem Artikel ein wenig zum öffentlichen Image von Deutschland beigetragen zu haben. Ein Mehrwert?

Auf unserem nächsten Posten in Angola bewarb ich mich um eine Stelle beim Planungsministerium. Doch trotz der existenziellen Abhängigkeit der angolanischen Verwaltung von sogenannten „expatriates“, die, der Sprache wegen, überwiegend aus Portugal rekrutiert worden waren, versicherte mir der Direktor, dass ich dort nie einen Job bekommen würde. Er meinte, „sogar beim Schlafen“ gebe es das Risiko, meinem Mann Staatsgeheimnisse zu verraten. Ironischerweise wurde ich einige Wochen danach von demselben Direktor kontaktiert, um in einer Task Force beim Industrieministerium mitzuwirken, welche der Minister gerade ins Leben gerufen hatte. Das hat dann mein leicht angekratztes Selbstbewusstsein wieder hergestellt. Neben dem versprochenen, aber erst Jahre später ausgezahlten Gehalt, konnte ich von einem täglich frisch gebackenen Brot profitieren – was einen hohen Mehrwert mitten in einer Kriegs- und Tauschwirtschaft darstellte. Mit anderen Worten: Ich hatte mein Brot verdient. Ich sollte mich mit einem Entwicklungsplan für die nordwestliche Region Angolas beschäftigen – auch wenn die einzige vorhandene Statistik über diese Region schon über 15 Jahren alt war, stammend aus der Zeit vor der angolanischen Unabhängigkeit 1975, und bevor der inzwischen 10-jährige Bürgerkrieg das ganze Land verwüstet hatte. Die Knappheit an qualifizierten Mitarbeitern spielte letztlich zu meinen Gunsten: Kurz darauf konnte ich bei UNICEF Angola eine konkretere, nützlichere und aussichtsreichere Aufgabe übernehmen.

Aus diesen beiden Erfahrungen ergaben sich keine nennenswerten Synergien für den deutschen diplomatischen Dienst. Aber eine witzige Begegnung hat mir Spaß gemacht: Bei dem ersten offiziellen Besuch des damaligen Bundesaußenministers Genscher in Angola, beauftragte UNICEF mich, einige von den 22 Projekten dieser Institution vorzustellen, deren finanzielle Abwicklung mir anvertraut war. So ergab sich eine Situation, dass ich mit meinem Mann, der den Besuch organisierte, auch einmal offiziell zusammenarbeiten konnte. Auch ein Mehrwert.

Europäische Zusammenarbeit im Binnenmarkt

Mit dem Beitritt Portugals zu den Europäischen Gemeinschaften 1986 wurden, im Rahmen der Lomé-Abkommen, Finanzmittel für die Entwicklung ehemaliger portugiesischer Kolonien freigegeben. U. a. wurden Angola, Mozambique und Kapverden, als neue „AKP"-Länder (Afrika, Karibik, Pazifik) eingestuft. Eine Chance für deutsche Unternehmen in diesen Ländern, wie auch in dem – seit kurzem – demokratischen Brasilien. Ab 1988, zurück in Deutschland, fand ich deswegen gleich eine Anschlusstätigkeit bei einer Entwicklungsberatungsgesellschaft in Köln. Bei der Vorbereitung von Studien und Projekten für Ausschreibungen von Internationalen Institutionen, wie Weltbank, Europäischer Entwicklungsfond und Afrikanische Entwicklungsbank, war es mir möglich, eine enge Zusammenarbeit mit portugiesischen Beratungsgesellschaften zu organisieren. Dort konnte man uns portugiesische Experten vermitteln, um die notwendigen Mannschaften zusammenzustellen. Auf Basis dieser Kooperation konnten mehrere Projekte für deutsche Firmen gewonnen und in Angola, Mosambik, Kapverden und auch in Brasilien durchgeführt werden. Man könnte in diesem Zusammenhang von einem Beitrag zur deutschen Wirschafts-Diplomatie und vielleicht auch von einem Mehrwert für die gemeinsame europäische Entwicklungspolitik sprechen.

Später, als wir nach Portugal versetzt worden waren, bot sich mir bei der Konzipierung und Herausgabe einer Fachzeitschrift für die Investitionsförderung der portugiesischen Gemeinden erneut die Chance, unseren portugiesischen Partnern Deutschland und seine Kompetenzen näherzubringen. Dank einer damals neu gewonnenen Zuständigkeit sollten sich die Gemeinden eigenständig mit der Planung und Finanzierung der regionalen Infrastruktur befassen. Die innovativen technischen Lösungen und finanziellen Modelle der deutsche Städte und Gemeinden bei der Abwicklung und Finanzierung der öffentlichen Infrastruktur waren von großem Interesse und sind bis heute ein „Benchmark" geworden. Unter der Rubrik „International" der von mir gestalteten Zeitschrift „Desenvolvimento Local" (Lokale Entwicklung) sind im Laufe der 90er mehrere deutsche Projekte im Bereich Wasserversorgung, Abwasser- und Abfallmanagement präsentiert worden. Mit diesem Beitrag zur Verbreitung und Förderung der Umweltkompetenz von portugiesischen Gemeinden wurde auch ein kleiner Mehrwert für die deutsch-portugiesischen Beziehungen geschaffen. Win-Win.

Die Posten im Ausland sind befristet. Und damit kommen immer wieder neue Herausforderungen auch auf die „mitausreisenden Partner und Partnerinnen" zu. Die moderne betriebswirtschaftliche Philosophie fordert uns auf, regelmäßig unsere „Komfortzone" zu verlassen und neue Lösungen zu suchen. So habe ich, als 1995 wieder die Zeit für eine Rückkehr nach Bonn gekommen war, gewagt, meinem Arbeitgeber ein Projekt vorzuschlagen: in Deutschland zu investieren.

Die Wirschaftskonjuntur in Portugal war positiv. Ganz konkret: die Banken – auch meine – erlebten gerade eine Aufbruchsstimmung. Die Privatisierung der Banken und Versicherungen war eine Folge der Sozialisierungsexzesse der erste Stunde der Demokratie. Die Internationalisierung war ein Ziel von den größten Playern der Branche. Die Schaffung des Europäischen Binnenmarktes bot zusätzlich neue Chancen für Finanzdienstleister. Auch der „Europa-Pass" machte Investitionen in anderen Märkten der Union leichter und weniger kostspielig. Aber Deutschland war ein sehr schwieriger Markt: mit den vielen Sparkassen, Volksbanken und starken Privatbanken teilweise „overbanked". Nach einer ersten Absage erklärte sich mein Vorstand bereit, eine Marktstudie zum Engagement in Deutschland durchzuführen. Und diese führte dann dazu, dass mein Vorschlag akzeptiert wurde. Ich habe mich riesig gefreut, als man mir dann die Leitung dieser Bank in Deutschland anvertraute, eine Funktion, die ich über knapp 20 Jahre, fast bis zu meiner Pensionierung ausüben durfte. Neben der klassischen Banktätigkeit konnten wir in dieser Zeit auch deutsche Unternehmen bei ihrem Engagement im portugiesischsprachigen Ausland, wie z. B. in Angola und Mosambik, durch die Vermittlung von Partnerbanken und Betreuung vor Ort unterstützen.

Synergien entstehen in der Regel für alle Beteiligten. So war es auch in unserem Falle. Auch meine Arbeitgeber haben gelegentlich von der Kompetenz und dem freiwilligen Engagement meines Mannes profitieren können. Nicht zuletzt auch dadurch, dass nicht nur ich, sondern auch er in seiner Versetzungs- und Laufbahnplanung auf meine beruflichen Interessen Rücksicht genommen hat. Aber das wäre eine neue Erzählung!

Das Ganze ist mehr als die Summe seiner Teile.

(Aristoteles)

Leiharbeiter

1. Brauchen wir noch ausgebildete Diplomaten?

Staatspräsident Macron hat diese Frage mit „Nein“ beantwortet. Er hat den für seine Qualität bekannten französischen diplomatischen Dienst als eigenständigen Personalkörper aufgelöst und mit der allgemeinen Beamtenschaft verschmolzen. „Künftig gehören die Diplomaten einem allgemeinen Personalpool an und müssen sich bei Bewerbungen um Auslandsposten gegen Wettbewerber aus anderen Ministerien und Verwaltungen durchsetzen.“[1]

Die Kritik ließ nicht auf sich warten. Eine Kommission des Senats, also der zweiten Kammer des französischen Parlaments, fällte ein vernichtendes Urteil über die Neuerung: Frankreichs diplomatisches Netz, das weltweit drittgrößte nach dem amerikanischen und chinesischen, drohe an Kompetenz und Prestige zu verlieren. Frankreichs außenpolitischer Einfluss als VN-Vetomacht könne schwinden, wenn es nicht länger über qualifizierte Berufsdiplomaten verfüge. „Die Beamten des Europa- und Außenministeriums sind ständige Nomaden, das ist ihre Besonderheit“, heißt es in dem Bericht der Kommission. Da sie sich vom Beginn ihrer Laufbahn darauf einstellten und mehrere Fremdsprachen beherrschten, seien sie auf Auslandsposten schnell einsetzbar. Das werde sich ändern, wenn der Präfekt aus der Corrèze oder die Leiterin des Haftvollzugs in Nizza einen Auslandsposten erhalte.[2]

Auch in Deutschland waren vor etwa 25 Jahren Stimmen laut geworden, man könne den diplomatischen Dienst – zumindest in der EU – eigentlich abschaffen. Die Außenminister und ihre Berater seien so eng mit ihren Kollegen, vor allem den europäischen, vernetzt, dass es der Diplomaten nicht mehr bedürfe. „Ein Konsularbeamter mit Hilfskräften an jeden Flughafen, das genügt“, war damals das Schlagwort. Wir Deut-

[1] Michaela Wiegel „Diplomatie ohne Diplomaten?“, FAZ vom 26.7.2022, S.8.

[2] FAZ aaO.

schen waren ja, wie wir glaubten, nur noch von Freunden umgeben, und es bedürfe nur noch freundschaftlicher Kooperation auf ministerieller Ebene, um erfolgreich zwischen Staaten zu kommunizieren.

Glücklicherweise hat sich diese Ansicht nicht durchgesetzt. Und zwar aus den folgenden Gründen: Eine unersetzbare Funktion der Diplomaten an den Botschaften besteht unter anderem darin, politische Entwicklungen im Gastland zu erkennen, die eigene Regierung auf sie vorzubereiten, zu berichten, welche Haltung die Opposition einnimmt, und zu bewerten, wie stark diese die Position der Regierung beeinflussen könnte. Das ist vor Verhandlungen wichtig, denn kaum ein Minister wird seinen deutschen Kollegen über interne Probleme aufklären, schon um seine eigene Verhandlungsposition nicht zu schwächen. Berichte in der Presse decken zwar ähnliche Bereiche ab, doch dienen sie den Bedürfnissen der Presse und nicht denen der Regierung. Sie können, zumal keine Verpflichtung zu dauernder sorgfältiger Beobachtung besteht, Botschaftsberichte nicht ersetzen.

Hinzu kommen noch die anderen Aufgaben einer Botschaft: konsularische Dienste wie Passausstellung und Visavergabe vor Ort, die Förderung der deutschen Exportwirtschaft und Beobachtung der Wirtschaftsentwicklung des Gastlandes, Presse- und Öffentlichkeitsarbeit für ein positives Deutschlandbild im Ausland, Kulturarbeit (für die wir allerdings auch die Goethe-Institute haben) und diesen schwer fassbaren atmosphärischen Bereich, in dem ein guter Botschafter durch sein Auftreten Sympathien für sein Land gewinnen kann.

Natürlich sind weder bei uns noch in anderen Ländern alle Botschaftsposten mit Karrierediplomaten besetzt. An vielen Botschaften arbeiten auch Fachleute aus anderen Ministerien. Und das macht Sinn. Die US-Amerikaner – und gelegentlich auch wir – vertrauen sogar Leiterposten verdienten Politikern oder Unternehmern an, die den Wahlkampf des Präsidenten in besonderem Maß unterstützt haben. Als Karrierediplomat neigt man dazu, das ganz schlecht zu finden. Zu Unrecht: Blick und Führung aus der freien Wirtschaft mögen der Arbeit einer Botschaft im Einzelfall neuen Schwung verleihen, wobei nach meiner Erfahrung die

Betonung durchaus auf „Einzelfall" liegt. Positiv ist auch, dass ein solcher US-Botschafter über einen direkten Draht zu seinem Präsidenten verfügt – ein Zustand, von dem deutsche Botschafter in den allermeisten Fällen nur träumen können.[3]

Dafür bewegen sich Karrierediplomaten im täglichen Geschäft, das 98% der Arbeit ausmacht, (meistens) wie ein Fisch im Wasser. Bei den US-Botschaften wird das dadurch sichergestellt, dass dort der Stellvertreter des Botschafters immer ein professioneller Diplomat ist, der de facto den täglichen Betrieb der Botschaft leitet. Was allerdings nicht verhindern kann, dass einzelne Botschafter krass gegen diplomatische Gepflogenheiten verstoßen; ich erinnere nur an Richard Grenell, US-Botschafter in Berlin von 2018 bis 2020.

Heute erleben wir in Deutschland einen ganz anderen Trend als den, den wir aktuell in Frankreich beobachten können. Während des Ukraine-Kriegs wird gerade der Ruf nach einer diplomatischen Lösung durch Verhandlungen laut. „Diplomaten an die Front", könnte man kurz und missverständlich sagen. Diejenigen, die das rufen, sind allerdings leider nicht mit der Grundvoraussetzung für erfolgreiche Verhandlungen vertraut. Sie ist die Bereitschaft beider Seiten, Verhandlungen aufzunehmen. Und die gibt es nur, wenn sich beide Konfliktparteien etwas davon versprechen und nicht glauben, ihre Ziele auf dem Schlachtfeld besser erreichen zu können.

Ganz unabhängig davon kann man es aber nur begrüßen, dass einmal nicht Klischees wie die des Cocktailglas schwenkenden und Golf spielenden Diplomaten bemüht werden. Der ehemalige Außenminister Joschka Fischer hat in einem Interview gesagt: „Ich könnte diesen Dienst nicht machen. Ich würde die persönliche Belastung nicht auf

[3] Als ich 1986 in der Dominikanischen Republik mein Beglaubigungsschreiben übergab, ging Staatspräsident Balaguer ganz offensichtlich davon aus, dass ich vor der Ausreise den Bundespräsidenten, den ich ja vertrat, gesehen hatte. Ich hütete mich, diesen Eindruck zu zerstören, doch hatte ich es als „Kleinbotschafter" vor meiner Ausreise nur bis zum Gespräch mit dem Staatssekretär gebracht. Wir haben das später im Bundespräsidialamt geändert, sodass ein Botschafter heute wahrheitsgemäß sagen kann, er habe vor seiner Ausreise noch mit dem Bundespräsidenten gesprochen.

mich nehmen wollen. Es ist eine Lebensentscheidung. Die Familie schlägt nie Wurzeln. Es hat immer ein bisschen Weltraumcharakter, die Isolierung in den Botschaften und Generalkonsulaten draußen."[4]

Joschka Fischer sprach damals (unter Einschluss der Ortskräfte) von 9 000 in alle Welt verstreuten Mitarbeitern des Auswärtigen Amts. Sie gewährleisten das Funktionieren des Außenministeriums und der 152 Botschaften, 53 Generalkonsulate, 7 Konsulate, 12 multilateralen Ständigen Vertretungen, eines Vertretungsbüros (in Ramallah für die Palästinensischen Gebiete) und eines Deutschen Instituts (in Taipei für Taiwan), insgesamt 226 an der Zahl.

2. Leiharbeiter im Bundespräsidialamt

Die Dienste ausgebildeter und berufserfahrener Diplomaten, und hier schlage ich den Bogen zu „Mehrwert Diplomatie", werden auch in anderen Institutionen nachgefragt. So zum Beispiel beim Bundespräsidenten und im Bundeskanzleramt, in Landesregierungen und in Fraktionen des Bundestags, bei (einigen wenigen) anderen Ressorts und auch bei der Wirtschaft, wobei hier der wichtige Lerneffekt in beide Richtungen geht. So wie etwa im Falle unseres Ko-Autors Michael Worbs, der mehrere Jahre als „ausgeliehener" Direktor im Bereich Politik und Außenbeziehungen der Daimler-Chrysler AG tätig war.

Ich selbst war von 2001 bis 2005 Leiter der Auslandsabteilung des Bundespräsidialamts und damit außenpolitischer Berater der Bundespräsidenten Rau und Köhler. Das Bundespräsidialamt hat drei Abteilungen: Zentrale Verwaltung, Inland und Ausland. Die Auslandsabteilung ist für die Außen- (einschließlich Europa-), Sicherheits- und Entwicklungspolitik zuständig. Ihre drei Referate sind traditionell mit Mitarbeitern des AA besetzt. Und zwar aus einem ganz einfachen Grund. Diese haben sich in ihrer bisherigen Arbeit im In- und Ausland mit außenpolitischen Fragen beschäftigt und verfügen über die besten Arbeitskontakte zu den Kollegen im AA. Ihr Leiter hat schon aufgrund seiner langen Dienstzeit

---

[4] FAZ vom 26.10.2010.

gute oder zumindest ausbaufähige Kontakte zu den Staatssekretären und Abteilungsleitern im AA.

Auch der Abteilungsleiter für Außen- und Sicherheitspolitik im Bundeskanzleramt und viele seiner Mitarbeiter können leicht und vertrauensvoll kontaktiert werden, da auch sie überwiegend aus dem Auswärtigen Amt kommen. Das hilft bei der Koordinierung der Außenpolitik zwischen den wichtigsten Playern. In der Auslandsabteilung des Bundespräsidialamts bündeln sich also die Themen und Kontakte mit außenpolitischer Relevanz. Die Arbeit dort ist umso verantwortungsvoller, als die außenpolitischen Kompetenzen des Bundespräsidenten im Grundgesetz nur sehr knapp beschrieben sind (Art. 59 Abs.1 GG): „Der Bundespräsident vertritt den Bund völkerrechtlich. Er schließt im Namen des Bundes die Verträge mit auswärtigen Staaten. Er beglaubigt und empfängt die Gesandten."

Der außenpolitische Gestaltungsspielraum des Bundespräsidenten ist damit nicht groß, besteht aber in einem gewissen Rahmen, der sich auch an der bisherigen Praxis orientiert. Der Bundespräsident setzt durch die Wahl seiner Reiseziele, die von ihm angesprochenen Themen, die Dauer der Reise und die Auswahl der Gesprächspartner, zu denen auch Vertreter der parlamentarischen Opposition und der Zivilgesellschaft gehören können, außenpolitische Akzente. Er unterliegt nicht der – nur für die Kabinettsmitglieder geltenden – Richtlinienkompetenz des Bundeskanzlers bzw. der Bundeskanzlerin.[5]

Die Auslandsabteilung hat, wie der Name sagt, die Aufgabe, den Bundespräsidenten in außenpolitischen Fragen zu beraten, ihn informiert zu halten und die erforderlichen Papiere für Reden und Besuche zu erstellen. Dabei hat sie auch die Aufgabe, darauf zu achten, dass er sich mit seinen Äußerungen und bei seinen Besuchen außenpolitisch im Rahmen der Politik der Bundesregierung bewegt. Will der Bundespräsident ein-

---

[5] So hat Bundespräsident Rau bei einer Reise nach China das Thema Menschenrechte angesprochen, obwohl er vor Reiseantritt explizit darum gebeten worden war, dies nicht zu tun, um die wirtschaftlichen Beziehungen nicht zu gefährden. Vgl. Hinkelmann, Handlungsspielräume, Gesprächsprotokoll Pieper.

mal einen eigenen Akzent setzen, was, wie wir gesehen haben, durchaus vorkommt, informiert ihn sein Abteilungsleiter Ausland über die Haltung des AA, unterrichtet ihn über die Risiken und Konsequenzen eines solchen Schritts und hilft, Formulierungen und Wege zu finden, die beide Interessen berücksichtigen.

Mir wurde gelegentlich die Frage gestellt, ob es da nicht einen Loyalitätskonflikt gebe. Ich konnte das guten Gewissens verneinen. In der Außenpolitik gab es ohnehin ein großes Maß an Übereinstimmung zwischen den Parteien und zwischen dem AA und dem Bundespräsidialamt. Zumal es hier keinen Kampf um Zuständigkeiten gab. Denn der Bundespräsident greift nicht in die Tagespolitik ein. Ich konnte den Bundespräsidenten also uneingeschränkt loyal und nach bestem Wissen und Gewissen beraten.

Mit meiner außenpolitischen Expertise waren ich und meine Abteilung nicht alleine. Erst einmal darf man nicht unterschätzen, wieviel eigene außenpolitische Erfahrung ein Bundespräsident in sein Amt mitbringt; bei Bundespräsident Steinmeier ist es ganz offensichtlich. Aber auch der erste Staatssekretär unter Bundespräsident Köhler, Michael Jansen, kam aus dem Auswärtigen Amt. Bundespräsident Rau hatte seinen enorm erfahrenen Chef der Staatskanzlei in NRW, Rüdiger Frohn, als Staatssekretär in das Bundespräsidialamt mitgebracht, der nicht nur über ein hochentwickeltes politisches Fingerspitzengefühl verfügte, sondern auch über enge Kontakte zu Länderkanzleien und Ministerien, sodass manche – auch außenpolitische – Frage durch einen schnellen Anruf gelöst werden konnte.

Wie wird man nun Leiter der Auslandsabteilung im Bundespräsidialamt? Ganz einfach: Der Bundespräsident bittet das Auswärtige Amt um Personalvorschläge für diesen Posten und schaut sich dann die Kandidaten an. Ich wurde von ihm zu einem Tee in seine private Residenz eingeladen. Parteizugehörigkeit spielte keine Rolle, solange man nicht ausdrucksstarker Vertreter einer anderen politischen Richtung als der des Bundespräsidenten war. Was selbstverständlich ist, wenn man eng politisch zusammenarbeitet. Ich bin, einem alten Credo der Nachkriegszeit folgend, ein parteiloser Beamter, und das war ganz in Ordnung.

Um der Wahrheit die Ehre zu geben, war ich sogar nur zögernd gekommen. Ich fürchtete etwas, vor einem leeren Blatt Papier zu sitzen und innerhalb weniger Tage eine Rede für den Bundespräsidenten schreiben zu müssen. So wild wurde es allerdings nicht, da ein Abteilungsleiter erfahrene Mitarbeiter hat, die ihm die nötigen Vorarbeiten leisten. Ich war in der glücklichen Lage, einen exzellenten und zwei gute Redenschreiber in meiner Abteilung zu haben, sodass ich mir insoweit unnötig Sorgen gemacht hatte.

Das Schreiben von Reden, genau gesagt von Redeentwürfen, war zu meiner Zeit eine der wichtigsten Aufgaben der Auslandsabteilung. Denn der Bundespräsident wirkt durch seine Reden in die Öffentlichkeit. Natürlich muss er auch sonst außenpolitisch richtig und mit Fingerspitzengefühl beraten werden, aber seine Außenwirkung beruht zu erheblichem Teil auf seinen Reden. Die außenpolitischen Reden schrieben damals wir; heute macht das, wie ich höre, im Bundespräsidialamt ein Redenschreiberstab.

Beides hat seine Vor- und seine Nachteile, wobei – ich hoffe, ich trete niemandem zu nahe – nicht jeder Angehörige des Auswärtigen Dienstes ein begnadeter Redenschreiber ist. Dafür fehlt den „professionellen" Redenschreibern die außenpolitische Detailkenntnis, möglicherweise auch Sensibilität. Kurz: Beide müssen zusammenarbeiten, was bei gutem Willen und unter Zurückstellung persönlicher Eitelkeiten und Profilierungsbestrebungen auch gut möglich ist. Und natürlich hörte ich gelegentlich ein: „Herr Schultheiß, Sie machen mir die schönsten Formulierungen kaputt", wenn ich in der Besprechung der Rede bei einer – vom Pressereferenten vorgeschlagenen – zündenden Formulierung meinte, sie sei zwar schön, aber leider sachlich falsch.

Vor einer Auslandsreise, bei der drei Länder besucht wurden und in denen Begrüßungs- und Tischreden zu halten waren, zum Teil auch wichtige Grundsatzreden, konnte man gut und gerne auf mehr als 10 Redeentwürfe kommen. Sie mussten dann zum selben Zeitpunkt fertig (und noch aktuell) sein und wurden gelegentlich intensiv mit dem Bundespräsidenten besprochen. Wichtige Reden wurden teilweise mehrfach überarbeitet.

Dabei drückten die Bundespräsidenten den Reden, je nach Temperament und Thema, mal mehr, mal weniger, ihren persönlichen Stempel auf. Ich kann mich noch gut an den Tag vor der ersten Israel-Reise des Bundespräsidenten Köhler erinnern. Wir waren noch einmal zusammengerufen worden – wir saßen mit Decken auf den Knien um ihn herum, da die Heizung ausgefallen war, auch das gibt es –, um letzte Hand an die Rede vor der Knesset zu legen, für die er plötzlich ganz neue Ideen hatte, unter anderem einen Einleitungssatz auf Iwrit, also auf Neuhebräisch. Wir diskutierten sie durchaus kontrovers. Die Rede wurde, nicht zuletzt wegen der vom Bundespräsidenten gewünschten Änderungen, ein großer Erfolg.

Aufgabe der Auslandsabteilung des Bundespräsidialamts war aber natürlich auch, die Gespräche des Bundespräsidenten mit ausländischen Staatsoberhäuptern und Regierungschefs inhaltlich vorzubereiten. Der Bundespräsident erhält – wie Bundeskanzler und Außenminister – hierfür Gesprächsunterlagen. Sie bestehen in der Regel aus einem Sachstand und einem Gesprächsführungsvorschlag. Und zwar zu jedem Thema, das angesprochen werden sollte – meistens besprach man das vorher mit dem außenpolitischen Berater des Gesprächspartners. Aber auch auf Themen, die ohne Vorwarnung angesprochen werden konnten, musste er vorbereitet sein.

Das ergab angesichts der Vielzahl der möglichen Themen schon eine ziemlich dicke Mappe. Da die Mitarbeiter der Auslandsabteilung des Bundespräsidenten für diese Unterlagen nicht die notwendigen Fachkenntnisse hatten, baten sie die Kollegen im AA um die erforderlichen Unterlagen. Die sie dann in Kenntnis der Person und der Interessensschwerpunkte des Bundespräsidenten für ihn aufbereiteten. Bei Sachständen stellte sich die Frage: „Was weiß der Chef schon?“ (Außenminister Joschka Fischer hatte nach drei Wochen im Amt zu meiner milden Ratlosigkeit die Devise ausgegeben: „Schreiben Sie mir nur auf, was ich nicht weiß!“). Und Sachstand und Gesprächsführungsvorschlag sollten möglichst nicht länger als eine, höchsten zwei Seiten sein; sonst war die Fülle gar nicht zu bewältigen. Bei erfahrenen Chefs waren mehr Details auch nicht nötig; notfalls hatten sie ja auch noch ihren außenpolitischen Berater und andere Experten an ihrer Seite.

Nicht nur die Fachreferate des AA arbeiteten dem Bundespräsidialamt zu. Das Protokoll des Auswärtigen Amts ist für den Ablauf der Auslandsreisen von Bundespräsident, Bundeskanzler und Bundesaußenminister zuständig und trägt damit in großem Maße zu dem Gelingen einer Auslandsreise oder eines „eingehenden“ Besuchs in Deutschland bei. Mit den Kollegen vom Protokoll war also eine enge Zusammenarbeit angesagt. Sie funktionierte reibungslos. Man kannte sich ja.

Bei Auslandsreisen sind die mitreisenden Mitglieder der Auslandsabteilung (beim Protokoll versteht sich das von selbst) nicht nur als intellektuelle Nerds tätig, sondern müssen sich bei Staatsempfängen und -banketts auch gewandt bewegen können. Das ist nicht jedem in die Wiege gelegt, lässt sich aber lernen.[6] Auch aus diesem Grund ist es hilfreich, in der Auslandsabteilung des Bundespräsidialamts Diplomaten als Mitarbeiter zu haben, die eine gewisse Erfahrung auf dem diplomatischen Parkett besitzen. Das fängt bei so einfachen Dingen an wie bei einem Defilee vor dem Staatsbankett, wo man formgerecht, aber entspannt auf die wartenden Staatsoberhäupter zuschreitet, um ihnen die Hand zu schütteln. Im Kreml, wo man dabei 10 bis 15 Meter alleine überwinden muss, ist das nicht jedermanns Sache. Und es setzt sich fort mit den notwendigen, auch protokollarisch korrekten Englischkenntnissen, etwa bei der Begrüßung von gekrönten Häuptern.

Ich habe mich zum Beginn meiner Laufbahn gefragt, warum ich eigentlich studiert haben musste, um Pressereferent in Algier, meinem ersten Posten, zu sein; mittlere Reife und Französischkenntnisse hätten meiner Ansicht nach für diesen Job genügt. Aber man bleibt ja (glücklicherweise) nicht immer Pressereferent in Algier, sondern wird auch mal

---

[6] Hierzu finden sich in meinem Buch „Umgangsformen“ Hinweise.

Botschafter, Gesprächspartner von Präsidenten, Ministern, Nobelpreisträgern und anderen Zelebritäten. Da helfen berufliche Erfahrung, akademische Weihen und eine gute Allgemeinbildung. Wie übrigens auch beim Schreiben von Redeentwürfen für den Bundespräsidenten.

3. Versetzt ins Bundeskanzleramt

Wie der Bundespräsident haben auch der Bundeskanzler bzw. die Bundeskanzlerin eine Abteilung für Außen- und Sicherheitspolitik, deren Leiter und Mitarbeiter häufig, wenn nicht sogar überwiegend, aus dem AA kommen; Ähnliches gilt für die dortige Abteilung für Europapolitik. Hier wird operative Außenpolitik betrieben, während es im Bundespräsidialamt ganz überwiegend um die Vermittlung der Außenpolitik durch den höchsten Repräsentanten des Staates geht. Daher sind im Bundeskanzleramt die Kontakte zu den außenpolitischen Beratern anderer Regierungschefs viel enger; ich habe mit meinen Counterparts in den Präsidialkanzleien nur vor Besuchen und bei der Abstimmung gemeinsamer Texte kommuniziert. In einer wichtigen Frage wollte mich der italienische Staatspräsident Ciampi einmal sogar selber sprechen, aber das ist die absolute Ausnahme.

Angesichts des operativen Charakters ihrer Tätigkeit ist die Wahrscheinlichkeit von Loyalitätskonflikten bei dem außenpolitischen Abteilungsleiter im Bundeskanzleramt erheblich größer als bei dem im Bundespräsidialamt. Sie dringen auch gelegentlich an die Öffentlichkeit.

So erwuchs Außenminister Kinkel mit Kohls Abteilungsleiter für auswärtige Beziehungen, dem nicht aus dem AA kommenden Horst Teltschick, eine echte Konkurrenz. Sie war darauf zurückzuführen, dass der Bundeskanzler zunehmend sein Interesse an der Außenpolitik entdeckte. Unter Teltschicks Nachfolgern zeigte sich diese Tendenz in unterschiedlichem Maße, je nach Temperament und Ehrgeiz der aus dem AA kommenden Abteilungsleiter. Tatsächlich hat das Bundeskanzleramt, begünstigt durch die Richtlinienkompetenz des Bundeskanzlers, wichtige Bereiche der Außenpolitik an sich gezogen; dem entsprach das Selbstverständnis der für Außenpolitik zuständigen Abteilungsleiter.

Ähnliches beobachten wir im wichtigen Bereich der europäischen Finanzpolitik. Umso wichtiger ist es, dass das Expertenwissen von ausgebildeten Diplomaten in die Überlegungen dieser neuen Entscheidungszentren einfließt.

Deswegen wäre ein diplomatischer Berater im Finanzministerium keine schlechte Idee – selbst wenn das vorhersehbar und zutiefst dem Selbstverständnis der dortigen Beamten widersprechen dürfte. In Italien zum Beispiel hat jedes Ministerium einen „Diplomatischen Berater" (consigliere diplomatico), der frühzeitig wichtige außenpolitische Aspekte in die innerministerielle Diskussion einbringt. Ich glaube zwar, dass auch das nicht ohne Reibungen abgeht; es dürfte aber so manchen Ressortstreit mildern.

Ein Beispiel dafür, wie wichtig solche Brücken sein können, ist die jetzige Botschafterin in Washington, Emily Haber. Sie war nacheinander beamtete Staatssekretärin im Außen- und dann im Innenministerium. Das sind Ressorts, die sich keineswegs grün sind. Das Innenressort ist häufig der Ansicht, dass das Auswärtige Amt aus außenpolitischen Erwägungen zu flexibel sei; im AA hält man die Kollegen aus dem Innenressort dementsprechend gelegentlich für sture Paragraphenreiter. Umso wichtiger ist es da, dass es eine einflussreiche Person gibt, die beide Seiten kennt. Ein „außenpolitischer Berater" auf niedriger Ebene wäre zwar weniger einfluss-, aber dennoch hilfreich. Den gab es im Innenministerium – wie im Verteidigungsministerium – auch einmal, doch hat sich diese Praxis nicht durchgesetzt.

4. Rent a diplomate!

Glücklicherweise gibt es auch für Diplomaten ein Leben nach der Pensionierung. Die Kenntnisse einiger sind auch nach dem Ende der aktiven Dienstzeit gefragt. Die bekanntesten Beispiele dafür sind Wolfgang Ischinger, der Leiter der Münchner Sicherheitskonferenz wurde, und sein Nachfolger Christoph Heusgen. Andere haben Funktionen bei Stiftungen übernommen, wie Jürgen Chrobog bei der BMW Stiftung Herbert Quandt und Thomas Matussek bei der Alfred Herrhausen Gesellschaft, dem internationalen Forum der Deutschen Bank. Manche gehören zum Team einer Beratungsfirma. Andere, wie mein Kollege Rainald Steck, der gleich zu Wort kommen wird, beraten selbständig mittelständische Unternehmen bei ihren Aktivitäten im Ausland oder haben wie Bernd Mützelburg, ein ehemaliger außenpolitischer Berater von Bundeskanzler Schröder, eine eigene Beratungsfirma gegründet. Berater wie Beratene erkennen die Zeichen der Zeit: Die demographische Entwicklung wird es in Zukunft zunehmend erforderlich machen, auf Expertise und Kontakte von Fachleuten im Ruhestand zurückzugreifen.

Diese Überlegung hat auch mich dazu bewogen, 2011 eine Beratungsplattform „DiploConsult" ins Leben zu rufen, auf der pensionierte Diplomaten ihre Kenntnisse einbringen können – von Protokoll über außenpolitische Beratung bis zu Risikoanalysen für die Wirtschaft. Niemand hat etwas dagegen, noch etwas dazuzuverdienen, doch war das Ziel dieser Gründung zuvörderst, den Kollegen einen Rahmen zu bieten, die ihr Wissen zwar weiter nutzen wollen, aber nicht die dafür erforderliche Struktur aufbauen können. Wir haben hier so unterschiedliche Sachen gemacht wie die Ausbildung von Führungskräften in Mauritius und Madagaskar, die Reform des Honorarkonsulsystems in Montenegro, Protokollausbildung von kurdischen Parlamentariern in Erbil, Wirtschaftsberatung im Kosovo, Protokollberatung beim Senat von Kambodscha und der OSZE-Botschaft in Bischkek (Kirgisistan). Für den Berliner Senat haben wir Seminare über den kulturellen Hintergrund der Flüchtlinge aus dem Krisenbogen von Mauretanien bis nach Afghanistan veranstaltet. Man sieht: Diplomaten können auch nach ihrer aktiven Laufbahn auf vielen Feldern einen Mehrwert leisten.

5. „Ausgeliehen" an die Freie Hansestadt Bremen

Mein Kollege Rainald Steck war von 1989 bis 1992 Abteilungsleiter in der Senatskanzlei und Chef des Protokolls des Senats der Freien Hansestadt Bremen.[7] Er berichtet von seinen Erfahrungen dort:

Schon zu Zeiten der „alten" Bundesrepublik wurde der Posten des Protokollchefs des Berliner Senats regelmäßig mit Angehörigen des AA besetzt. Andere Bundesländer griffen diese Tradition auf, sodass nach der Wiedervereinigung zeitweilig die Hälfte aller Länder für mehr oder weniger lange Zeit einen Diplomaten oder eine Diplomatin des AA in ihren jeweiligen Protokollabteilungen beschäftigten. Als ich im Herbst 1989 nach vier Jahren in der Zentrale gefragt wurde, ob mich der Posten eines Protokollchefs in Bremen interessiere, war ich zunächst unsicher. Einerseits hatte ich auf einen Auslandsposten gehofft, andererseits fand ich die Aufgabe reizvoll, zumal ich im Bundesprotokoll bereits Erfahrungen mit dem einen oder anderen Länderprotokoll gemacht hatte. Ich stellte mich also dem Bürgermeister und Präsidenten des Senats der Freien Hansestadt Bremen vor und besprach mit dem Leiter der Senatskanzlei Art und Umfang der künftigen Tätigkeit. Zunächst ging es darum, das Protokollreferat zu leiten; rasch wurde aber klar, dass mittelfristig eine Abteilung entstehen sollte, die sich neben dem eigentlichen Protokoll mit Europapolitik, den zahlreichen Städtepartnerschaften Bremens und weiteren ressortübergreifenden Themen befassen sollte.

Bremen ist Land und Kommune und der Senat mithin gleichzeitig Landesregierung und Stadtrat. Kommunalpolitik spielt da eine zentrale Rolle. Andererseits unterhält Bremen als Hansestadt traditionell enge Beziehungen in das europäische Ausland und darüber hinaus. Es galt also, sich auf die Interessen des Landes und der Stadt zu fokussieren,

---

[7] Botschafter a.D. Dr. Rainald Steck war u.a. Ausbildungsleiter für den gehobenen Auswärtigen Dienst, Botschafter in Togo (1992-1996), Dakar (1999-2003) und Kabul (2004-2006) sowie Chef des Protokolls (2006-2010). Nach der Pensionierung lehrte er an der Universität Tübingen, leitete Protokollfortbildungs-Seminare für Mitarbeiter von Bundesministerien, Industrie- und Handelskammern und Verbänden, beriet die mongolische Regierung bei der Vorbereitung eines euro-asiatischen Gipfeltreffens und mittelständische deutsche Firmen bei Projekten in Afrika.

zugleich aber beratend mitzuhelfen, dass in dieser Gemengelage keine Konflikte zwischen Bund und Land entstanden. Die Kolleginnen und Kollegen in der neuen Abteilung arbeiteten schon seit Jahren, wenn nicht Jahrzehnten in der Senatskanzlei. Als nun ein Neuling aus der Bundeshauptstadt als Chef dazukam, war das am Anfang für alle Beteiligten nicht einfach. Aber gemeinsam entstand daraus eine produktive Zusammenarbeit.

Protokoll ist Protokoll – ob im Bund oder im Land. Ob es sich um die Vorbereitung und Durchführung von Gesprächen oder Besuchen, von Konferenzen oder Auslandsreisen handelt oder akkreditierte Diplomaten betreut und Orden oder Verdienstmedaillen beantragt und verliehen werden sollen, das Protokoll einer Landesregierung steht vor denselben oder doch sehr ähnlichen Aufgaben wie das Bundesprotokoll. Wo es in Berlin um das Diplomatische Korps geht, geht es in Bremen um Honorarkonsuln, meist Kaufleute, die mit Rat, Tat und viel Fingerspitzengefühl betreut werden wollen.

Einen gravierenden Unterschied gibt es aber doch: Während der Protokollchef des AA protokollarische Termine organisatorisch betreut, muss sich der Bremer Protokollchef neben organisatorischen Fragen auch um das Inhaltliche kümmern. Das bedeutet, neben der eigentlichen Besuchsvorbereitung und -durchführung Sachstände zu den bilateralen Beziehungen und Gesprächsvorschläge und Vermerke vorzulegen. Und zwar für Antrittsbesuche von in Bonn akkreditierten Botschaftern, für Besuche hochrangiger deutscher oder ausländischer Ehrengäste, die am traditionellen Schaffermahl teilnahmen, oder für den Besuch eines ausländischen Staatsoberhaupts im Rahmen seines Staatsbesuchs in Deutschland.

Das galt auch für den Besuch des polnischen Staatspräsidenten Walesa, der im Rahmen seines Staatsbesuchs in der Bundesrepublik auch nach Bremen kam. Es war nicht einfach gewesen, das deutsche und das polnische Protokoll davon zu überzeugen, dass Bremen als langjährige Partnerstadt Danzigs unbedingt in die Programmplanung einbezogen werden musste.

Das führt uns zu einem weiteren Schwerpunkt der Arbeit, dem lebhaften politischen, wirtschaftlichen und kulturellen Austausch mit den Partnerstädten Danzig, Riga, Haifa, dem chinesischen Dalian und Rostock, der von uns koordiniert und gesteuert wurde. Eine Sonderrolle kam dabei nach der Wiedervereinigung der Hansestadt Rostock zu, die von uns beim Aufbau einer demokratischen Verwaltung unterstützt wurde. Ein bis heute nachwirkender Beitrag war die Hilfe beim Auf- und Ausbau der Hansesail, einem regelmäßigen Treffen großer Windjammer in der Ostseestadt.

Vier von den fünf damaligen Städtepartnerschaften führten zu regelmäßigen Reisen des Bürgermeisters in die Partnerstädte. Wirtschaftliche Interessen oder kulturelle Vorhaben waren Anlass für Reisen in andere Länder, so etwa nach Wien im Rahmen einer Präsentation der Bremerhavener Fischwirtschaft oder in die USA zur Erinnerung an die Auswanderung Deutscher über Bremerhaven nach Ellis Island im 19. Jahrhundert.

Ein dritter Schwerpunkt war die Europapolitik. Nachdem im Vertrag von Maastricht die Grundlagen für eine verstärkte regionale Zusammenarbeit in der EU gelegt worden waren, engagierte sich Bremen im neu geschaffenen Rat der Regionen und vertiefte die regionale Zusammenarbeit mit Niedersachsen und der niederländischen Grenzprovinz Groningen. Die inhaltliche wie protokollarische Betreuung lief über unsere Arbeitseinheit in enger Zusammenarbeit mit dem ständigen Büro Bremens in Brüssel.

Zu guter Letzt: Bremen war von alters her führender Importhafen für Wein aus Bordeaux. In dieser Tradition unterhielt der Senat in Zusammenarbeit mit dem Ratskeller einen beachtlichen Bestand an großen Bordeauxweinen, die bei feierlichen Anlässen angeboten wurden. Auch für deren Auswahl war das Protokoll federführend.

Nach knapp drei abwechslungsreichen Jahren kehrte ich in das AA zurück. Ich hatte noch drei Kollegen, die mir nachfolgten, bevor die Funktion wieder von einer Bremer Senatsmitarbeiterin wahrgenommen wurde. Aber in anderen Bundesländern gibt es weiterhin Diplomaten als Leiharbeiter im Landesprotokoll. Gut so!

Literatur

Chrobog, Jürgen: Ein Leben in der Politik, Berlin 2022

Hinkelmann, Silke: Die Handlungsspielräume des Bundespräsidenten in auswärtigen Angelegenheiten, Bachelorarbeit, Institut für Sozialwissenschaften an der Humboldt-Universität zu Berlin, 2011

Schultheiss, Wolfgang: Umgangsformen. Protokoll und Etikette. Privat und im Beruf. 2. Auflage, Münster 2019

Betrachtung des Flächenbrands: Diplomatie und Gewalt nach dem Kalten Krieg

„Theorie soll eine Betrachtung und keine Lehre sein."

(Carl von Clausewitz, Vom Kriege)

Träume vom Frieden

Es war in einem anderen Jahrtausend: Am 12. September 1990 wurde in Berlin der „Vertrag über die abschließende Regelung in Bezug auf Deutschland" unterzeichnet. Als „Zwei-plus-Vier-Vertrag" bekannt, beendete er völkerrechtlich den Zweiten Weltkrieg und politisch den Kalten Krieg. Bereits am Vortag, dem 11. September 1990, hatte George W. H. Bush vor dem US-Kongress die neue Weltordnung verkündet. Der Präsident der Vereinigten Staaten gehörte zur patrizischen Führungsschicht seines Landes. Er wusste, dass die Worte novus ordo saeclorum – neue Ordnung der Jahrhunderte – nicht nur jede Ein-Dollar-Note und das amerikanische Staatssiegel zieren, sondern in Vergils 4. Ekloge die pax Romana, die ewige Herrschaft Roms über den Erdkreis, verkünden.

Aber die Rede des amerikanischen Präsidenten mit ihrer Verheißung permanenter Suprematie enthielt nicht nur eine Friedensbotschaft: Sie war auch eine Kriegserklärung. Im August 1990 hatte der irakische Diktator Saddam Hussein das ölreiche Kuweit in der irrigen Annahme besetzt, die USA würden eine völkerrechtswidrige Annexion hinnehmen. Doch das politische Washington folgte Vergil und war entschlossen, den Rechtsbruch nicht hinzunehmen. Die Welt sollte imperial geordnet werden: Parcere subjectis et debellare superbos – die Unterworfenen schonen und die Hochmütigen niederkämpfen!

Kurz nach der Operation Desert Storm, dem erfolgreichen Feldzug gegen die irakischen Invasionstruppen, deutete ein junger amerikanischer Politikwissenschaftler den Triumph der USA als End of History. Unter diesem Titel erklärte Francis Fukuyama die Dialektik von Verfalls- und Fortschrittsdenken für überwunden. Seine kühne These beflügelte nach dem vermeintlichen Endsieg des westlichen Gesellschaftsmodells hohe Erwartungen. Meinungsbildende Kräfte der amerikanischen und europäischen Gesellschaften hielten mit dem Ende des Kalten Krieges die Zeit für gekommen, weltweit eine offene und demokratische Zivilgesellschaft zu errichten. Stark und selbstbewusst sollte sie den Rückfall in totalitäre Ideen und grausame Despotien verhindern.

Nicht nur in den USA gab die historische Zäsur der Jahre 1989/91 Veranlassung zu zukunftsfrohen Träumen. Auch ich, im Frühjahr 1989 als junger Angehöriger des Auswärtigen Dienstes aus dem kalten Moskau in das sonnige Nairobi versetzt, war in jenen Tagen von Euphorie nicht frei. Wer hätte noch im März 1989 ernsthaft daran geglaubt, innerhalb von nur anderthalb Jahren könnten die friedliche Wiedervereinigung Deutschlands und die Überwindung der europäischen Teilung Wirklichkeit werden? War es nicht eine Sternstunde der Diplomatie, als im Sommer 1990 der Zwei-plus-Vier-Vertrag unterzeichnet wurde? Und verband sich, so die Hoffnung in Nairobi, mit dem Ende des Kalten Krieges nicht auch eine vielversprechende Zukunft Afrikas? Immerhin waren mit der Zeitenwende in Europa auch die Unabhängigkeit Namibias und das Ende des südafrikanischen Apartheidregimes verbunden, politische Ziele, für die Bonns Afrikadiplomatie beharrlich gearbeitet hatte.

Künftig sollte es also um Weltinnenpolitik gehen, um die Sicherung der Lebensgrundlagen der Menschheit. Im Sommer 1990 fand in Nairobi das Vorbereitungstreffen der großen Weltklima-Konferenz in Rio de Janeiro statt. Aus Bonn reiste der sachkundige und diplomatisch erfahrene Bundesumweltminister Töpfer in die kenianische Hauptstadt. Als Mitglied der deutschen Delegation brachte er seinen damals noch in Berlin amtierenden DDR-Kollegen mit, der kurz darauf als Mitarbeiter der Staatssicherheit enttarnt wurde.

In den Konferenzsälen und Korridoren des Hauptquartiers der Weltumweltorganisation UNEP warben zahlreiche Nichtregierungsorganisationen für ein vielversprechendes Allheilmittel: Im global village, dem „Weltdorf“, sollten künftig Frieden, Klimaschutz und nachhaltige Entwicklung durch eine verantwortungsbewusste Allianz der internationalen Staatengemeinschaft mit multilateralen Institutionen und Organisationen der Zivilgesellschaft gesichert werden. Konnte Deutschland bei der Verwirklichung dieser Vision nicht einen engagierten Beitrag leisten, einen diplomatischen Mehrwert schaffen und sogar eine Führungsrolle übernehmen?

Funkenflug

Der deutsche Botschafter in Nairobi und Vertreter der Bundesregierung bei UNEP, Franz Freiherr von Mentzingen, ein erfahrener Diplomat und allseits geschätzter Vorgesetzter, betrachtete den im Konferenzzentrum diskutierten Entwurf der neuen Welt mit milder Skepsis. Hochgestimmte Absichtserklärungen, Parolen und Phrasen entsprachen weder seinem Verständnis von Diplomatie noch seiner Persönlichkeit, die sich jenen Menschen zuwandte, die konkreter Hilfe besonders bedurften. Nach den Schrecken des 20. Jahrhunderts erschien Mentzingen die Idee einer Selbsterlösung der Menschheit durch Politik und Diplomatie als freundlicher Wunsch, als ein frommer Kindertraum.

Schon wenige Monate nach der UNEP-Konferenz zeigte sich, wie erbarmungslos die Wirklichkeit sein kann. Bis heute gehört der Anblick von aufs Skelett abgemagerten somalischen Frauen und ihren sterbenden Kindern zu den Bildern, die ich nicht vergessen kann. Im April 1991 waren auf einem kleinen Flugplatz am Rande der kenianischen Hauptstadt Privatflugzeuge gelandet, die das in Ostafrika verbreitete Rauschmittel Quat schmuggelten. Die Piloten hatten sich beim Abflug in Somalia bereit erklärt, gegen hohe Geldbeträge Frauen und Kinder außer Landes zu schaffen. In Nairobi wurden sie dann neben die Landebahn gelegt. Eine kleine Gruppe europäischer und nordamerikanischer Frauen brachte Lebensmittel zum Flugplatz und fuhr kurz vor Einbruch der Dämmerung in ihren Geländewagen die Kranken und Schwangeren ins Krankenhaus oder in Missionsstationen. Ohne diese Hilfe hätten die Flüchtlinge die Nacht nicht überlebt.

Was war geschehen? Die dramatischen Ereignisse in Europa hatten das Horn von Afrika in Brand gesetzt. Ohne die Unterstützung der sich auflösenden sozialistischen Bruderstaaten Sowjetunion und DDR brach in Äthiopien das Regime unter Mengistu Haile Mariam zusammen. Anfang 1991 gelang es Aufstandsbewegungen in Eritrea und Tigray, große Teile des Landes unter ihre Kontrolle zu bringen und schließlich die Herrschaft an sich zu reißen. Auch im benachbarten Somalia, bis in die Endphase des Kalten Krieges von Washington und Bonn gegen Äthiopien unterstützt, konnte sich der Diktator Siad Barre ohne die nun ausbleibende westliche Militärhilfe nicht mehr halten. Nach blutigen Kämpfen um die Hauptstadt Mogadischu wurde Somalia Anfang 1991 zum Schlachtfeld rivalisierender Clans, die sich bis heute bekriegen. Auch in Äthiopien kämpfen die verschiedenen Volksgruppen wieder mit Erbitterung gegeneinander, während das despotische Regime im unabhängig gewordenen Eritrea versucht, von den Bürgerkriegen in seinen Nachbarländern zu profitieren.

Im Maschinenraum der NATO

Ab Mai 1991 verfolgte ich die Entwicklungen am Horn von Afrika nur noch aus der Ferne. Versetzt in die deutsche NATO-Vertretung nach Brüssel hatte ich im Maschinenraum des Tankers „Atlantische Allianz“ andere Aufgaben. Als Pressereferent sollte ich die Kurswechsel der Kommandobrücke den Medien und der interessierten Öffentlichkeit erläutern.

Erst nach einiger Zeit erschlossen sich dem Neuankömmling die Verfahren der Meinungsbildung und die Entscheidungswege dieser multilateralen Großorganisation. In ihrer oft intransparenten Vielschichtigkeit vermittelten sie zwiespältige Erfahrungen. Zwar sind innerhalb der NATO konkrete politische Ziele nach geltender Vertragslage von allen Mitgliedsstaaten gemeinsam zu formulieren und im Konsens zu beschließen. Aber dennoch bleiben historisch bedingt die eigentlichen Zwecke des Bündnisses sowohl politisch als auch geostrategisch vorgegeben, denn die NATO ist das geistige Kind anglo-amerikanischer und nicht zuletzt britischer Diplomatie. Es wurde in der Frühzeit des Kalten Krieges gezeugt, und der britische Politiker Desmond Donnelly hat das Motiv, das zur NATO-Gründung führte, in seinen Erinnerungen anschaulich beschrieben: „Struggle for the World". Im Kampf um die Erdherrschaft bleibt aus amerikanisch-britischer Perspektive auch im 21. Jahrhundert die NATO ein entscheidendes politisch-militärisches Instrument.

Gleichwohl bot die NATO in der Zeit nach dem Ende des Kalten Krieges auch anderen Mitgliedstaaten diplomatischen Handlungsspielraum. Nach dem Ende der Blockkonfrontation lag es nahe, die ehemaligen militärischen Gegner der Allianz an das Bündnis heranzuführen und mit ihnen gemeinsam die Sicherheitsarchitektur der Zukunft zu gestalten. Im Frühjahr 1991 unterbreiteten daher die Außenminister der USA und der Bundesrepublik Deutschland in einem gemeinsamen Schreiben der NATO einen Vorschlag: Die Mitgliedsstaaten des Bündnisses und alle Mitglieder des sich auflösenden Warschauer Pakts sollten künftig im Rahmen eines neu zu schaffenden North Atlantic Cooperation Councils (NACC) regelmäßig über sicherheitspolitische Grundsatzfragen und neue Formen militärischer Zusammenarbeit diskutieren und entscheiden.

Die deutsche NATO-Vertretung unter Botschafter Hans-Friedrich von Ploetz, einem sehr energischen Diplomaten und engen Mitarbeiter Außenminister Hans-Dietrich Genschers, vertrat den im Baker-Genscher-Brief enthaltenen Grundgedanken mit großer Konsequenz. Sowohl im Text des neu formulierten Strategischen Konzepts der NATO als auch bei der Gründung des NACC fand die Leitidee gemeinsamer Sicherheit zwischen Vancouver und Wladiwostok ihren diplomatischen Ausdruck. Von einer Ausdehnung des NATO-Vertragsgebiets war damals nicht die Rede.

Erst 1993, nach dem Amtsantritt von US-Präsident Bill Clinton, begann diplomatisch Schritt für Schritt jene Ostausdehnung der NATO, die schließlich bis an die westlichen Grenzen der Russischen Föderation führen sollte. Die Betrachtung dieses Prozesses schließt im Rückblick die Deutung nicht aus, es habe sich dabei um eine langfristig konzipierte, als Stufenplan angelegte Strategie gehandelt. Sie entsprach existentiellen Sicherheitsinteressen ehemaliger Mitgliedsstaaten des Warschauer Pakts. Entscheidender Wendepunkt war das Brüsseler NATO-Gipfeltreffen im Januar 1994, das die Gründung der Partnership for Peace (PfP) verkündete. Die neue Partnerschaft für den Frieden bot den politischen und diplomatischen Rahmen, in dem sich die Osterweiterung der Allianz vollziehen sollte. Der North Atlantic Cooperation Council (NACC) trat in den Hintergrund und schwand allmählich aus dem Bewusstsein von Politik und Öffentlichkeit. Stattdessen eröffneten im Rahmen der Partnerschaft für den Frieden bilaterale militärpolitische Beziehungen der NATO zu den früheren Warschauer-Pakt-Staaten und ehemaligen Sowjetrepubliken Perspektiven einer künftigen NATO-Mitgliedschaft.

Dabei sollte es, wie sich später herausstellte, eine wichtige Ausnahme geben, nämlich die Russische Föderation. Die offizielle Ankündigung der NATO-Erweiterung nach Osten erfolgte am 4. Februar 1997 in Washington zu Beginn der zweiten Amtszeit von Präsident Bill Clinton. Wenige Monate später, am 27. Mai 1997, wurde die sogenannte NATO-Russland-Grundakte in Paris unterzeichnet. In ihr verpflichteten sich beide Seiten, die Souveränität aller Staaten einschließlich ihrer freien Bündniswahl und die Unverletzlichkeit ihrer Grenzen zu achten. Das von Präsident Boris Jelzin feierlich unterzeichnete Dokument sollte russische Bedenken gegen die NATO-Osterweiterung ausräumen oder zumindest abschwächen.

Die Ausdehnung des NATO-Vertragsgebiets vollzog sich danach in vier Etappen: 1999 wurden Polen, Tschechien und Ungarn Mitglieder. 2004 folgten die drei baltischen Staaten Estland, Lettland und Litauen sowie die Slowakei, Slowenien und die Schwarzmeeranrainer Rumänien und Bulgarien. Im April 2008 wurde beim NATO-Gipfel in Bukarest der Ukraine und Georgien die Mitgliedschaft grundsätzlich zugesagt, jedoch die Ingangsetzung des in allen vorherigen Fällen eingespielten Verfahrens, Membership Action Plan genannt, aufgrund deutscher und französischer Vorbehalte verweigert. Schließlich folgte die Ausdehnung des

Allianzgebiets auf den Balkan. Albanien und Kroatien wurden im Jahre 2009 Mitglieder, Montenegro 2017 und schließlich im Jahre 2020 als 30. Mitglied Nordmazedonien.

Persönlichkeiten und Netzwerke

Am Beispiel der NATO-Osterweiterung lässt sich exemplarisch aufzeigen, welchen Mehrwert einzelne Persönlichkeiten und ihre Netzwerke für eine strategisch angelegte Diplomatie besitzen. Wesentlicher Impulsgeber für den Beginn der Osterweiterung war Strobe Talbott, der stellvertretende Außenminister unter Präsident Clinton. Mit Bill Clinton und dessen Ehefrau Hillary verbanden ihn politische Grundüberzeugungen und das gemeinsame Studium an der Yale University. In jungen Jahren hatte Talbott, der fließend Russisch spricht, das ins Ausland geschmuggelte Manuskript der Memoiren Nikita Chruschtschows übersetzt und herausgegeben. Nun konzipierte er die Partnership for Peace, den operativen Einstieg in die NATO-Osterweiterung maßgeblich mit und begleitete seinen Präsidenten bei allen Begegnungen mit Boris Jelzin. Dabei warb er gegenüber dem russischen Präsidenten für die Osterweiterung mit dem Argument, die Russische Föderation habe auch ohne eigene Mitgliedschaft von der Atlantischen Allianz nichts zu befürchten.

Talbotts engste Mitarbeiterin war die junge und ehrgeizige Diplomatin Victoria Nuland. Ebenso wie ihr Chef hatte sie an der Yale University studiert. Als Ehefrau des bekannten Publizisten Robert Kagan gehört sie zu einem auch familiär eng verbundenen Zirkel einflussreicher Intellektueller. Nuland ist Schwiegertochter des 2021 verstorbenen, viele Jahre an der Yale University lehrenden Althistorikers Donald Kagan, dessen vierbändige Geschichte des Peloponnesischen Krieges die Grundlage einer „Theorie des langen Krieges“ bildet. Gemeinsam mit Donald Kagans Söhnen Robert und Frederick sowie einer anderen Schwiegertochter, Kimberley Kagan, wirkte Victoria Nuland politisch und publizistisch in Organisationen wie dem Project for a New American Century (PNAC) und dem American Enterprise Institute (AEI). Von 2003 bis

2005 war sie enge Beraterin von Vizepräsident Dick Cheney, der neben Verteidigungsminister Donald Rumsfeld und dessen Vertreter Paul Wolfowitz für den Irak-Krieg der USA entscheidend verantwortlich war. Von 2005 bis 2008 verlangte sie dann als NATO-Botschafterin der USA den Beitritt der Ukraine und Georgiens, bevor sie unter Präsident Barack Obama von 2013 bis 2017 als Assistant Secretary of State die US-Politik gegenüber Europa und Eurasien leitete. In erstaunlich undiplomatischer Sprache kritisierte sie während des politischen Umbruchs in Kiew Anfang 2014 die vorsichtige und abwägende Position der Europäischen Union. Schließlich wurde sie im Mai 2021, zehn Monate vor dem russischen Angriff auf die Ukraine, als Under Secretary of State for Political Affairs mit der operativen Lenkung der gesamten amerikanischen Außen- und Sicherheitspolitik betraut.

Vor diesem Hintergrund darf es nicht überraschen, dass in den USA der problematische Vorwurf laut wird, die NATO-Osterweiterung sei nicht zuletzt das Werk neo-konservativer Kreise. Neben John Mearsheimer, der an der Universität Chicago lehrt, ist Jeffrey Sachs der bekannteste Verfechter dieser These. Der umstrittene Ökonom, der bis 2016 an der Columbia University in New York lehrte und als Wirtschaftsberater Boris Jelzins auf ultraliberale Reformen drang, hält Donald Kagans „Theorie des langen Krieges“ für die Rechtfertigung ständiger Gewaltanwendung. Sie erinnere an imperialistische Maximen des 19. Jahrhunderts oder an Trotzkis Theorie der permanenten Revolution. Die US-Diplomatie trage daher, so die fragwürdige These von Sachs, Mitverantwortung für den russischen Angriff gegen die Ukraine am 24. Februar 2022.

Brandherd Westbalkan

Ungeachtet dieser Kontroverse bleibt festzuhalten: Die NATO-Osterweiterung hat innerhalb der sich erweiternden Europäischen Union zu einer bemerkenswerten Stabilität beigetragen. Gleichzeitig aber bestätigte sich die fortdauernde Abhängigkeit Europas von den USA, als nach dem Ende des Kalten Krieges drei Vielvölkerstaaten von der Landkarte verschwanden. Tschechen und Slowaken trennten sich friedlich. Die Auflösung der Sowjetunion verlief wie durch ein Wunder nahezu gewaltfrei. Jugoslawien aber, weltweit geachtet als führendes Mitglied der Blockfreien-Bewegung und Gastgeber der Olympischen Winterspiele 1984 in Sarajevo, ging in grausamen Trennungskriegen zugrunde.

Der Beginn der Kampfhandlungen im Frühsommer 1991 überraschte die Bundesregierung. Sicherlich hatten Balkankenner des Auswärtigen Amts schon früh vor einem möglichen Gewaltausbruch in Jugoslawien gewarnt. Zu ihnen gehörte der für Südosteuropa zuständige Referatsleiter des Auswärtigen Amts. Wolfgang Libal war ein ausgewiesener Historiker und Kenner der Geschichte Südosteuropas. Er betrachtete die serbischen Gedenkfeiern zum 500. Jahrestag der Schlacht auf dem Amselfeld im Jahre 1988 als das erste Anzeichen für das bevorstehende, gewaltsame Ende Jugoslawiens: „Der Zerfall begann auf dem Amselfeld, er wird im Kosovo enden."

Dennoch ist der Vorwurf, die Bundesregierung hätte auf die Warnungen der Experten hören und präventiv handeln müssen, wirklichkeitsfremd. Zwischen 1989 und 1991 – Mauerfall, Herstellung der inneren und äußeren Bedingungen der deutschen Einheit – hatte Bonn politisch und diplomatisch einmalige Aufgaben und Herausforderungen zu meistern. Gefährliche Konfliktfelder außerhalb Mitteleuropas und nicht zuletzt auf dem Balkan konnten damals für die Bundesregierung keine Priorität haben. Angesichts der dramatischen Veränderungen in und um Deutschland kam es vielmehr entscheidend darauf an, Kontroversen zu vermeiden und, wo immer möglich, den territorialen status quo zu wahren. Trotz zunehmender Kritik bezog die Bundesregierung daher in Parlament, Medien und Öffentlichkeit zunächst nur zögernd Positionen, die den Fortbestand Jugoslawiens als Einheitsstaat in Frage stellten.

Erst im Spätsommer 1991 entschloss sie sich, den Austritt Sloweniens und Kroatiens aus dem jugoslawischen Staatsverband ins Auge zu fassen. Die völkerrechtliche Anerkennung der beiden jugoslawischen Teilrepubliken und von deren Grenzen sollte die Einhegung der militärischen Auseinandersetzungen ermöglichen und eine diplomatische Lösung der Jugoslawien-Krise erleichtern. Auch im Falle der Tschechoslowakei und der sich ab August 1991 rasch auflösenden Sowjetunion wurden die Grenzen der Teilrepubliken zu international garantierten Grenzen unabhängiger Staaten. Daher ging die Bundesregierung dazu über, bei ihren europäischen und atlantischen Partnern für die Anerkennung Sloweniens und Kroatiens zu werben. Mit der Anerkennung Bosnien-Herzegowinas zögerte sie hingegen, obwohl sich Serben, Kroaten und muslimische Bosniaken bereits kampfbereit gegenüberstanden. Als auch dort Anfang 1992 der Krieg ausbrach, wurde er mit besonderer Grausamkeit geführt.

Die diplomatischen Versuche zur Beendigung des Krieges in Bosnien-Herzegowina sind hier nicht im Einzelnen zu beschreiben. Festzuhalten bleibt jedoch, dass in der ersten Phase die deutsche Diplomatie im NATO-Kreis sehr kritisch betrachtet wurde. Ihr wurde regelmäßig vorgehalten, sie habe durch die frühzeitige Anerkennung Sloweniens und Kroatiens zur Eskalation der Gewalt beigetragen, ohne bereit zu sein, ebenso wie andere Mitgliedsstaaten durch die Beteiligung an Blauhelmmissionen die blutigen Folgen der jugoslawischen Trennungskriege in Bosnien-Herzegowina politisch und militärisch einzudämmen.

Im April 1992 trat Außenminister Hans-Dietrich Genscher wohl aus gesundheitlichen Gründen überraschend zurück. Er hatte die deutsche Außenpolitik seit vielen Jahren und nicht nur in der Endphase des Kalten Krieges maßgeblich mitgestaltet. Während der Zeitenwende erwies er sich als Gestalter und Sachwalter einer Politik, die auf die Einheit Deutschlands, die Sicherheit in Europa und die Zusammenarbeit mit allen Staaten des ehemaligen Warschauer Pakts ausgerichtet war.

Nach Genschers Ausscheiden war die deutsche Balkan-Diplomatie unter einem neuen Minister und dem zunehmend auf die Bewahrung des status quo bedachten Kanzler zunächst orientierungslos. Erst seit Frühjahr 1994 begann sie langsam wieder Tritt zu fassen und aktiv zu werden. Hilfreich war sicherlich, dass nun das Bundesverfassungsgericht feststellte, Deutschland könne sich militärisch an internationalen Maßnahmen kollektiver Friedenssicherung beteiligen. Voraussetzung dafür blieb zwar in jedem Einzelfall die Zustimmung des Parlaments, aber dennoch war damit die Möglichkeit eröffnet, in einer völlig veränderten sicherheitspolitischen Landschaft neben dem diplomatischen auch das militärische Instrument zur Konfliktbewältigung zu nutzen.

In dieser Situation wurde ich im September 1994 als stellvertretender Leiter des Sonderstabs-Bosnien (So-Bos) in die Zentrale des Auswärtigen Amts nach Bonn versetzt. Dem Leiter des Sonderstabs, Michael Steiner, war die Aktivierung der deutschen Balkan-Diplomatie zu verdanken. In Zeiten höchster krisenhafter Anspannung vermochte sich seine Persönlichkeit, die hohe Intelligenz mit außergewöhnlicher Energie und Belastbarkeit verband, zu entfalten. Der US-Diplomat Richard Holbrook bezeichnete ihn in seinen Erinnerungen an den Bosnien-Krieg als „the most tenacious", den zähesten Vertreter der europäischen Diplomatie. Nach den Bundestagswahlen 1998 wurde Michael Steiner der erste außen- und sicherheitspolitische Berater von Bundeskanzler Gerhard Schröder.

Steiner hatte früh erkannt, dass nach der Anerkennung Sloweniens und Kroatiens eine in ihren Zielen widersprüchliche und undurchdachte internationale Diplomatie einsetzte. Hektische Bemühungen von Sonderbeauftragten der EU, der OSZE, der Vereinten Nationen sowie der Internationalen Konferenz für das ehemalige Jugoslawien ICFY führten die Schwächen eines unkoordinierten, von Konkurrenzdenken geprägten multilateralen Krisenmanagements eindringlich vor Augen. Steiner dagegen arbeitete unermüdlich daran, die Steuerung der Friedensbemühungen nicht in die Hände multilateraler Organisationen, sondern in die Verantwortung einer kleinen Gruppe entscheidungsrelevanter Staaten zu legen. Zu der von ihm maßgeblich mitgeprägten Kontaktgruppe gehörte neben den USA, der Russischen Föderation, Großbritannien und Frankreich, also Ständigen Mitgliedern des Sicherheitsrats, auch die Bundesrepublik Deutschland.

Mehrwert und Grenzen deutscher Diplomatie

Ziel der deutschen Politik war der Erhalt Bosnien-Herzegowinas als eines international anerkannten Staates in seinen existierenden Grenzen, während eine Aufteilung der ehemaligen jugoslawischen Teilrepublik oder eine gewaltsame Abspaltung von Landesteilen vermieden werden sollte. Eine solche Lösung des Konflikts hätte als gefährliches Vorbild für andere Länder gewirkt; denn nicht nur auf dem Balkan, sondern auch auf dem Gebiet der ehemaligen Sowjetunion war mit territorialen Revisionsforderungen unter Androhung oder mit dem Einsatz von Gewalt zu rechnen.

Um Bosnien-Herzegowina als Vielvölkerstaat zu erhalten, waren angesichts der scharf ausgeprägten ethnischen und religiösen Gegensätze zwischen Bosniaken, Serben und Kroaten umfangreiche Autonomieregelungen notwendig. Sie sollten einerseits dem Anspruch der einzelnen Volksgruppen auf Selbstbestimmung so weit wie möglich entsprechen, andererseits aber den Fortbestand des Gesamtstaates sichern. Zu den von Steiner entwickelten Lösungen gehörte die Verwaltung der zwischen Kroaten und Bosniaken umkämpften Stadt Mostar durch eine EU-Administration unter dem ehemaligen Bremer Bürgermeister Hans Koschnik. Auf sie folgte die Gründung der bosniakisch-kroatischen Föderation, die schließlich verfassungsrechtlich mit dem Territorium der Republika Srpska in einem gemeinsamen Staatsverband verbunden wurde. Diese Regelungen ermöglichten maßgeblich den Friedensvertrag von Dayton, der im Dezember 1995 zusammen mit neun Annexen in Paris unterzeichnet wurde. In seiner Komplexität setzt er die Traditionen europäischer Diplomatie des 19. Jahrhunderts fort.

Die drei Jahre im Sonderstab Bosnien führten mir eindringlich vor Augen, welchen Mehrwert eine konzeptionell durchdachte, zielgerichtete Diplomatie besitzen kann. Gleichzeitig aber wurden mir die Grenzen deutscher Außenpolitik bewusst. Am Ende waren es nicht die deutschen und europäischen Initiativen, sondern das militärische Eingreifen der USA, das im November 1995 die Friedensverhandlungen in Dayton möglich machte. Sie fanden unter strikter Geheimhaltung auf einem Luftwaffenstützpunkt in Ohio statt. Die Beteiligten verhandelten unter großem Druck. Selbst der amerikanische Chefunterhändler Richard Holbrook stand unter Erfolgszwang, denn Präsident Bill Clinton wollte ein Jahr vor den US-amerikanischen Präsidentschaftswahlen seinen

Wahlkampf nicht von Meldungen über Massenvertreibungen und systematische Vergewaltigungen auf dem Balkan überschatten lassen.

Spätestens seit dem 11. Juli 1995 verlangten die amerikanischen Medien und die internationale Öffentlichkeit ein entschlossenes Eingreifen der Clinton-Administration, nachdem in und um Srebrenica rund 7000 bosniakische Muslime durch serbische Freischärler ermordet worden waren. Tausende Flüchtlinge hatten sich in die kleine Stadt unter den Schutz eines unzureichend bewaffneten niederländischen Blauhelmkontingents geflüchtet. Nach der widerstandslosen Übergabe des Ortes ließ der Kommandeur der Serben, Ratko Mladic, alle waffenfähigen Männer und Jugendliche verschleppen und erschießen. Zwar unterstützten schon vor diesem Ereignis private amerikanische Sicherheitsfirmen die Republik Kroatien im Kampf gegen serbische Separatisten. Aber nach Srebrenica und der Beschießung des Marktplatzes von Sarajevo griffen die USA mit ihrer Luftwaffe in Bosnien-Herzegowina unmittelbar in die Kämpfe gegen die bosnischen Serben ein.

Die Tatsache, dass die anschließenden Friedensverhandlungen auf einem US-Luftwaffenstützpunkt in der amerikanischen Provinz stattfanden, unterstrich die Unfähigkeit der Europäer, selbst für Frieden und Stabilität auf dem Balkan zu sorgen. Die offizielle Unterzeichnung des Vertrages von Dayton in Paris im Dezember 1995 war nur eine gesichtswahrende Formsache, bei der Deutschland immerhin neben den USA, der Russischen Föderation, Großbritannien und Frankreich als Zeuge und Garantiemacht durch Bundeskanzler Helmut Kohl vertreten war.

Die erfolgrciche Beendigung des Krieges war allerdings nicht den in Paris anwesenden Politikern zu verdanken, sondern professionellen Diplomaten, auf deutscher Seite neben Michael Steiner vor allem dem Politischen Direktor des Auswärtigen Amts, Wolfgang Ischinger. Er war seinem als Botschafter nach Washington versetzten Vorgänger Jürgen Chrobog in einer kritischen Phase des Bosnien-Krieges gefolgt. Gemeinsam mit Steiner trieb er die internationale Abstimmung innerhalb der Kontaktgruppe voran. In Bonn gelang es ihm zudem, gemeinsam mit

Vizeadmiral Ulrich Weisser, dem Chef des Planungsstabes im Bundesverteidigungsministerium, die Spannungen zwischen den Ressorts sowie das Misstrauen, das im Bundeskanzleramt und großen Teilen der CDU/CSU-Fraktion gegen die Politik des Auswärtigen Amts bestand, weitgehend auszuräumen. Damit besaß das deutsche Verhandlungsteam in Dayton den notwendigen Rückhalt, um seine von der Bundesregierung gebilligte Verhandlungsdirektive in nahezu allen Punkten umzusetzen. Bis heute werden die Ergebnisse von allen Volksgruppen in Bosnien-Herzegowina als unzureichend kritisiert und innerlich abgelehnt. Aber vielleicht gerade deshalb haben sie bis in die Gegenwart ein Wiederaufflammen des Krieges verhindert. Auch das ist ein Mehrwert.

Wendepunkt Kosovo?

Die gewaltsame Auflösung Jugoslawiens endete erst 1999 mit dem Kosovo-Krieg. Ich beobachtete ihn aus atlantischer Distanz, denn bereits im Frühjahr 1998 war ich an die deutsche Botschaft in Washington versetzt worden. Bis heute beschäftigt mich die Frage, wie der Verlauf und die Ergebnisse dieses Konflikts zu bewerten sind. Handelte es sich um einen gerechten Krieg oder um einen schwerwiegenden, bis in die Gegenwart wirkenden Verstoß gegen geltendes Völkerrecht?

Das Kosovo wurde am Ende des Kalten Krieges ganz überwiegend von Albanern bewohnt. Anders als Slowenien, Kroatien und Bosnien-Herzegowina war das Gebiet jedoch keine jugoslawische Teilrepublik, sondern gehörte als autonome Provinz mit weitreichenden Befugnissen der Selbstverwaltung zu Serbien. Die Serben waren nicht bereit, der albanischen Bevölkerungsmehrheit die Macht in einer Provinz vollständig zu übergeben, die sie bis heute als historische und geistige Keimzelle des serbischen Staates betrachten. Auf ihren geschichtlich begründeten Herrschaftsanspruch wollten sie unter keinen Umständen verzichten.

Im Frühjahr 1998 begann die albanische Befreiungsarmee UCK den bewaffneten Kampf gegen die serbische Regierung. Beide Seiten führten den Krieg mit selbstzerstörerischer Kompromisslosigkeit. Ebenso wie in Bosnien-Herzegowina waren die serbischen Verbände aufgrund besserer Bewaffnung und Ausrüstung zunächst überlegen. Es kam zu Massakern unter der albanischen Zivilbevölkerung. Ihr Ausmaß war ohne eine Duldung oder gar Billigung durch die serbische Führung in Belgrad nicht zu erklären: Präsident Slobodan Milosevic, dessen gewandte Verhandlungsführung ich im Frühjahr 1996 persönlich erleben konnte, handelte zynisch und skrupellos.

Spätestens Anfang 1999 zeichnete sich ab, dass zur Beilegung des blutigen Konflikts ein Eingreifen von außen notwendig war. Im Februar begannen auf Veranlassung der Kontaktgruppe, die bereits in Bosnien-Herzegowina die Verhandlungslösung vermittelt hatte, im französischen Schloss Rambouillet die Gespräche. Aber der zwischen der Regierung in Belgrad und der politischen Führung der Kosovo-Albaner zunächst in Rambouillet und später in Paris verhandelte Entwurf eines Friedensvertrages wurde von Milosevic abgelehnt. Um ihn zur Annahme zu zwingen und die gewaltsamen Auseinandersetzungen im Kosovo zu beenden, begann die NATO am 24. März 1999 den Luftkrieg gegen Jugoslawien, die Operation Allied Force. Ihre Ziele waren militärische Einrichtungen und die strategische Infrastruktur Serbiens. Erstmals seit 1945 nahmen im Rahmen der Operation Allied Force deutsche Soldaten an Kampfeinsätzen, an einem Krieg teil.

Im Anschluss an die Feierlichkeiten zum 50-jährigen Bestehen der NATO am 23. und 24. April 1999 in Washington wurden die NATO-Luftangriffe unter der Devise „We will prevail" verstärkt. Nun wurden auch zivile Kollateralschäden, darunter die chinesische Botschaft in Belgrad, in Kauf genommen. Und so kam es, wie es angesichts der Kräfteverhältnisse kommen musste: Unter dem Eindruck der andauernden Bombardierungen stimmten Milosevic und seine Regierung dem internationalen Friedensplan zu. Auch das Einwirken der russischen Diplomatie auf Milosevic mag, so die Einschätzung unmittelbar Beteiligter, zum Einlenken der Belgrader Führung beigetragen haben. Ein am 9. Juni 1999 unterzeichnetes Abkommen mit der NATO regelte den vollständigen Abzug der jugoslawischen Streitkräfte aus dem Kosovo und den Einmarsch internationaler Truppen.

Einen Tag später, am 10. Juni 1999, verabschiedete der Sicherheitsrat der Vereinten Nationen die Resolution 1244. Sie legitimierte den Einsatz einer Friedenstruppe, abgekürzt KFOR, im Kosovo. Es handelte sich um eine Kompromisslösung, der auch die Russische Föderation zustimmte, denn einerseits wurde die Provinz Kosovo zwar einer internationalen Verwaltung unterstellt, andererseits aber ihre fortgesetzte Zugehörigkeit zu Serbien und zur Bundesrepublik Jugoslawien bekräftigt. Erst fast ein Jahrzehnt darauf, am 17. Februar 2008, erklärte das Parlament des Kosovo nach vorangegangener, diskreter Abstimmung mit den westlichen Mitgliedern der Kontaktgruppe entgegen den Bestimmungen der Resolution 1244 die Unabhängigkeit. Der erste Staat, der die Anerkennung aussprach, waren die USA. Die Mehrzahl der EU-Mitgliedsstaaten folgte. Schließlich erkannten 117 der 193 VN-Mitgliedstaaten Kosovo als unabhängigen Staat an. Doch die Russische Föderation, China, Indien und eine große Zahl afrikanischer, südamerikanischer und asiatischer Staaten verweigern bis heute ebenso wie fünf Mitglieder der EU die Anerkennung.

Trotz zunehmender Zweifel halte ich an meiner ursprünglichen Auffassung fest, dass es sich bei der Operation Allied Force um eine unabweisbar notwendige Intervention handelte, um einen bellum justum, einen gerechten Krieg im Sinne der christlichen und säkularen Naturrechtslehre. Gleichwohl sind die Argumente der damaligen Kritiker, zu denen auch Alt-Bundeskanzler Helmut Schmidt gehörte, sehr ernst zu nehmen. Nach ihrer Ansicht verletzte der Luftkrieg gegen Serbien positiv geltendes Völkerrecht und stellte einen gefährlichen Präzedenzfall dar, der die Verständigungspolitik mit der Russischen Föderation unter Präsident Boris Jelzin infrage stellte.

Nach der Charta der Vereinten Nationen ist ausschließlich der Sicherheitsrat befugt, militärische Zwangsmaßnahmen gegen einen Staat zu beschließen. Ein solcher Beschluss lag aber für den NATO-Einsatz gegen Serbien nicht vor. Die Russische Föderation verweigerte als Veto-Macht ihre Zustimmung. Damit beruhte der Kosovo-Krieg auf der völkerrechtlich problematischen Grundlage einer Selbstermächtigung der

NATO. Moskau reagierte in scharfer Form und warf der NATO vor, aus einer Position der Stärke heraus die im Mai 1997 mit der Russischen Föderation unterzeichnete Grundakte verletzt und das in der Charta der Vereinten Nationen verbriefte Veto-Recht der Russischen Föderation bewusst missachtet zu haben. Präsident Jelzin zog den russischen Militärvertreter bei der NATO in Brüssel ab. Die Einladung zur 50-Jahr-Feier der NATO-Gründung in Washington wurde ausgeschlagen. Zwar konnte mit der Sicherheitsratsresolution 1244 im Juni 1999 nochmals ein für Moskau gesichtswahrender diplomatischer Kompromiss gefunden werden, der aber mit der Anerkennung der Unabhängigkeit des Kosovo im Februar 2008 aufgekündigt wurde.

Markiert also die Operation Allied Force, der Luftkrieg der NATO gegen Serbien, einen entscheidenden politischen Wendepunkt nach dem Kalten Krieg? Festzuhalten bleibt, dass am 31. Dezember 1999, ein halbes Jahr nach dem Ende der Kampfhandlungen und wenige Stunden vor dem Beginn des neuen Jahrtausends, Präsident Jelzin überraschend seinen Rücktritt erklärte. Ein neuer Mann übernahm im Kreml die Macht: Wladimir Putin.

Washingtons Weg nach Bagdad

Am 11. September 1990 hatte Bush der Ältere vor dem US-Kongress die neue Weltordnung verkündet. Auf den Tag genau 11 Jahre später begruben die Türme des World Trade Centers in New York fast 3 000 Menschen unter sich. Der terroristische Großanschlag war offensichtlich sorgfältig geplant worden: Zwei Flugzeuge zerstörten in Manhattan das architektonische Symbol amerikanischer Handelsdominanz, ein Flugzeug traf in Washington das Zentrum militärischer Macht, das Pentagon. Lediglich das vierte Flugzeug, das vermutlich das Kapitol, den Sitz des US-Kongresses, zum Ziel hatte, konnte vorzeitig zum Absturz gebracht werden.

Dunkle Rauchwolken stiegen jenseits des Potomac auf, als Botschafter Wolfgang Ischinger am Morgen des 11. September 2001 die Morgenrunde der deutschen Botschaft eröffnete. Er sprach nur kurz und betonte, in diesem Augenblick sei uneingeschränkte Solidarität mit dem amerikanischen Bündnispartner das Gebot der Stunde. Dann wurde der Krisenstab eingerichtet. Wenig später war klar, wer für die Terroranschläge verantwortlich war – die islamistische Terrororganisation al-Qaida. Ihr Führer Osama bin Laden und sein Chefplaner, der Ägypter al Zawahiri, waren den westlichen und insbesondere den amerikanischen Diensten gut bekannt. Mit ihrer Hilfe hatten sie im letzten Jahrzehnt des Kalten Krieges junge Muslime über Pakistan nach Afghanistan und in den Kampf gegen die Sowjetunion geschleust.

Nach der Operation Desert Storm, dem 1991 von den USA geführten Krieg gegen den Irak, und der zeitweisen Stationierung von US-Truppen auf der Arabischen Halbinsel war bin Laden zum erklärten Gegner Washingtons geworden und sah in den USA den gefährlichsten Feind des Islam. 1996 fand er mit seinen engsten Gefolgsleuten Unterschlupf in Afghanistan. Die USA versuchten vergeblich, ihn dort zu liquidieren oder zumindest entführen zu lassen, hatte doch die Führungsgruppe der al-Qaida 1998 die verlustreichen Anschläge auf die US-Botschaften in Kenia und Tansania sowie den Angriff auf die USS Coles im Hafen von Aden im Jahr 2000 geplant und durchführen lassen.

Am 12. September 2001 rief der NATO-Rat in Brüssel zum ersten und bisher einzigen Mal den Bündnisfall aus. Die anschließenden Weichenstellungen der US-Regierung boten dann allerdings ein verwirrendes Bild. Am 21. September 2001 verkündete Präsident George W. Bush den „Global War on Terror“. Er sollte, so der amerikanische Präsident, erst mit dem Sieg über die letzte, weltweit handlungsfähige Terroristengruppe enden. Dann bezeichnete George W. Bush am 29. Januar 2002 den Irak, den Iran und Nordkorea als „Achse des Bösen“, als die gefährlichsten Terroristen der Welt, obwohl kein einziger der an den Anschlägen vom 11. September 2001 direkt Beteiligten aus einem der drei genannten Staaten kam. Am Tag, als der US-Kongress der Kampfansage an die „Achse des Bösen“ stehend applaudierte, befanden sich die Anführer der al-Qaida und das Spitzenpersonal des 1996 von den Taliban gegründeten „Islamischen Emirats Afghanistan“ vermutlich schon in Pakistan. Nicht die „Achse des Bösen“ hatte das Taliban-Regime anerkannt und unterstützt, sondern Pakistan, Saudi-Arabien und die Vereinigten Arabischen Emirate.

Vor diesem Hintergrund beschloss die internationale Afghanistan-Konferenz auf dem Petersberg bei Bonn im Dezember 2001 ein ehrgeiziges Programm. Der Wiederaufbau des von Krieg und Bürgerkrieg zerstörten Landes sollte neben dem entschlossenen Kampf gegen den Terrorismus zur gemeinsamen Priorität der internationalen Staatengemeinschaft werden. Aber seit dem 11. September 2001 verlangten in Washington jene Zirkel, die schon in Fragen der NATO-Osterweiterung meinungsbildend gewirkt hatten, vor allem einen Angriffskrieg gegen den Irak. Zu den Wortführern gehörten das Project for the New American Century (PNAC) und das American Enterprise Institute (AEI). Schon Anfang 1998 hatten Mitglieder und Förderer des PNAC in einem Brief an US-Präsident Bill Clinton eine Militäraktion gegen den Irak gefordert. Nach der juristisch umstrittenen Präsidentschaftswahl im November 2000 waren Persönlichkeiten aus diesem Umfeld in Spitzenpositionen der US-Regierung eingerückt. Sie wollten einen Regimewechsel im Irak mit militärischen Mitteln und setzten ihren Willen durch. Im Frühjahr 2003 marschierte eine „Koalition der Willigen“ in den Irak ein, um die – wie sich später herausstellte – nicht vorhandenen Massenvernichtungswaffen Saddam Husseins zu zerstören und den irakischen Machthaber zu stürzen. Afghanistan war für einige Jahre zum Nebenkriegsschauplatz geworden.

Die Bundesregierung unter Bundeskanzler Gerhard Schröder, die den USA unmittelbar nach den Anschlägen vom 11. September „uneingeschränkte Solidarität“ zugesichert und ihre Zusage im Rahmen des deutschen Afghanistan-Engagements auch eingehalten hatte, weigerte sich, am Irak-Krieg teilzunehmen. Sie wollte „nicht für Abenteuer“ zur Verfügung stehen. Danach begann für die deutsche Botschaft in Washington eine schwierige Zeit. Sie sah sich dem geballten Druck von Administration und Kongress, von Medien und Öffentlichkeit gegenüber und bewies, dass zum Mehrwert der Diplomatie auch eine klug informierende, politisch ausgerichtete Öffentlichkeitsarbeit gehört. Trotzdem ist die deutsche Weigerung, am Irak-Krieg teilzunehmen, bis heute in der amerikanischen Hauptstadt nicht vergessen.

Ich war in dieser kritischen Phase bereits in Berlin und hatte Gelegenheit, meine Washingtoner Erfahrungen zu Papier zu bringen. Die möglichen Folgen der amerikanischen Intervention im Irak fasste ich im Herbst 2002, mehrere Monate vor dem Marsch nach Bagdad, anlässlich einer Veranstaltung im Deutschen Bundestag wie folgt zusammen: „Eine Zerstückelung des Irak erscheint unwahrscheinlich. Allerdings werden mit Blick auf die innere Ordnung des Landes gelegentlich düstere Prognosen laut. Wer die Balkankriege vor Augen hat, der blickt nicht ohne Grund und mit ernster Sorge vor ungezügelter Gewalt auf die unterschiedlichen ethnischen und religiösen Gruppen des Landes."

Zum Hindukusch

Die folgenden drei Jahre widmete ich mich mit einem Team junger, hoch motivierter Kolleginnen und Kollegen der Entwicklung in Afrika südlich der Sahara. Besuche in der Region der Großen Seen und in der Republik Kongo vermittelten deprimierende Einsichten. Erschütternd waren Berichte über Massenvergewaltigungen von Frauen und Mädchen in Bunya, im Nordosten des Kongo. In Regierung und Parlament fand die Wirklichkeit unseres Nachbarkontinents nur wenig Widerhall. Auch die sich abzeichnende ökonomische Durchdringung Afrikas durch die Volksrepublik China fand kaum Beachtung. Unter dem Schlagwort „Armutsbekämpfung" traten entwicklungspolitische Routine und moralische Appelle an die Stelle politischer Analysen und Konzepte. Die Folgen beschrieb 2009 Botschafter Volker Seitz, ein vorzüglicher Kenner und guter Freund Afrikas, unter dem Titel „Afrika wird armregiert oder Wie man Afrika wirklich helfen kann". Das Buch wurde 2021 neu aufgelegt. Die Probleme sind die alten geblieben.

Die Versetzung als deutscher Botschafter nach Kabul im Jahre 2006 bedeutete für mich den Abschied von Afrika. Sie verband sich mit der Hoffnung, am Hindukusch einen sinnvollen Beitrag zum Wiederaufbau eines zerstörten Landes leisten zu können. Vorgeschaltet war im Herbst 2005 ein mehrmonatiger Einsatz als Leiter der deutschen Vertretung in Tadschikistan, durch das verdeckte Transitrouten für Opium und Heroin Richtung Europa führten. Deutsche Fachdienststellen und europäisches Geld unterstützten die tadschikischen Behörden im Kampf gegen den Drogenschmuggel.

Im November 2005 reiste ich von Duschanbe, der Hauptstadt Tadschikistans, über den Grenzfluss Amu Darya nach Süden. Mein erster Besuch in Kunduz, dem Zentrum deutscher Stabilisierungs- und Entwicklungsbemühungen in Nordafghanistan, vermittelte ein erstaunlich positives Bild. Die Bundeswehr hatte in der Nähe des Stadtzentrums ihre Zelte in einem großen Obstgarten aufgeschlagen, der zum ehemaligen Stützpunkt des geflüchteten Taliban-Gouverneurs von Kunduz, Arif Khan, gehörte. Die Menschen auf den Straßen und Märkten der Stadt wirkten freundlich und entspannt. Aber im vertraulichen Gespräch warnten kundige Beobachter davor, dem friedlichen Bild zu trauen. Sie erwarteten einen Umschwung im kommenden Frühjahr.

Tatsächlich hatte sich ein halbes Jahr später das Lagebild völlig verändert. Die erste Reise als Botschafter führte mich Anfang Juli 2006 nach Kunduz in das neue Feldlager der Bundeswehr. Es lag wie ein Wüstenfort in der Nähe des Flughafens über der Stadt. Zu diesem Zeitpunkt hatte die Sommeroffensive der Taliban bereits begonnen. Ihr Partisanenkrieg entfaltete sich, und eine Gewaltwelle rollte über Afghanistan. Landesweit verdoppelte sich im Vergleich zum Vorjahr die Zahl der Sprengstoffanschläge. Die Zahl der Selbstmordattentate stieg sogar um das Fünffache. Im Süden und Osten des Landes kam es zu schweren Gefechten.

Zu diesem Zeitpunkt leitete Ronald E. Neumann, ein hocherfahrener Berufsdiplomat, die amerikanische Botschaft in Kabul. Schon als Jugendlicher hatte er mehrere Jahre in Afghanistan verbracht, wo sein Vater als Botschafter diente. Am 29. August 2006 berichtete Neumann nach Washington: „We are not winning in Afghanistan." Die meisten seiner westlichen Kollegen teilten diese Einschätzung. Sie unterrichteten ihre Hauptstädte entsprechend.

Vergebliche Warnungen

Aber weder in Washington noch im NATO-Hauptquartier waren Warnungen aus Kabul willkommen. Auch im Berliner Regierungsviertel war die Neigung spürbar gering, kritische Stimmen zur Lageentwicklung am Hindukusch anzuhören. Der Vorschlag, konzeptionelle Konsequenzen zu ziehen und im NATO-Rat auf eine wirklichkeitsnahe Strategie zu drängen, wurde mit hochgezogenen Augenbrauen quittiert. Nur wenige Politiker erkannten wie Ministerpräsident Kurt Beck, der damalige Vorsitzende der SPD, oder Winfried Nachtwei, der unermüdliche Bundestagsabgeordnete von Bündnis 90/Die Grünen, den Ernst der Lage. Die zuständigen Bundesministerien aber verfassten für die Öffentlichkeit weiter optimistische Fortschrittsberichte. Sicherlich gab es Fortschritte, vor allem in der Ausbildung für Frauen und Mädchen.

Aber die ermutigenden Entwicklungen in eng umrissenen Teilbereichen hatten keinen Einfluss auf die politische und militärische Gesamtlage. Sie verschlechterte sich von Monat zu Monat, obwohl die westlichen Interventionstruppen immer weiter verstärkt wurden. Schließlich übertraf ihre Zahl 2011 sogar die der am Hindukusch eingesetzten sowjetischen Soldaten in der Endphase des Kalten Krieges. Schrecklich war der 15. August 2007. An diesem Tag wurden bei einem Sprengstoffanschlag drei deutsche Polizeibeamte getötet und einer schwer verletzt. Sie waren für den Personenschutz des Verfassers zuständig gewesen. Auf dem Weg zum morgendlichen Schießtraining am Stadtrand von Kabul explodierte unter ihrem gepanzerten Fahrzeug ein Sprengkörper. Mario Keller, Jörg Ringel und Alexander Stoffels waren vorbildliche, von allen Botschaftsangehörigen geschätzte Freunde und Kollegen.

Der kostspielige und verlustreiche Krieg in den Bergen und Steppen Afghanistans endete erst im August 2021 unter katastrophalen Umständen. Das Ende mit Schrecken zeichnete sich allerdings schon Jahre vor dem Fall Kabuls ab. Im September 2015 wurde Kunduz nach dem Abzug der Bundeswehr kurzfristig von den Taliban überrannt. Drei Monate später inspizierte ich das ehemalige Bundeswehrlager und den nahegelegenen Flughafen. Ein Gang durch die Feldstellungen der afghanischen

Armee ließ keinen Zweifel daran, dass auch der nächste Angriff der Taliban erfolgreich sein würde. Ein Jahr später, im November 2016, musste das aus unerfindlichen Gründen in das besonders gefährdete Stadtzentrum von Mazar-e Scharif verlegte deutsche Generalkonsulat nach einem verheerenden Anschlag der Taliban in das Camp Marmal, das außerhalb der Stadt gelegene Lager der Bundeswehr, evakuiert werden. Schließlich wurde am 31. Mai 2017 das Kanzleigebäude der deutschen Botschaft in Kabul durch einen schweren Bombenanschlag völlig zerstört. Ihm fielen mehr als 150 Afghanen zum Opfer.

Gleichwohl vermittelten in Berlin Politiker und Politikerinnen weiter den Eindruck, Deutschland habe in Afghanistan einen tiefgreifenden gesellschaftlichen Wandel erfolgreich unterstützt. Noch am 23. Juni 2021 verkündete Außenminister Heiko Maas in der Aktuellen Stunde des Deutschen Bundestages, „die selbstbewusste afghanische Zivilgesellschaft" werde nach dem geordneten Abzug der NATO eine Rückkehr der Taliban an die Macht verhindern. Die Wirklichkeit sah anders aus: Im Juli und August 2021 gab es in Afghanistan außer wenigen mit den USA kooperierenden afghanischen Spezialeinheiten keine organisierten Kräfte mehr, die bereit waren, die Machtübernahme der Taliban zu verhindern. Trotz reichlich vorhandener Bestände an Waffen und Material fehlte in Afghanistan die Bereitschaft, ein nach fremden, westlichen Mustern errichtetes politisches und gesellschaftliches System zu verteidigen. Es brach wie ein Kartenhaus in sich zusammen.

Flammen am Horizont

Ein Jahr nach dem Fall Kabuls erfasst die Betrachtung ein düsteres Bild. Im Vergleich zur Ausgangssituation am Ende des Kalten Krieges hat sich die Bedrohungslage Europas dramatisch verschlechtert. Der russisch-ukrainische Krieg zerstört die Gebiete nördlich des Schwarzen Meeres. In Nordafrika, in der Sahelzone, am Horn von Afrika, im Nahen und Mittleren Osten und selbst auf dem Westbalkan schwelen Krisenherde. Der Flüchtlingsstrom Richtung Mitteleuropa erreicht das Ausmaß des Jahres 2015. Die Zerstörung der Pipelines in der Ostsee und Anschläge auf die Deutsche Bahn führen vor Augen, wie verwundbar die strategische Infrastruktur Deutschlands ist.

Die nächsten fünf bis zehn Jahre werden gefährlich, und es geht um mehr als nur die Ukraine. Spätestens seit der programmatischen Rede Präsident Bidens im Warschauer Königsschloss am 26. März 2022 ist klar, dass Europa mit einem langen Krieg rechnen muss. Solange Präsident Putin im Kreml regiert und große Teile der Ukraine in russischen Händen sind, wird Washington den Kampf Kiews aller Voraussicht nach politisch und militärisch unterstützen. Sein Ausgang ist ungewiss.

Dabei ist der russisch-ukrainische Krieg lediglich Teil des größeren Weltkonflikts, des globalen Hegemonialkampfes zwischen den USA und der Volksrepublik China. Zwar legte Washington in der ersten Jahreshälfte 2022 den operativen Schwerpunkt seiner Politik auf Europa und betonte seine Rolle als Entscheidungsträger in europäischen Angelegenheiten. Dennoch konnte an der Konzentration US-amerikanischer Politik auf China kein Zweifel bestehen. Das amerikanische Engagement in Europa und die Stellung als NATO-Führungsmacht werden in Washington als notwendige Voraussetzungen für eine aktive, gegen Peking gerichtete Politik betrachtet. In dieser Situation bleibt es die vorrangige Aufgabe internationaler Diplomatie, verantwortungsbewusst und gemeinsam dafür Sorge zu tragen, dass im historischen Rückblick das Ende des Kalten Krieges nicht den Beginn des Weges in den Dritten Weltkrieg markiert.

Klimaaußenpolitik – Rettet den afrikanischen Regenwald!

Die Zentralafrikanische Republik (ZAR), eigentlich idyllisch im Herzen Afrikas gelegen, östlich von Kamerun, nördlich des Kongo, westlich von Uganda und südlich des Tschad, gilt als das ärmste oder zweitärmste Land der Welt. Es wird leider immer wieder von blutigen Kämpfen zwischen konkurrierenden Volksstämmen, Räuberbanden oder Söldnertruppen erschüttert, die unter der Bevölkerung schlimmer wüten als alle Pandemien der jüngsten Zeit oder traditionelle Krankheiten wie die Malaria oder die Schlafkrankheit. Seine heute fast 5 Millionen Einwohner könnten theoretisch in einem friedlichen Paradies leben, denn das mit 600 000 Quadratkilometern riesige Land ist fast doppelt so groß wie die Bundesrepublik und bietet den Menschen genug Raum und mit seinem Anteil an 3 geographischen Zonen fast alles, was sie zum Leben benötigen: Von der Sahelzone im Norden über die Feucht-Savanne in der Mitte bis hin zum tropischen Regenwald im Süden weist es alle Vorteile der jeweiligen Vegetationszone und ihrer vielfältigen Fauna auf. Die Menschen könnten sich davon ernähren, und niemand müsste an Hunger sterben. Heute aber ist mehr als die Hälfte der Zentralafrikaner auf humanitäre und Lebensmittel-Hilfe angewiesen, die Lebenserwartung gilt als die niedrigste weltweit.

Als frühere französische Kolonie hing die ZAR und ihre überwiegend korrupte Oberschicht über Jahrzehnte hinweg bis in die jüngste Zeit hinein am Tropf Frankreichs, das mit seinen hier stationierten Truppen und Geheimdiensten für „Ordnung" sorgte und sich auch die strategisch wichtigen Bodenschätze wie Uran und Diamanten und Erlöse aus dem Tropenholz sicherte. Traurige Berühmtheit erlangte das Land in den späten Siebzigerjahren durch seinen bizarren „Kaiser" Bokassa, der es doch tatsächlich schaffte, dem französischen Präsidenten Giscard d'Estaing aus dem Amt zu verhelfen, indem er diesem bei seinen Staatsbesuchen in der ZAR als Geschenk ein paar wertvolle Diamanten ins Jackett schmuggelte, die dieser bei der Rückkehr zu „deklarieren“ vergass. Nicht nur Diamanten, sondern auch ähnliche Schätze des Landes wie Uran, Gold und Tropenholz riefen natürlich auch das Interesse der Amerikaner, Chinesen und schließlich auch russischer Söldner hervor. Heute wird das Land von Russland „beherrscht“, das nicht nur den Staatshaushalt praktisch komplett finanziert und das Militär organisiert, sondern auch durch einen militärischen Präsidentenberater in der Staatsspitze mitregiert.

Was für ein Interesse hat denn Deutschland an diesem Land? Das musste ich mich fragen, als ich 1991 mein Amt als deutscher Botschafter antrat. Immerhin war Deutschland damals mit rund 20 „Entwicklungshelfern“ vertreten und auch die Religionsgemeinschaften entsandten immer wieder junge „Missionare“, ein Zeichen, dass die „Demarkationslinie“ , die zwischen dem von Norden her vordringenden Islam und den christlich orientierten Religionsgemeinschaften im Süden quer durch das Land von Westen nach Osten verlief, sich langsam, aber markant weiter nach Süden verschob. Frankreich, die USA, Japan, Russland, Ägypten und sogar Taiwan waren mit Botschaften in der Hauptstadt Bangui vertreten und leisteten „Entwicklungshilfe“, bauten Straßen, Schulen und Krankenhäuser, bohrten Brunnen, boten medizinische Hilfe und sandten „Regierungsberater“. Auch verschiedene UN-Organisationen hatten Vertretungen in Bangui. Jeder, der aber Augen hatte zu sehen, erkannte bald die Vergeblichkeit dieser Bemühungen. Die meisten der von den „Gebern“ errichteten Sandpisten wurden nicht langfristig gepflegt und in der Regenzeit entstanden riesige Rinnen, die sie bald wieder unbefahrbar machten. Die Brunnen lieferten bald kein sauberes Wasser mehr. Die Schüler auf dem Land hatten keine Hefte oder Stifte, geschweige denn Lehrbücher. Den Krankenhäusern fehlten unter anderem die Medikamente, die, in großen Plastiktüten gemischt wie bunte Smarties, auf dem Markt verkauft wurden, ohne dass Käufer und Verkäufer wussten, was es war. Verpackungen und Beizettel waren nicht existent.

Traurig stimmte mich auch die Arbeit der deutschen „Regierungsberater“ der GTZ, die durchaus guten Willens waren und über erhebliche Mittel verfügten. Sie saßen oft im „Vorzimmer“ des jeweiligen Ministers und mussten eben auch manches Spiel mitspielen. Zum Umweltgipfel der UNO nach Rio wollten natürlich möglichst viele Minister und Repräsentanten (ich schätze ein gutes Dutzend) aus der ZAR reisen. Es war der deutsche „Regierungsberater“, der den Herrschaften den Flug nach Rio (mit ausgiebigen „ Zwischenstopps“ in Paris oder Südafrika) und den Aufenthalt dort aus den deutschen Entwicklungshilfegeldern bezahlte. Und da er selbst auch etwas davon haben wollte, finanzierte er auch noch seine eigene Reise nach Rio, um immer auch vor Ort „ansprechbar“ zu sein.

Im Finanzministerium saß ein deutscher „Berater“ mit dem Auftrag, dort ein Computerprogramm zu entwickeln, mit dem die kaum vorhandenen zentralafrikanischen Finanzen berechenbar gemacht werden sollten. Sein Problem war nur, dass in Bangui der Strom fast täglich für einige Stunden ausfiel und damit auch das Funktionieren von Computerprogrammen zusätzlich vereitelte. Auch die einzige zentralafrikanische Tageszeitung hatte mit diesem Problem zu kämpfen und erschien daher eher in unregelmäßigen Abständen. Immerhin druckte sie mangels eigener Texte dann gerne seitenweise das ihr von der deutschen Botschaft zur Verfügung gestellte französischsprachige Material von Inter Nationes, einer damals noch existierenden deutschen Kulturmittlerorganisation.

Mit den Kollegen der anderen Botschaften lief das „übliche diplomatische Geschäft“. Man traf sich, tauschte Einschätzungen der politischen und wirtschaftlichen Situation aus, prüfte Evakuierungspläne für den Fall eines Putsches, einer „Revolution“ oder einer sonstigen Notsituation. Mit Frankreich und den anderen „Gebern“ wurde besprochen, wie man den seit 12 Jahren regierenden Militärmachthaber, Präsident Kolingba, zur Abhaltung demokratischer Wahlen „bewegen“ konnte, ein eher zähes Unterfangen. Die „Geberländer“ mussten auch hierfür die Wahlurnen, den Druck der Stimmzettel und die Spezialtinte für die Fingerabdrücke der Wähler finanzieren. Leider hat der dann demokratisch gewählte neue Präsident das Land noch mehr ausgebeutet als sein miltärischer Vorgänger oder auch Kaiser Bokassa.

Durch einige Zufälle fand ich schließlich ein Betätigungsfeld, das heute als Klimaaußenpolitik ein wichtiger Teil der Diplomatie geworden ist, damals aber noch Neuland war. Die Frau des amerikanischen Botschafters stellte mir eines Tages Andrea Turkalo vor, eine Wissenschaftlerin aus den USA, die sich damals schon und bis heute mit den Waldelefanten im tropischen Regenwald der ZAR beschäftigte, sie beobachtete und zählte, ihre Wanderungen quer über alle Ländergrenzen von Kamerun bis in den Kongo verfolgte und zusammen mit dem WWF versuchte, die nach Elfenbein gierenden Wilderer von der Schutzzone fernzuhalten. Sie lebte bis 2017 über 30 Jahre lang allein in einer Hütte mitten im Regenwald in der Nähe einer Lichtung, an der sich täglich einige Dutzend Waldelefanten sammeln, um sich dort mit wichtigen Mineralien zu versorgen. Internationale Tierschutzorganisationen haben in der Lichtung eine Beobachtungsplattform errichtet, von der aus man weitgehend unbemerkt die Elefanten beobachten kann. Auch Tiefland-Gorillas, Flusspferde, Antilopen und Papageien zählen zu der reichen Fauna des Gebietes.

Die drei Länder Kamerun, Kongo und ZAR hatten schon zugestimmt, ein gemeinsames trinationales Schutzgebiet einzurichten, das die Tiere und den tropischen Regenwald schützen sollte. Leider fehlen der Regierung der ZAR bis heute die notwendigen Mittel und das politische Interesse, um diesen Schutz effektiv zu gewährleisten. Der Südteil der ZAR ist Bestandteil des von tropischem Regenwald zusammenhängend bedeckten „Kongobeckens", das mit 1,7 Millionen Quadratkilometern vom Umfang und von seiner klimatischen Bedeutung her zweitgrößte Regenwaldgebiet nach dem Amazonasbecken in Südamerika mit 6,7 Millionen Quadratkilometern. Es zählt zu den wichtigsten Ökoregionen der Welt, bindet Unmengen von CO2, verfügt über eine noch lange nicht komplett erforschte Fauna und Flora.

Die Schilderungen der jungen Wissenschaftlerin waren denn auch ein Grund mehr für eine Dienstreise in das 500 km von der Hauptstadt entfernte Gebiet, das nur mit Geländewagen und nach einer 11-stündigen holperigen Fahrt über von teilweise tiefen Gräben durchfurchte staubige Pisten zu erreichen war. Immerhin gab es in dem Städtchen Bayanga eine Übernachtungsmöglichkeit. In dem Ort hatte sich Ende der Achtzigerjahre eine jugoslawische Firma mit einem Sägewerk für Tropenholz niedergelassen, das in seiner Hochzeit über 300 Personen beschäftigte. Unter dubiosen Umständen war es nach einigen Jahren in Konkurs gegangen und stand seither still. Es gab aber immer wieder Gerüchte um libanesische und chinesische Interessenten. Umweltschutzorganisationen versuchten, die Regierung in Bangui zu überzeugen, keine weiteren Lizenzen zum Betrieb des Sägewerks zu vergeben. Vor Ort musste die Bevölkerung überzeugt werden, indem man möglichst viele der verloren gegangenen Arbeitsplätze dadurch ersetzte, dass man die Menschen zu Rangern ausbildete und einen sanften Tourismus organisierte, der für die Bevölkerung Einkommen generieren sollte.

Die Eindrücke vor Ort, die Gespräche mit Andrea Turkalo und anderen, meist amerikanischen und niederländischen Aktivisten, ein Besuch in der Lichtung bei den Waldelefanten, die Teilnahme an einer Exkursion mit den Pygmäen hatten bei mir schließlich genug Stoff zum Nachdenken und Handeln hinterlassen. Die für ihre Kleinwüchsigkeit bekannten indigenen Pygmäen lebten und leben ihr autarkes halbnomadisches Leben schon seit Jahrtausenden im tropischen Regenwald des Kongobeckens und ernähren sich von den Früchten und Tieren des Waldes. Der Kontakt mit der „Zivilisation“ hat aber auch sie schon erheblich dezimiert. Sie verdingen sich teilweise bei anderen afrikanischen Stämmen als „Sklaven“ und kommen mit Alkohol und Krankheiten in Kontakt, die ihr Leben zerstören.

Ein besonderes Erlebnis war es, zu hören, wie 15 Pygmäen auf dem Dach des Geländewagens der Botschaft auf dem Weg zu einer traditionellen Jagd mit selbstgemachten Netzen plötzlich einen geradezu himmlischen mehrstimmigen Gesang anstimmten. Ich konnte nun Louis Sarno besser verstehen, der als amerikanischer Musikologe so von dieser polyphonen Musik angezogen worden war, dass er 30 Jahre lang mit den

Pygmäen der ZAR lebte und dort ihre Gesänge für die „Ewigkeit" aufzeichnete. Sein Leben mit den Baka-Pygmäen hat er in einem Buch festgehalten, das auch auf Deutsch erschienen ist. Titel: „Der Gesang des Waldes – mein Leben bei den Pygmäen", erschienen 1993 beim Carl Hanser Verlag, 1996 auch als Taschenbuch bei dtv. 20 Jahre später hat der Berliner Filmemacher Michael Obert 2013 einen Film mit Sarno gedreht, der seinen Pygmäen-Sohn mitnimmt auf eine Reise nach New York. Der Film trägt den englischen Originaltitel des Buches von Sarno: „Song from the forest", hat aber mit dem Buch sonst wenig gemein. Newsweek widmete Louis Sarno am 18. April 2015 in einem Artikel von Howard Swains fünfundzwanzig Seiten: „Inside the world of Louis Sarno, the Pygmy chief from New Jersey". Die UNESCO hat die einmaligen Musik der Pygmäen 2008 in die Liste des immateriellen Weltkulturerbes eingetragen.

Doch zurück zu meinem Besuch in Bayanga und der Region Dzanga-Sangha in 1991. In Deutschland hatte sich bis dahin kaum jemand für das Land, geschweige denn für die Probleme um die Erhaltung des Regenwaldes in Zentralafrika interessiert. Unsere offizielle „Entwicklungshilfe" hatte damals noch andere Sorgen. Bis heute finden die spektakulären Brände und Rodungen des Amazonasbeckens bei Politik und Öffentlichkeit ein größeres Interesse. Es musste also darum gehen, ein Bewusstsein für die ökologische Bedeutung der Region in Afrika und ihre Gefährdung zu schaffen, sowohl bei uns als auch bei der Bevölkerung der ZAR.

Für die erste „Zielgruppe" gab es natürlich den traditionellen Weg der diplomatischen Kommunikation, die sogenannte „Berichterstattung" an die „Zentrale", damals in Bonn. Den Diplomaten ergeht es dabei oft ähnlich wie Auslandskorrespondenten der Medien, die auch täglich schöne Berichte über ihr Gastland verfassen, die nie gedruckt werden. Diese landen meist in der Ablage oder in unserem Fall in den „Akten". Man kann zwar das AA bitten, den ausführlichen Bericht an andere Ministerien oder Institutionen weiterzuleiten. Aber allzu oft fällt dies der institutionellen „Hektik“ der Zentrale zum Opfer. Es stand mir aber frei, einige Naturschutzorganisationen wie den WWF in Deutschland direkt anzuschreiben. Überrascht war ich aber dann doch, als ich nach wenigen Wochen einen Anruf vom Norddeutschen Rundfunk in Hamburg erhielt, mit dem mir der Besuch von einem Redakteur und einem Tierfilmer angekündigt wurde. Ulrich Nebelsiek und Jens-Uwe Heins waren beauftragt, eine einstündige TV-Dokumentation zu erstellen, die 1992/93 über Monate hinweg zeitversetzt in den verschiedenen dritten Programmen der ARD gezeigt wurde. „Rettet den Elefantenwald – Das Bayanga-Projekt in Zentralafrika“ war der Titel. Tatsächlich hatte der Film bei den deutschen Fernsehzuschauern einen durchschlagenden Erfolg. Das Interesse der Öffentlichkeit schlug sich auch in der Politik und den Organisationen nieder. In den Annalen des Bundestags findet sich 1996 das Projekt Dzanga-Sangha, wie es inzwischen heißt, in einer Antwort der Bundesregierung auf eine Kleine Anfrage lobend erwähnt (Bundestagsdrucksache 13/4707 vom 9. April 1996).

Der WWF Deutschland engagiert sich bis heute in dem Projekt des trinationalen Naturschutzparks und dem Dzanga-Sangha-Reservat rund um Bayanga. 2012 erklärte die UNESCO das Gebiet zum Weltnaturerbe. Zusammen mit dem WWF entwickelten wir damals die Idee, Menschen gegen eine Spende zur Erhaltung des Regenwaldes eine „Urkunde“ auszuhändigen, mit der sie symbolisch Pate eines Quadratkilometers des zentralafrikanischen Regenwaldes wurden. Die Urkunde war das „Dankeschön“ im Namen des Waldelefanten, des Gorillas, des Graupapageis, der Bongo-Antilope, unterzeichnet vom Geschäftsführer Naturschutz des WWF Deutschland.

Die Idee machte Schule: Die Bierbrauerei Krombacher griff sie 10 Jahre später auf und vermarktete ab 2002 einen Kasten Bier gegen 1 Quadratmeter zentralafrikanischen Regenwaldes, den die Brauerei schützen wollte. Günther Jauch machte kräftig Werbung für das Projekt. Heute schreibt Krombacher stolz auf seiner Webseite: „Unser Erfolg kann sich sehen lassen, denn mit der Unterstützung der Verbraucher weist der Kapitalstock unserer Regenwaldstiftung knapp 4 Millionen Euro aus.“

Laut Krombacher schützt die Stiftung zusammen mit dem WWF 97 Millionen Quadratmeter des zentralafrikanischen Regenwaldes.

Natürlich blieb in „Nörgeldeutschland“ die Kritik der Medien und der Neid der Konkurrenz nicht aus: „Saufen für den Regenwald“ meckerten die Medien, u. a. auch der Spiegel, und die Bier-Konkurrenz warf Krombacher Greenwashing vor. Der Fall ging sogar bis vor den Bundesgerichtshof, der Krombacher aber schließlich Recht gab.

Die zweite Zielgruppe, die Bevölkerung in der ZAR, war weit schwieriger zu erreichen. Warum sollte sie sich um den Regenwald kümmern, von dem es doch so reichlich gab? Warum wollen die Europäer und Amerikaner uns das Holz nicht schlagen lassen, das wir als Brennholz für unser tägliches Essen brauchen? Das Tropenholz ist ein Rohstoff, der uns Geld bringt. Warum sollen wir darauf verzichten, damit es euch in den Industrieländern gut geht? Auch die Bevölkerung vor Ort in Bayanga war nicht so leicht für den Schutz zu gewinnen, da die Elefanten gerne auch mal in ihre Gärten und Felder eindrangen, um sich an dem wohlschmeckenden Futter zu laben. Und die Pygmäen werden vor Ort oft verachtet und schlecht behandelt. Immerhin leisten die Umweltschutz- und Tierschutzorganisationen vor Ort durch die Ausbildung von Rangern und die Schaffung alternativer Arbeitsplätze bis heute glaubwürdige Überzeugungsarbeit.

Einen kleinen Beitrag zur Öffentlichkeitsarbeit konnte auch die deutsche Botschaft leisten: Das Bundespresseamt, das damals noch die finanziellen Mittel für die Öffentlichkeitsarbeit jeder einzelnen deutschen Botschaft in der Welt verwaltete, hatte bis dahin für kleinere Botschaften in Afrika einen Betrag von umgerechnet maximal 100 bis 200 Euro vorgesehen, die oft mangels Gelegenheit gar nicht ausgegeben werden konnten. Da kam unser Vorschlag, einen Fotowandkalender für das kommende Jahr zu produzieren, der in größerer Stückzahl an die Schulen der ZAR, an die Ministerien und an die Bevölkerung verteilt werden sollte, sogar sehr gelegen. Eine größere Summe wurde als Teilfinanzierung wohlwollend zugesagt. Danach aber begann für die kleine Botschaft in Bangui eine umfangreiche Kleinarbeit.

Weitere Sponsoren mussten gefunden werden, die Texte mussten in der Landessprache Sango und in der offiziellen Sprache Französisch verfasst werden. Zugute kam mir, dass Hans Sautter, ein guter Freund und hervorragender Fotograf, der u. a. auch für die Zeitschriften Geo und Stern arbeitete, für einige Monate nach Afrika kam und auch in der ZAR beeindruckende Fotos machen konnte. Auf seiner Webseite kann man unter dem Stichwort Regenwald bis heute einige seiner Fotos sehen, die teilweise auch in dem Kalender Verwendung fanden (hans-sautter.com).

Anhand dieser Fotos wollten wir der zentralafrikanischen Bevölkerung erklären, warum ausgerechnet wir „ihren" Wald retten wollten, und warum dieser Wald so wichtig für den Rest der Welt war. Ein Foto einer Frau, die auf ihrem Kopf ein schweres Bündel Brennholz nach Hause trug, sprach die Alltagserfahrung der Menschen an: Rund um Bangui waren schon große Gebiete abgeholzt oder durch Brandrodung zerstört worden, sodass die Frauen täglich immer weitere Wege, oft viele Kilometer, zurücklegen mussten, um überhaupt noch Brennholz zu finden. Für kurze Zeit konnten die durch Brandrodung gewonnenen Flächen für den Anbau von Maniok genutzt werden. Aber nach wenigen Jahren waren die Böden durch den tropischen Regen ausgewaschen und nutzlos geworden. Übrig blieben meist nur noch meterhohe Termitenhügel aus braunem Lehm. Mit einfachen Merksätzen auf Französisch und Sango versuchten wir, in dem Wandkalender jedem Monat ein Motto zu geben, das die Lehrer mit den Kindern in den Schulen einüben und diskutieren konnten. Auch in den Büros der Verwaltungen und in Versammlungsräumen sollte das Thema Anlass zum Nachdenken oder auch Palavern geben.

Neben der redaktionellen und pädagogischen Arbeit, in die auch fast alle Mitarbeiter der Botschaft, einschließlich Sekretärin, Übersetzer und privater Sango-Lehrer eingespannt waren, musste jede Menge technischer Probleme überwunden werden. Die Druckerei in Bangui, die schon mit dem Druck der Tageszeitung überfordert war, war nicht in der Lage, qualitativ hochwertige Fotos zu drucken. Also mussten wir auf eine Druckerei in Bonn „ausweichen“ , die wiederum in langen Telefonaten zwischen Bonn und Tokio mit dem Fotografen Hans Sautter, der inzwischen wieder in seiner Wahlheimat Japan lebte, die genaue Farbgebung und das Layout abstimmte. Den für uns kostenlosen Transport der fertigen Kalender übernahm als Sponsor die Fluggesellschaft „Air Afrique“, die dafür auf jedem Monatsblatt mit ihrem Logo gewürdigt wurde.

Ich selbst habe die Verteilung der Kalender nicht mehr erlebt. Dafür ist so ein Botschafterleben auf Zeit eben auch viel zu kurz. So musste mein Nachfolger mit meiner „Hinterlassenschaft“ weiterarbeiten. Den fliegenden Wechsel kennen die Diplomaten ja nur zu gut. Er sichert aber auch eine gewisse Kontinuität und Nachhaltigkeit der Arbeit der Botschaften.

Was hat das Abenteuer Regenwaldrettung gebracht?

Zum einen das Engagement vieler Bürger in Deutschland, die seit 20 Jahren und noch immer „saufen für den Regenwald“. Die Krombacher Brauerei hat sich, über ihre Regenwaldstiftung hinaus, auch in weiteren Projekten in Asien engagiert. Der WWF Deutschland ist weiterhin in der ZAR aktiv. Die ZAR profitierte von der zunehmenden internationalen Bekanntheit des Projekts. Die Regierungen von Deutschland und Frankreich finanzieren inzwischen gemeinsam mit der Regenwaldstiftung einen Fond zur Unterstützung des Reservats. Es bestehen gute Aussichten, dass auch nach den Rückschlägen der Jahre 2013 und 2014 das Schutzgebiet Dzanga-Sangha erhalten bleibt. Langsam kommen auch die Touristen zurück, die durch die Massaker abgeschreckt waren. Ich selbst habe einen tiefen Einblick in die Problematik jeder „Entwicklungshilfe“, „Hilfe zur Selbsthilfe“ und der Umweltdiplomatie gewonnen. Diese Aufgaben sind nur durch ein langfristiges Engagement über mehrere Generationen hinweg zu lösen, wenn sie nachhaltig sein sollen.

Wie sieht es heute in der Region aus?

Die blutigen Kämpfe und Massaker in der ZAR 2013 und 2014 zwischen dem muslimisch dominierten Seleka-Milizenbündnis und den Anti-Balaka hatten auch das Regenwaldschutzgebiet Dzanga-Sangha nicht unberührt gelassen. Andrea Turkalo, Louis Sarno und viele Mitarbeiter der internationalen Organisationen mussten in letzter Minute aus der ZAR in den Kongo fliehen und weiter in ihre Heimatländer. Die Aufständischen bzw. Profiteure der Unruhen haben wohl 26 der rund 3000 Waldelefanten getötet und sich des Elfenbeins bemächtigt. Es wird Jahrzehnte dauern, bis die Elefantenpopulation sich von diesem Massaker erholt haben wird. Immerhin konnte Andrea Turkalo zurückkommen an ihren „Arbeitsplatz" an der Elefantenlichtung. Laut Spiegel (vom 31. Juli 2017) musste sie aber die ZAR auf Druck der ZAR-Regierung 2017 nach 32 Jahren endgültig verlassen. Louis Sarno ist leider inzwischen verstorben.

Wer sich ein drastisches Bild von der Wilderei während der Unruhen und ihren Auswirkungen machen möchte, dem sei der ausführliche Artikel von Peter Canby im New Yorker vom 11. Mai 2015 empfohlen: „Letter from Central Africa: Elephant Watch".

Der Regenwald hat auch diese Katastrophe überlebt und dürfte sich erholen, wenn man ihn in Ruhe lässt. Die Gefahren für Mensch und Natur sind nicht weniger geworden. Es gibt aber ein wachsendes Bewusstsein für die Bedeutung dieses Naturerbes für das Überleben der gesamten Menschheit. Junge engagierte Menschen in den Industriestaaten versuchen auf ihre Weise, ökologisch global verantwortlich zu handeln. Die Pioniere in der ZAR können sie sich zum Vorbild nehmen.

Dokumente und Quellen

1993 NDR-TV Dokumentation von Ulrich Nebelsiek und Jens-Uwe Heins: Rettet den Elefantenwald. Das Bayanga-Projekt in Zentralafrika, Transtel 1993

1993 Louis Sarno: Song from the forest, Deutsch: Der Gesang des Waldes – Mein Leben bei den Pygmäen. Carl Hanser Verlag

2013 Film: Song from the Forest. Film von Michael Obert,

18.04.2015 Howard Swains in Newsweek: „Inside the world of Louis Sarno, the Pygmy Chief from New Jersey"

11.05.2015 Peter Canby in New Yorker: „Letter from Central Africa: Elephant Watch"

09.04.1996 Bundestagsdrucksache 13/4707: Antwort der Bundesregierung auf kleine Anfrage

31.07.2017 Winfried Schumacher im Spiegel: Waldelefanten-Wilderei in Afrika – Gier besiegt Liebe

27.01.2022 FAZ, Michaela Wiegel: „Die Europäer auf verlorenem Posten"

Fotos: www.Hans-Sautter.com

Unglück, Tod und historisches Gedenken in der Diplomatie

Der Erfolg diplomatischer Arbeit beruht in aller Regel auf nicht nachlassendem konsistentem Handeln und einem langen Atem. Die Früchte einer derart langfristig angelegten, respektvollen und geduldigen Arbeit können sich dann auch in unerwarteten Momenten zeigen. Ich möchte hier von der Solidarität in Not- und Unglücksfällen und von Gesten der Versöhnung bei Gedenkveranstaltungen zur Erinnerung an Tragödien der Vergangenheit erzählen.

Immer wieder habe ich solche positiven Momente erlebt. Dankbar habe ich dann von der Arbeit vieler vorangegangener Kolleginnen und Kollegen profitiert, die dazu beigetragen hatten, enge Beziehungen auf Regierungsebene und zwischen den Zivilgesellschaften unserer Länder und Gesellschaften entstehen zu lassen.

Solidarität in Not- und Unglücksfällen zu zeigen, ist auch in den zwischenstaatlichen Beziehungen wichtig. Auch kleine Gesten der Anteilnahme entfalten große positive Wirkung. Ich habe dies hautnah gespürt, z. B. als die Bundeskanzlerin nach den terroristischen Anschlägen in Paris im Januar 2016 neben anderen Staats- und Regierungschefs an der Seite des französischen Staatspräsidenten ihre Solidarität mit dem zutiefst getroffenen Frankreich zeigte oder bei der Reise des deutschen Außenministers nach Israel während des Israel-Hamas-Kriegs im Mai 2021.

Unglück und Tod in den französischen Alpen

„In der Not zeigen sich die wahren Freunde." Um mich an diesen Satz zu erinnern, hatte der frühere französische Staatspräsident Valéry Giscard d'Estaing Ende März 2015 keine Mühe gescheut, um mit mir, die ich mich in einer abgelegenen französischen Bergregion ohne stabilen

Handy-Empfang aufhielt, in telefonischen Kontakt zu treten. Was war geschehen?

Am 24. März 2015 war ein Flugzeug der deutschen Fluggesellschaft Germanwings auf dem Weg von Barcelona nach Düsseldorf abgestürzt. Alle 150 Passagiere, davon 75 deutsche Staatsangehörige, kamen ums Leben. Der crash erfolgte im französischen Département Alpes-de-Haute-Provence ca. 200 km von Marseille. Der Co-Pilot hatte die Maschine bewusst in einen Sinkflug gebracht. Er wollte sich das Leben nehmen und alle Passagiere mit sich in den Tod reißen. Die Absturzstelle war absolut unzugänglich. Das Flugzeug war frontal gegen das Felsmassiv des Berges geflogen. Alles war vollständig zerstört worden.

Als sich die Katastrophe ereignete, befand ich mich in einem Routine-Pressehintergrund-Gespräch zu einer Fülle aktueller finanz- und europapolitischer Fragen, zu denen erhebliche Meinungsverschiedenheiten zwischen Berlin und Paris bestanden, in der Residenz der deutschen Botschafter, dem Palais Beauharnais, in Paris. Gegen Ende dieses Pressegesprächs konfrontierte einer der Teilnehmer mich mit einer Nachricht auf seinem mobilen Telefon und der Frage, was eine deutsche Botschafterin im Falle des Absturzes eines deutschen Flugzeugs in Frankreich zu tun gedenke. Ich antwortete ihm, dass die Botschafterin sogleich zur Unglücksstelle eilen werde, um dort Opfern, Überlebenden und Angehörigen konsularische Hilfe zu leisten.

Bei dieser Antwort war mir die Realität des Unglücks noch nicht bekannt. Ich wusste nicht, dass die Unglücksstelle unzugänglich war, dass sie sich an einer nahezu senkrechten Felswand in den französischen Westalpen befand, dass sie allenfalls mit einem Hubschrauber, jedenfalls nicht mit den mir zur Verfügung stehenden Mitteln erreichbar war.
In dieser Situation kam mir mein gutes professionelles Netzwerk zu Hilfe.

In meinem Bemühen um eine eilige Reisemöglichkeit in die Nähe des mehrere Autostunden von Paris entfernt gelegenen Unglücksorts erreichte mich ein Anruf des damaligen französischen Innenministers Bernard Cazeneuve. Das schwere Unglück habe ihn zutiefst schockiert. Seine Trauer gelte den Opfern und gelte Deutschland. Frankreich stehe in diesem Moment der Trauer an der Seite von Deutschland. Er werde sofort mit einem Militärhubschrauber zur Unglücksstelle fliegen und lade mich ein, ihn zu begleiten. Er unterstrich, dass andere Optionen, sich ein Bild von der Unglücksstelle zu machen, nicht bestünden.

Als Botschafterin hatte ich mit Minister Cazeneuve freundschaftliche Beziehungen aufgebaut, als er unmittelbar nach Bildung der Regierung von Präsident Hollande im Mai 2012 beigeordneter Minister für Europaangelegenheiten geworden war. Diese freundschaftlichen Kontakte zahlten sich jetzt aus. Mir fiel ein Stein vom Herzen. Weniger als zwei Stunden später war ich neben Innenminister Cazeneuve auf dem Weg zur Unglücksstelle, mit Pumps und Kostüm, so wie ich bei dem Pressegespräch gekleidet war, ohne Gepäck, in der Annahme, am Abend mit dem Minister nach Paris zurückzukehren. Es kam anders.

Die Bilder der Felswand, in die sich das Flugzeug mit voller Geschwindigkeit hineingebohrt hatte, bevor es in tausende Stücke zerbarst, werde ich nicht vergessen. Es waren nur noch kleine Teile des Flugzeugs zu sehen. Es gab keine intakten menschlichen Körper mehr. Alles war geradezu pulverisiert. Zugang zum Unglücksterrain war nur durch Abseilen aus einem Hubschrauber möglich.

Unser Hubschrauber landete auf einer Almwiese auf der Rückseite des Bergmassivs mit der Unglücksstelle. Er wurde von ersten Medienvertretern und von Bewohnerinnen und Bewohnern des Dorfes empfangen. Es war unmittelbar deutlich, welche gewaltige Herausforderung die Bergung der Opfer sein würde. Sie kamen aus 18 Ländern, aber die meisten waren Deutsche, darunter eine Schulklasse aus Nordrhein-Westfalen. Ihre sterblichen Überreste mussten geborgen werden. Eine Identifizierung war nur mithilfe von DNA-Vergleichen möglich.

Für Innenminister Cazeneuve und mich stand zunächst die Kommunikation im Vordergrund: Unzählige Telefonate, Gespräche mit verzweifelten Angehörigen von Opfern, Unterrichtung des umgehend eingesetzten Krisenstabs des Auswärtigen Amts und von Nothilfestellen, Ärzten, psychologischen Krisenteams, Interviews mit Medien, Gespräche mit den umliegenden Gemeinden, Organisation von Reisen von Angehörigen zum Unglücksort, Vorbereitung von Reisen der Bundeskanzlerin und von Vertretern des besonders betroffenen Bundeslandes Nordrhein-Westfalen in den darauffolgenden Tagen.

An eine abendliche Rückreise war für mich nicht zu denken. Innenminister Cazeneuve kehrte nach Paris zurück. Ich blieb in den nächsten vier Tagen und Nächten vor Ort, so gekleidet, wie ich angekommen war. Es war eine organisatorisch und emotional schwierige Aufgabe. Die Fluggesellschaft organisierte einen Transport aus Düsseldorf für Angehörige. Selbst in Tränen, habe ich mich bemüht, weinenden Eltern, Großeltern und Freunden menschlichen Halt zu geben und Antworten jedenfalls auf viele konsularische Fragen zu geben.

Aber in dieser dramatischen Situation wurde mir in überwältigender Weise Anteilnahme, Hilfsbereitschaft und Freundschaft von französischer Seite zuteil. Viele Menschen der kleinen Kommune auf der Rückseite des Unglücksortes haben beigetragen. Der Bürgermeister hat mir sein Büro und seinen Computer zur Verfügung gestellt, von den Bürgerinnen und Bürgern des kleinen Dorfes wurde warmes Essen, Obst, Kuchen und Kaffee gebracht. Sie haben aus eigener Initiative eine Trauerhalle, „chapelle ardente“, eingerichtet und eine würdevolle Stelle als Ort der Trauer und des Gebets errichtet. Sie haben mir und den vielen Hilfskräften Unterkunft in ihren Häusern gewährt. In unermüdlicher Hilfsbereitschaft und Mut für den gefährlichen Einsatz haben Hunderte von Hilfskräften in den Tagen nach dem Unglück bei der Bergung der Opfer und deren – wegen der Zerstörung der Körper – fast unmöglicher Identifizierung geholfen. Es war eine entsetzliche und gefährliche Arbeit. Alle haben mit vielen guten Worten und warmherzigen Umarmungen Trost gespendet.

Genau dies hatte mir Giscard d’Estaing mit seinem Anruf versichern wollen: Die deutsch-französische Freundschaft ist heute tiefverwurzelt in der Zivilgesellschaft. Das deutsch-französische Versöhnungswerk ist gelungen. „C’est dans l’adversité que se révèlent les vrais amis“: Nicht die tagtäglichen Meinungsverschiedenheiten, die ich in Paris und Berlin erlebte, machten heute die deutsch-französische Partnerschaft aus, so unterstrich er in seinem tröstenden Gespräch mit mir, sondern die Anteilnahme und Freundschaft, die Französinnen und Franzosen im ganzen Land in dieser Stunde des Unglücks zeigten und an die Seite der Deutschen rücken ließe.

Nach Monaten schwierigster Arbeit zur Identifizierung von Leichenteilen hat die Gemeinde des kleinen Orts Le Vernet auf ihrem Friedhof in einem Gemeinschaftsgrab schließlich noch die sterblichen Überreste aufgenommen, die keinem Opfer mehr zugeordnet werden konnten. Am 13. November 2015 hat der Bundespräsident in einer Zeremonie in Berlin französischen Helferinnen und Helfern mit der Verleihung des Bundesverdienstkreuzes für ihren Beistand in der Not und ihre Hilfe gedankt. „C'est dans l'adversité que se révèlent les vrais amis", sagte er in seiner Rede aus diesem Anlass.

Historisches Gedenken: Israel, Italien und Frankreich

Nicht nur bei dramatischen Unglücksfällen, wie in dem beispielhaft geschilderten, kann zwischenstaatliche Freundschaft plötzlich erfahrbar werden. Sie wird uns Deutschen in einem Kontext gewährt, der einem Wunder gleichkommt: Es sind gemeinsam wahrgenommene Gedenkveranstaltungen zu Tragödien der Vergangenheit, bei denen zu uns, die wir die historische Verantwortung dafür tragen, die Hand der Versöhnung und Freundschaft ausgestreckt wird.

Die Organisation von und die Teilnahme an Veranstaltungen zur Erinnerung an den Zivilisationsbruch der Schoa und die schweren Verbrechen während des Nationalsozialismus und des Zweiten Weltkriegs sind ein erhebliches Element der Arbeit deutscher Botschaften. Das betrifft in erster Linie die deutsch-jüdisch-israelischen Beziehungen und die europäischen Länder, die unter deutscher Besatzung gelitten haben. Die auf der deutschen Verantwortung für den Holocaust beruhende Einzigartigkeit der deutsch-israelischen Beziehungen ist ein Eckpfeiler der deutschen Außenpolitik.

Es scheint paradox, dass heute Freundschaft gerade beim Erinnern der erbitterten Feindschaft und der deutschen Verbrechen von gestern sichtbar wird.

Über die Abgründe und das Grauen der Geschichte hinweg ist gemeinsames Erinnern und gemeinsames Gedenken mit Überlebenden und deren Kindern und Enkeln möglich geworden. Jede Gedenkveranstaltung, an der ich in der Zeit meines Dienstes für das Auswärtige Amt teilnehmen konnte, war zutiefst berührend. Die Gesten der Versöhnung waren überwältigend.

Israel seinerseits versteht sich als Träger und Beschützer der Erinnerung an den Holocaust und sieht in der Bewahrung der Geschichte der Schoa eine seiner außenpolitischen Prioritäten. „We will not allow the world to forget the depths of human cruelty executed by the Nazis and their collaborators", erklärte der israelische Präsident bei einer Veranstaltung zur Erinnerung an die Schoa. Die Geschichte der Schoa bildet den Hintergrund aller deutsch-jüdisch-israelischen Beziehungen. Dass Deutschland die historische Verantwortung für die Schoa akzeptiert hat und sich in seiner gesamten Außenpolitik einer besonderen Verantwortung für die Sicherheit des Staates Israel verpflichtet sieht, hat die Entwicklung vertrauensvoller und freundschaftlicher Beziehungen ermöglicht.

Die besondere Wärme und Herzlichkeit, die Deutschen heute in vielen persönlichen Kontakten mit jüdischen und israelischen Gesprächspartnern zuteil wird, besteht nicht „trotz" der Schoa, sondern vielleicht „wegen" der Schoa, denn der Weg, den diese Gesprächspartner und Gesprächspartnerinnen zurückgelegt haben, war außerordentlich schwer und verlangte von ihnen Kraft, Mut und den Willen, Brücken zu dem neuen, anderen Deutschland zu bauen.

Nach meiner Versetzung 2018 als Botschafterin nach Israel habe ich gemeinsam mit meiner Tochter das deutsche Konzentrations- und Vernichtungslager Auschwitz-Birkenau besucht, wo wir mit großer Gastfreundschaft von der Direktion der Gedenkstätte und den Vertretern der Jüdischen Gemeinde des nahe gelegenen Krakau aufgenommen worden waren. Dennoch hat uns das dort Gesehene und Gehörte zutiefst erschüttert.

In Jerusalem war ich häufiger Gast der großartigen nationalen Forschungs- und Gedenkstätte Yad Vashem und an zahlreichen anderen Gedenkstätten im Land, an denen des deutschen Völkermords an den europäischen Juden erinnert wird.

Ein Höhepunkt in den deutsch-israelischen Beziehungen während meiner Amtszeit bildete die israelische Einladung an den deutschen Bundespräsidenten zur Teilnahme mit einer Rede an der Gedenkfeier zum 75. Jahrestag der Befreiung von Auschwitz in Yad Vashem im Januar 2020. Es war das erste Mal überhaupt, dass ein deutscher Bundespräsident in Yad Vashem neben den höchsten staatlichen Repräsentanten der ehemaligen alliierten Mächte und vor allem vor zahlreichen Überlebenden sprechen durfte. Überlebende des Holocaust, der Staat Israel und die israelische Gesellschaft haben einen sehr langen, schmerzhaften und schwierigen emotionalen Weg zurückgelegt bis zu dieser Einladung an Deutschland im Januar 2020.

Die offiziellen Anfänge der deutsch-jüdisch-israelischen Beziehungen wenige Jahre nach dem Ende der Schoa, das Luxemburger Abkommen 1952, das in Israel als Abkommen über „deutsche Zahlungen" und in Deutschland als „Abkommen zur Wiedergutmachung" bezeichnet wurde und die Aufnahme diplomatischer Beziehungen 1965, waren von heftigen innerisraelischen Demonstrationen begleitet. Führende israelische Politiker von heute, wie zum Beispiel der frühere Staatspräsident Reuven Rivlin, ein enger Freund des Bundespräsidenten, erinnern sich gut, wie sie unter denen waren, die gegen jedwede Kontakte und Verträge mit Deutschland auf den Straßen demonstriert haben. Freundschaftliche Beziehungen mit Deutschland waren für sie inakzeptabel und unvorstellbar. Ebenso wie die Anwesenheit von offiziellen Repräsentanten bei Gedenkveranstaltungen inakzeptabel und unvorstellbar war. Dies sollte insbesondere den Überlebenden keinesfalls zugemutet werden.

2008 hat die damalige Bundeskanzlerin Angela Merkel eine bemerkenswerte Rede vor den Abgeordneten im Plenarsaal der Knesset gehalten. Sie sagte: „Jede Bundesregierung und jeder Bundeskanzler vor mir waren der besonderen historischen Verantwortung Deutschlands für die Sicherheit Israels verpflichtet. Diese historische Verantwortung Deutschlands ist Teil der Staatsräson meines Landes. Das heißt, die Sicherheit Israels ist für mich als deutsche Bundeskanzlerin niemals verhandelbar." Inhalt und Sprache der Rede bildeten eine historische Wegmarke in den deutsch-jüdisch-israelischen Beziehungen.

Seine bewegende Rede in Yad Vashem im Januar 2020 leite der Bundespräsident ein mit den in hebräische Sprache gesprochenen Gebetsworten „Gepriesen sei der Herr, ... dass er mich heute hier sein lässt".

Als Diplomatin habe ich ebenso wie viele Kolleginnen und Kollegen an deutschen Auslandsvertretungen im Laufe der Jahre in offizieller Eigenschaft zahlreiche der furchtbaren Orte besucht, an denen während des Zweiten Weltkriegs unschuldige Menschen durch deutsche Hand Opfer von Verfolgung und Mord geworden sind. Überall ist die großzügige Zusammenarbeit mit Deutschland bei der Gestaltung der Mahnmale und bei der gemeinsamen Erinnerungsarbeit deutlich.

In beeindruckender deutsch-italienischer Zusammenarbeit ist zum Beispiel als eine der Initiativen einer unabhängigen, bilateralen Historiker-Kommission ein „Atlas nazistischer und faschistischer Verbrechen" erarbeitet und frei im Internet zugänglich gemacht worden. Wer Orte wie Marzabotto, Sant'Anna di Stazzema oder die Fosse Ardeantine, um nur einige wenige aus dem „Atlas" zu erwähnen, einmal besucht hat, wird sie nie mehr vergessen.

Als einen konkreten solcher Erinnerungsorte möchte ich vom französischen Oradour-sur-Glane berichten. Im September 2013 habe ich Joachim Gauck begleitet, der auf Einladung und gemeinsam mit dem französischen Staatspräsidenten Hollande als erster Bundespräsident Oradour-sur-Glane besucht hat. Dieser kleine Ort in der heutigen Region Nouvelle-Aquitaine und seine Bewohner wurden in Gaucks Worten in einem „barbarischen, in einem zum Himmel schreienden Verbrechen" vernichtet. Nur eine Handvoll überlebte.

Wir waren Gäste von einem von ihnen, Robert Hébras. 642 Frauen, Männer und Kinder, das jüngste acht Tage alt, sind ermordet worden. Robert Hébras war damals 19 Jahre alt. Seine Mutter, zwei Schwestern, alle Freunde und Nachbarn waren unter den Opfern. Robert Hébras erzählt, so lebendig wie nur jemand erzählt, der es selbst erlebte, von Oradour-sur-Glane an jenem sonnigen Samstagnachmittag, dem 10. Juni 1944, vier Tage nach der Landung der Alliierten in der Normandie.

Die im Dorf verbliebenen Bewohner, Ältere, Frauen, Kinder, auch einige Flüchtlinge, hatten bis zu jenem Tag ihr Landleben fortgesetzt, abseits der großen Kriegsereignisse, auch abseits von Aktivitäten der Resistance. Sie hatten keine Angst. Es gab für die Deutschen keinen „Grund", den Ort zu vernichten.

Die Ruinen des an jenem Tag von den deutschen Mördern völlig niedergebrannten Märtyrer-Dorfs Oradour-sur-Glane sind nach dem Krieg zum Erinnerungsort, zum Mahnmal, geworden. Wie einst der lebendige Ort mit seinen Steinhäusern, Gärten, seiner Bahnstation, dem Dorfplatz und der Kirche sich gleichsam auf dem Nacken des langgestreckten Hügels pittoresk hinzog, so sind heute dort die konservierten und vor dem Einsturz gesicherten Ruinen, mit den verkohlten Fahrrädern, Eisenbetten, Autowracks und landwirtschaftlichen Gerätschaften zu sehen.

Neben den Ruinen des alten ist bis heute ein neues Oradour aufgebaut worden.

Wie kann ein Überlebender weiterleben? Robert Hébras ist in Oradour geboren, aufgewachsen und dort geblieben. Er hat eine Familie gegründet, einen Beruf gewählt und Jahre ausgeübt, ohne über die Vergangenheit zu sprechen. Bemühungen um strafrechtliche Haftbarmachung der Täter vor französischen und vor deutschen Gerichten haben Robert Hébras schließlich den Anstoß gegeben, als Zeitzeuge zu sprechen.

Er erzählt dem deutschen und dem französischen Präsidenten, die Seit an Seit neben ihm durch die von Häuserruinen gesäumten Straßen des einstigen Oradour spazieren, wie die SS-Panzer-Division „Das Reich" auf dem Weg nach Norden zur Invasionsfront war. Sie verübte auf diesem Weg und in Erfüllung ihres Auftrags zu Repressionen gegen die

Resistance schwerste Kriegsverbrechen. Die Bewohnerinnen und Bewohner von Oradour wussten wohl nichts von dem Massaker am Vortag, Freitag, dem 9. Juni 1944, in Tulle, wo 99 willkürlich ausgesuchte, unschuldige Menschen als Repressalie gehängt worden waren.

Die Männer, Frauen und Kinder von Oradour leisteten jedenfalls an jenem Samstag 1944 den Befehlen der SS-Männer widerstandslos Folge. Sie hatten keine Angst, weil sie ja keinen Grund für Bestrafung gegeben hatten.

Robert Hébras erzählt, wie dann Männer und Frauen aufgeteilt wurden, die Frauen in die Kirche, die Männer in eine der Scheunen. Er erzählt, wie dann die Männer in der Scheune mit Gewehrsalven niedergemetzelt wurden, bis sich niemand mehr bewegte, und wie die Frauen in der verschlossenen Kirche bei lebendigem Leib verbrannt wurden. Er erzählt, wie die SS-Männer dann von Haus zu Haus gezogen sind, und eines nach dem anderen in Brand gesetzt haben, bis das ganze Dorf lichterloh brannte. Er erzählt, wie er angeschossen in der Scheune unter Toten lag und den Atem anhielt, um nicht Opfer der abschließenden, gezielten Todesschüsse zu werden. Er erzählt, wie die SS-Männer die Leichen mit Heu bedeckten und die Toten in Brand setzten. Nach vollbrachter Tat ist die SS-Division weitergezogen und hat die von ihr hinterlassene Blutspur weiter verlängert.

Die Angst, bei lebendigem Leib in der Scheune zu verbrennen, gab Robert Hébras die übermenschliche Kraft, sich von den über ihm liegenden Toten zu befreien und einen unbewachten Ausgang aus der Scheune zu finden. Ihm ist die Flucht gelungen.

Robert Hébras erzählt mit einfachen Worten, lebendig, als sei alles erst gestern gewesen, während der französische und der deutsche Präsident schweigend neben ihm gehen. Er erzählt faktenorientiert, ohne Anklagen. In der Ruine der Kirche stolpert er und wird von beiden Präsidenten gestützt. Daraus wird eine Umarmung der drei Männer, die heute diesen Besuch symbolisiert. Robert Hébras erwähnt sie auch in seinem 2014 veröffentlichten Buch „Avant que ma voix ne s'éteigne".

Unermüdlich steht Robert Hébras heute Schulklassen und Besuchern zur Verfügung. Er sieht es als seine Lebensaufgabe, an das Martyrium von Oradour zu erinnern, aber nicht um Hass zu säen. Es geht ihm darum, Frieden zu schaffen. Die deutsch-französische Versöhnung und das Friedensprojekt der europäischen Einigung sind ihm eine Herzensangelegenheit. Junge Menschen aus Deutschland sind ihm besonders willkommen. Er appelliert an seine Gäste, stets auf der Hut zu sein. Was einmal passieren konnte, kann auch ein weiteres Mal passieren.

Wie von Robert Hébras in Oradour werden deutsche Besucherinnen und Besucher auch an vielen anderen Erinnerungsorten in Europa von Überlebenden und Angehörigen der zweiten und dritten Generation empfangen und geführt. Ihnen allen geht es um die Aufrechterhaltung der Erinnerung, um das Gedenken an die Opfer und um Versöhnung.

Die Erinnerungsorte bleiben alle aktuell. Sie sind wichtig, um das unfassbare Ausmaß der verübten Verbrechen und Grausamkeiten vorstellbar zu machen, um mit Zeitzeugen zu sprechen, solange sie noch Zeugnis ablegen können, um die ganze Wahrheit über die Geschehnisse zu verbreiten. Sie sind wichtig im Kampf gegen Antisemitismus und um das Versprechen des „Nie wieder!" zu bekräftigen. Sie sind wichtig, um sich des „Wunders der Versöhnung" bewusst zu werden. Das Wissen um die Verbrechen müssen wir an die nach uns folgenden Generationen weitergeben. Es dient auch der Stärkung unserer freiheitlichen Demokratien, dass wir hier keine Wissensdefizite entstehen lassen.

Bundeskanzlerin Merkel betonte immer wieder die „immerwährende Verantwortung" der Deutschen, die Erinnerung an die Verbrechen der Nationalsozialisten wachzuhalten. In ihrer bereits erwähnten Knesset-Rede von 2008 sagte sie hierzu: „Heute ist es an uns, an meiner Generation, zusammen mit der jungen Generation das Bewusstsein für eine Erinnerungskultur zu wecken – eine Erinnerungskultur, die auch dann trägt, wenn die Überlebenden der Shoah nicht mehr unter uns sein werden. Natürlich gibt es dafür kein Patentrezept. Aber diese Herausforderung zu erkennen und sie anzunehmen – genau das ist der erste entscheidende Schritt, um zusammen mit der Jugend kreative Wege für eine Erinnerungskultur der Zukunft zu entwickeln."

Die deutschen Auslandsvertretungen spielen bei diesem Auftrag eine wichtige Rolle. Zusammen mit den Staaten, die heute enge politische und wirtschaftliche Partner geworden sind und mit denen wir unsere europäischen demokratischen, freiheitlichen und rechtsstaatlichen Werte teilen, und zusammen mit Menschen wie Robert Hébras in Oradour-sur-Glane können Diplomatinnen und Diplomaten in ihrer täglichen Arbeit dazu beitragen, eine gemeinsame zukunftsfähige Erinnerungskultur zu gestalten. Auch dies ist ein ebenso bedeutsamer wie unerlässlicher Mehrwert der Diplomatie.

Hinter den Kulissen der UNESCO

Auch für die UNESCO gilt die Frage Stalins: „Wie viele Divisionen hat der Papst?“.

Gegen rohe Gewalt kann die UNESCO (Organisation der Vereinten Nationen für Bildung, Wissenschaft und Kultur) wenig unternehmen.

Multilaterale, diplomatische Verhandlungen sind ein mühsames Geschäft. Sie verlangen Geduld, Fingerspitzengefühl, Vertrauen und eine gute Vernetzung. Nicht immer gelingt es jedoch, die widerstrebenden Interessen auf einem gemeinsamen Nenner zu vereinen. Zu unversöhnlich sind die Positionen. Und es gibt Situationen, in denen kein Konsens besser ist als ein fauler Kompromiss. Aber es dennoch zu versuchen, ist auch ein Mehrwert der Diplomatie. Dies möchte ich mit diesem Beitrag anhand meiner Erfahrungen bei der UNESCO zeigen.

Die meisten Außenstehenden verbinden die UNESCO mit dem Thema Welterbe. So gestand mir 2013 die damalige Bundeskanzlerin Angela Merkel, die zur Eröffnung der 5. UNESCO-Sportministerkonferenz in Berlin gekommen war, es sei ihr bislang unbekannt gewesen, dass sich die UNESCO auch mit Sport befasse. Sie habe geglaubt, sie beschäftige sich nur mit dem Welterbe.

Die UNESCO war 1945 von den alliierten Erziehungsministern gegründet worden. Das Erziehungswesen war der Kern des Mandats. „... since wars begin in the minds of men, it is in the minds of men, that the defences of peace must be constructed“ – so heißt es in der viel zitierten Präambel der Verfassung der UNESCO. Erziehung war daher immer auch Erziehung zum Weltfrieden.

Heute hat die UNESCO Konkurrenz von Entwicklungsorganisationen wie der Weltbank, insbesondere der International Development Association (IDA), des World Food Programme (WFP) und dem Kinderhilfswerk UNICEF, die deutlich mehr Geld für Bildung haben als die UNESCO. Die jährlichen Weltbildungsberichte interessieren hierzulande vor allem das Bundesministerium für wirtschaftliche Zusammenarbeit und Entwicklung (BMZ), da sie wertvolle Informationen über die Lage des Bildungswesens vor allem in der Dritten Welt enthalten. In Deutschland kennen und schätzen wir aber eher die von der OECD im dreijährigen Turnus herausgegebenen PISA-Studien, die auf die Bildungssituation in den Industrieländern, darunter auch Deutschland, fokussiert sind.

Kultur ist das zweite Aufgabengebiet der UNESCO und war von Anfang an mit dabei. Auch hier stand die internationale Verständigung im Vordergrund. Auf diesem Gebiet ist die UNESCO innerhalb des UN-Systems ohne Konkurrenz, weshalb sie in den Medien auch oft verkürzend als UN-Kulturorganisation bezeichnet wird.
Doch die UNESCO ist auch ein Ort politischer Konflikte. Wissenschaft und Information sind weitere wichtige Gebiete der UNESCO.

Heute denken wir bei politischen Themen vor allem an die Ukraine, die am 15./16. März 2022 Thema einer Sondersitzung des Exekutivrats der UNESCO war. Seit der russischen Besetzung der Krim im Jahre 2014 war die Lage der Kulturstätten, des Bildungswesen und der Informationsfreiheit auf der Krim ein regelmäßiger Punkt auf der Tagesordnung des Exekutivrats.

Während meiner Zeit als Stellvertreter des Botschafters (1997-2001), später auch als Botschafter bei der UNESCO (2012-2016) sowie dann als Vorsitzender des UNESCO-Exekutiverates (2015-2017) stand insbesondere der Nahostkonflikt im Fokus. In den Vereinten Nationen ist dies nicht unüblich. Auch im Sicherheitsrat in New York stehen Entscheidungen zum Nahostkonflikt im Fokus. Dort gehören sie allerdings auch hin.

Am 31. Oktober 2011 nahm die 36. Generalkonferenz der UNESCO mit großer Mehrheit Palästina als Mitgliedstaat in die UNESCO auf, während parallel dazu bei der UNO in New York noch über den Status von Palästina verhandelt wurde. Mit dem Beitritt verstärkten sich die Spannungen unter den Mitgliedstaaten. Es gelang immer weniger, gemeinsame Positionen zu finden, die den Nahen Osten betrafen.

Die USA stellten ihre finanziellen Beiträge an die UNESCO ein. Der in 2011 fällige Betrag der USA (22% des regulären Haushalts) wurde nicht mehr geleistet. Auch die sogenannten freiwillige Beiträge konnten nicht mehr überwiesen werden. Nach US- Gesetzgebung darf nämlich die Regierung kein Steuergeld an eine internationale Organisation überweisen, in der Palästina Mitglied ist. Dies gilt unterschiedslos für reguläre wie für freiwillige Beiträge. Nur eine Ausnahmegenehmigung des Kongresses, ein „waiver", hätte dies ändern können. Der UNESCO fehlte plötzlich rund ein Viertel ihres Haushalts. Stellen- und Programmabbau standen an.

Die USA und Israel traten schließlich 2018 aus der UNESCO aus.

Von August 2012 bis Juni 2016 war ich Ständiger Vertreter Deutschlands bei der UNESCO. Gleich zu Beginn meiner Amtszeit fragte mich der damalige deutsche Assistant Director-General Dr. Hans d'Orville, wie die UNESCO als einzige UN- Sonderorganisation mit dem Beitritt Palästinas unvorbereitet in die „Falle" der Einstellung der Zahlungen durch die USA (schließlich fast ein Viertel des Budgets) habe geraten können. Die Antwort gab er gleich selber: Die Generaldirektorin Irina Bokova habe nichts unternommen, um die Aufnahme von Palästina zu verhindern. Es hätte verschiedene Optionen dafür gegeben. Sie habe das Sekretariat stattdessen angehalten, sich völlig neutral zu verhalten. Als die Aufnahme beschlossen war, habe sie – hinter den Kulissen – mit ihrem Mann auf dem Tisch getanzt!

Ich war etwas verwundert über diese Erzählung d'Orvilles. Schließlich war die Aufnahme doch eine Entscheidung der Mitgliedstaaten! Nach außen gab sich die Generaldirektorin in dieser politisch heiklen Frage neutral; tatsächlich wirkte sie hinter den Kulissen aber mit. Die ungarische Botschafterin Katalin Bogyay – sie war die Präsidentin der 36. Generalkonferenz, auf der Palästina aufgenommen worden war – erklärte mir 2015 bei ihrer Verabschiedung, dass Irina Bokova 2011 zum palästinensischen Aufnahmeantrag – anders als ihre Vorgänger – keinen „Entscheidungsvorschlag" vorgelegt habe. Diese Lücke habe das damalige

Ratsmitglied Jordanien genutzt und gemeinsam mit Palästina einen eigenen, die Aufnahme befürwortenden Vorschlag vorgelegt.

Jetzt begann ich die Rolle der Generaldirektorin besser zu verstehen. Bei politisch heiklen Fragen wie dieser hielt sie sich heraus und ermöglichte so eine politische Entscheidung, die bis dahin auf Empfehlung ihrer Vorgänger aus guten Gründen vertagt worden war. Damit hatte sie die Aufgabe einer Generaldirektorin als Hüterin der Organisation vernachlässigt.

Der Antrag zur Aufnahme von Palästina als Mitgliedstaat war bereits am 17. Mai 1989 vom damaligen Vorsitzenden der Palästinensischen Befreiungsfront (PLO), Jassir Arafat, gestellt worden. Vorausgegangen war die einseitige Ausrufung des „Staates der Palästinenser" durch die PLO in Algier am 15. November 1988. Anders als bei der Weltgesundheitsorganisation WHO, wo Arafat auch einen Aufnahmeantrag gestellt hatte, war der Antrag bei der UNESCO „schwebend" gehalten worden. Der damalige Generaldirektor Mayor hatte – auch mit Rücksicht aus die zu erwartende US-Reaktion – eine Vertagung empfohlen („taking into account the higher interests of the organisation") und so tat es auch sein Nachfolger Matsuura – bis zum Amtsantritt von Irina Bokova.

Den Antrag der PLO im Jahr 2011 zuzulassen, musste zu dessen Annahme führen. Schließlich hatten 2011 schon 129 Staaten Palästina bilateral als Staat anerkannt, darunter allerdings noch kein Mitgliedsstaat der Europäischen Union. Auffällig ist daher, dass auf der 36. Generalkonferenz auch neun Mitgliedsstaaten der Europäischen Union für die Aufnahme Palästinas stimmten, darunter Frankreich, das Palästina als Staat noch gar nicht anerkannt hatte. Frankreich versuchte sich traditionell nahe am Generaldirektor zu halten – wenn es ihn nicht ohnehin schon selber stellte.

Kein Mitgliedsstaat der Europäischen Union hatte damals Palästina als Staat anerkannt. Bei der vorangegangenen 187. Sitzung des Exekutivrats hatte auch noch keiner der dort vertretenen Mitgliedsstaaten der Europäischen Union für den Antrag gestimmt.

Was war inzwischen geschehen?

Der vom Exekutivrat als externer Rechnungsprüfer bestellte französische Rechnungshof fragte die Generaldirektorin später, ob sie die dramatischen Konsequenzen einer Aufnahme Palästinas nicht habe voraussehen können? Im günstigsten Fall hatte Frau Bokova gehofft, einen Beitrag zur Lösung des Nahostkonflikts zu leisten. Das Gegenteil war aber der Fall: Mit der Aufnahme Palästinas als Mitgliedsstaat wurden die ohnehin schwierigen Debatten über die Tagesordnungspunkte mit Nahostbezug – trotz gelegentlicher Annäherung – polemischer und spalteten den Exekutivrat.

Von November 2015 bis 10. November 2017 war ich zum Vorsitzenden des UNESCO-Exekutivrats gewählt worden. In einer langen Antwort, die mir als Ratspräsident zur Kenntnis gebracht wurde, rechtfertigte sich die Generaldirektorin, indem sie behauptete, selbst die US-Delegation habe die Konsequenzen nicht vorhergesehen und erst ganz spät gewarnt. Dies widerspricht allerdings den Berichten von Kollegen, die im Jahre 2011 präsent gewesen waren: Der damalige US-Delegierte David Killion soll allen Delegationen die nach US-Gesetzgebung automatische Folge eines Beitritts Palästinas, die Beitragssperre, deutlich gemacht haben. Schon die lange Vorgeschichte des Antrags ließ die negativen Folgen absehen. Dieselben Kollegen, die 2011 an den Entscheidungen mitgewirkt hatten, führen die indirekte Unterstützung für den palästinensischen Antrag auf ihren Ehrgeiz zurück, als Nachfolger von Ban Ki Moon UN Generalsekretär zu werden. Sie haben damit bei der Gruppe 77 für sich werben wollen.

UNESCO-Mission nach Jerusalem?

2012 gelang es noch einmal, alle Resolutionsentwürfe der arabischen Gruppe zu vertagen. Nur Frankreich hatte als einziges EU-Mitglied dagegen votiert. Dieser Coup war das Ergebnis einer Zusammenarbeit zwischen Russland, den USA und Israel. Möglich geworden war er, nachdem Israel im Falle einer Verschiebung in Aussicht gestellt hatte, eine UNESCO-Mission nach Jerusalem einreisen zu lassen. In der folgenden Sitzung im Frühjahr 2013 beschloss der Exekutivrat dann im

Konsens eine UNESCO-Mission nach Jerusalem. Sie scheiterte jedoch im letzten Moment am Veto von Premierminister Netanyahu – nach missverständlichen Äußerungen des palästinensischen Außenministers Riad Maliki. Die USA, die bislang das Thema „Naher Osten" koordiniert hatten, nahmen seither von aktiver Vermittlung Abstand.

Nachdem Deutschland wieder in den Exekutivrat zurückgekehrt war, konnte ich nach intensiven Verhandlungen im April 2014 auf der 194. Sitzung einen Teilerfolg verbuchen: Fünf von sechs Resolutionen der arabischen Gruppe wurden im Konsens verabschiedet. Danach drifteten die Positionen immer weiter auseinander. Die von der arabischen Gruppe eingebrachten Resolutionsentwürfe fanden keinen Konsens.

Im Mittelpunkt der Konflikte stand die traditionelle Resolution zur Altstadt von Jerusalem. Im Jahre 1981 hatte Jordanien vorgeschlagen, Jerusalem in die Welterbe-Liste aufzunehmen – das osmanische Jerusalem ohne jüdische und christliche Stätten. Erst über einen Änderungsantrag des belgischen Vertreters im Welterbekomitee wurden auch die vier sephardischen Synagogen und die Via Dolorosa in die Liste der Monumente aufgenommen. Auf der Sitzung des Welterbekomitees in Bonn (2015) versuchte der jordanische Botschafter Makram M. Queisi gemeinsam mit dem palästinensischen Delegierten Mounir Anastas den Bezug auf das jüdische Erbe in der Entschließung über die Altstadt von Jerusalem durch die arabischen Bezeichnungen aus der Zeit vor 1967 zu ersetzen.

Damals stand Ost-Jerusalem noch unter jordanischer Herrschaft. Es ginge hierbei um rechtliche, nicht um religiöse Fragen, hatte mir der jordanische Botschafter erklärt. Dr. Shimon Samuels, Director for International Relations des Simon Wiesenthal Centers, zeigte sich mir gegenüber höchst besorgt und bezog sich auf eine „Palestinian campaign to Islamize the Jewish Western Wall or the ‚Kotel'."

Auf der 199. Sitzung des Exekutivrats im April 2016 wurde dies – trotz engagierter Textverhandlungen der EU-Mitgliedsstaaten mit der arabischen Gruppe – erstmals erreicht. Der israelische Premierminister Netanyahu vermisste jeglichen Bezug zum Tempelberg und beschwerte sich beim französischen Präsidenten Hollande über die Zustimmung Frankreichs. Hollande versprach, sich künftig selbst um die Nahostresolutionen der UNESCO zu kümmern. Die Debatte in der UNESCO über den Nahen Osten hatte damit die politische Chefebene erreicht.

Die Programmkommission der folgenden 200. Sitzung des Exekutivrats im Oktober 2016 hatte einen Resolutions-Entwurf gebilligt, der von der arabischen Gruppe eingebracht worden war. Darin war jeglicher Bezug auf das jüdische Erbe getilgt. Die Spannung war groß. Anstelle des Tempelbergs stand nun „Al-Aqsa Mosque/Al Haram al-Sharif" (die ferne Kultstätte/der erhabene heilige Bezirk), was die Bedeutung des Ortes für den Islam reflektiert. Die Klagemauer, nach jüdischer Auffassung der Überrest des von den Römern zerstörten zweiten jüdischen Tempels und höchstes Monument des Judentums, war nur noch in Anführungszeichen als sogenannte „Western Wall" erwähnt. An die Stelle des sogenannten „Western Wall Plaza" trat „Al-Buraq Plaza". Al-Buraq war das weiße pferdeähnliche Reittier mit Flügeln und Menschenantlitz, auf dem der Prophet Mohammed in einer Nachtreise von Mekka nach Jerusalem zur fernen Kultstätte Al-Aqsa geritten sein soll. Dort habe er sein Pferd an einen Eisenring an der Mauer des zweiten Tempels angebunden.

Vor der Sitzung des Exekutivrats setzte ich mich in einer Serie von Interviews dafür ein, diese Entscheidung zu vertagen, um mehr Zeit für Verhandlungen zu gewinnen, mit dem Ziel eines Konsenses. Jeder Präsident des Rates bemüht sich um Konsens – wie schon meine russische Vorgängerin in ihrer Amtszeit von 2010 bis 2011. Damit handelte ich mir aber heftige Kritik der arabischen Gruppe ein. Aus unserer eigenen Wahlgruppe I (West- Europa und Nordamerika) kam leider wenig Unterstützung. Ich erhielt vielmehr einen Anruf des französischen Botschafters Laurent Stefanini, der mich bat, mich in das Unabänderliche zu fügen und die Resolution ohne viel Aufhebens passieren zu lassen. Auch Generaldirektorin Bokova rief mich an, berichtete von einem Gespräch mit der arabischen Gruppe und empfahl mir, die Resolution passieren zu lassen.

Nach der „Verfahrensregel 47" des Exekutivrates hätte es nur des Antrags eines Ratsmitglieds bedurft, um eine separate Behandlung des Tagesordnungspunkts „Altstadt von Jerusalem" zu erreichen, statt der Annahme en bloc mit den übrigen Entscheidungen der Programmkommission. Es hätte dann einer einfachen Mehrheit bedurft, um die Entscheidung zu vertagen. Dies war nicht unmöglich, aber keineswegs sicher. In der Programmkommission hatte nur eine relative Mehrheit von 24 der 58 Mitglieder für den Resolutionsentwurf gestimmt, bei 6 Neinstimmen und 25 Enthaltungen.

Es gab Druck von allen Seiten, nicht nur der arabischen. Israel demarchierte weltweit für Ablehnung des Entwurfs. 39 Abgeordnete des US-Kongresses unterstützten Israel und plädierten gegen die Annahme. Jüdische Verbände und auch christliche Gruppen lobbyierten für Ablehnung. Ohne Unterstützung im Rat für eine Verschiebung sah ich mich gezwungen, dem Druck der arabischen Gruppe nachzugeben. Ich bat die Vizepräsidentin aus der Wahlgruppe I, die schwedische Botschafterin Annika Markovic, den Vorsitz bei der Abstimmung zu übernehmen. Die Resolution wurde ohne Änderung angenommen.

Der republikanische Präsidentschaftskandidat der USA, Donald Trump, kritisierte die Resolution heftig und kündigte im gleichen Atemzug an, Jerusalem als Hauptstadt Israels anzuerkennen, falls er gewählt werden sollte. Hillary Clinton, die demokratische Kandidatin und Außenministerin, nannte den Beschluss „outrageous", empörend.

In Israel, in den palästinensischen Gebieten und in Jordanien fanden die Debatten und Entscheidungen der UNESCO zu Jerusalem üblicherweise großen Widerhall.

Wie ernst diese Entschließung in Israel genommen wurde, zeigt der Bericht einer Delegation des Gesprächskreises „Juden und Christen" beim Zentralkomitee der deutschen Katholiken und dessen Präsidiums über eine Reise nach Jerusalem Anfang November 2016:

In nahezu allen in Israel geführten Gesprächen war die Gretchenfrage: „Wie haltet ihr's mit den Resolutionen?" Gemeint waren die kurz vor der Reise veröffentlichten beiden UNESCO-Resolutionen zum Tempelberg. Diese sprechen von ihm ausschließlich als muslimischer Stätte („Haram-al Sharif"). Die Tatsache, dass dort einst der jüdische Tempel stand, in dem auch Jesus gebetet hat, wird dadurch explizit ausgeblendet, ja verneint.*

Konsens

Ein Jahr später änderte sich unverhofft die Lage: Die arabische Gruppe, die sich an der Reihe glaubte, endlich den Posten des Generaldirektors besetzen zu können, hatte vier Kandidaten für diese Position aufgestellt, darunter auch eine Ägypterin.

Wie ich später von der französischen Delegation erfahren konnte, mahnte der ägyptische Botschafter, der schon im Herbst 2016 eine vermittelnde Position eingenommen hatte, die palästinensische und die jordanische Delegation zur Mäßigung.

Ich versuchte ohne viel Hoffnung erneut eine Vermittlung zwischen den Parteien, zumal die EU diesmal nicht engagiert war. Ich fragte zunächst den israelischen Botschafter, was er vom Exekutivrat erwarte. Er erklärte sich grundsätzlich zu Textverhandlungen bereit, deren Aussicht auf Erfolg er allerdings als sehr gering einschätzte. Daher nannte er als seine Präferenz eine Vertagung der Entscheidungen. Später könne daraus „vielleicht" die Chance für die Wiederaufnahme eines Dialogs erwachsen. Zu meiner Überraschung erklärte sich der palästinensische Vertreter hierzu bereit. Der jordanische Botschafter folgte zögernd.

Der Resolutionstext, eine Vertagungsentscheidung, der informationshalber der von der arabischen Gruppe eingebrachte Resolutionsentwurf angefügt war, wurde als „Chairman's Draft" in die Programmkommission eingebracht. Damit sollte deutlich werden, dass er ein Vermittlungsvorschlag war und nicht mehr geöffnet werden durfte. An der entscheidenden Sitzung der Programmkommission nahm ich, ein Privileg des Vorsitzenden nutzend, selbst Teil, um den Vorschlag vorzustellen. Die Programmkommission nahm daraufhin den Entwurf ohne Änderung an. Danach ging der Entwurf in den Exekutivrat und wurde dort ohne vorherige Aussprache im Konsens angenommen. Im Anschluss gaben einige der betroffenen Delegationen Erklärungen ab.

Meine Hoffnung war, dass damit eine Rückkehr der Konfliktparteien zu einem konstruktiven Dialog möglich würde. Doch einen Tag später, am 14. Oktober 2017, wurde die Entscheidung des US-Präsidenten Trump bekannt, die UNESCO unter anderem wegen „Israel bashing“, zu verlassen. An einen konstruktiven Dialog war nun nicht mehr zu denken. Auch Israel verließ die UNESCO, wenn auch mit einigem Zögern, Ende 2018.

Die Hoffnung der aktuellen Generaldirektorin Audrey Azoulay auf eine Rückkehr der USA und Israels in die UNESCO hat sich bis heute leider nicht realisiert. Auch auf der 41. Generalkonferenz im November 2021 machten weder die USA noch Israel Zusagen in Richtung einer Rückkehr, auch wenn es diesbezügliche Überlegungen gegeben haben soll.

Der Formelkompromiss des 200. Exekutivrates vom Oktober 2016 hat sich allerdings bis heute gehalten. Alle Entscheidungen mit Nahostbezug werden seither von Rat zu Rat vertagt. Faktisch ist der Konflikt weiterhin vorhanden, aber er wird ausgeklammert und belastet die Ratssitzungen nicht mehr.

*Zeitschrift „miteinander“, herausgegeben vom Katholischen Auslandssekretariat, Heft 3, Dezember 2017, S. 16.

Der Archäologe Dieter Vieweger kommentierte: „Die UNESCO-Resolution ließ damit das jüdische Erbe dieser Stätten unerwähnt, die Klagemauer und den Tempelberg. Herodes d. Gr. hatte letzteren in seiner heutigen Größe errichten lassen. Das vom weithin bekannten König ab 21 v. Chr. übereinander geschichtete Mauerwerk aus bossierten Steinen dokumentiert dies – in Stein gemeißelt – bis heute. Das jüdische Heiligtum war 70 n. Chr. von den Römern zerstört worden und wurde um 700 n. Chr. mit islamischen Heiligtümern prachtvoll überbaut. Die UNESCO-Resolution stützt die in Jerusalem allgegenwärtige Aussage des Muftis, der die Geschichte seines Heiligtums gegen historische Texte und Befunde verleugnet und es als muslimische Neugründung deklariert.“ In: Streit um das Heilige Land. Was jeder vom israelisch-palästinensischen Konflikt wissen sollte. 6., erweiterte und aktualisierte Auflage, Gütersloh 2017, S. 298.

Nachwort zu Otto Meißners Verlag

Dem Leser wird nicht entgangen sein, dass dieser Band mit dem Logo von Otto Meißners Verlag ausgestattet ist. Das Logo steht für 173 Jahre Verlagsgeschichte mit familiärer Tradition. Der Verlagsgründer Otto Carl Meißner war ein Hamburger Buchhändler und Verleger, der mit Tatkraft und kaufmännischem Geschick sein Unternehmen zu einem der führenden Hamburger Verlagshäuser gemacht hatte und der es wagte, „Das Kapital" von Karl Marx zu verlegen, welches im benachbarten Preußen wohl der Zensur zum Opfer gefallen wäre.

Als Ur-Ur-Enkel fanden mein Bruder Otto Lampe und ich den Gedanken spannend, den Verlagsnamen im Rahmen des Buchprojekts „Mehrwert Diplomatie" weiterleben zu lassen und damit den freiheitlichen Geist, aber auch die thematische Vielseitigkeit des ehemaligen Verlages fortzuführen.

Vor dem Hintergrund der im „Kapital" dargelegten Marx'schen Mehrwerttheorie war die Wahl unseres Buchtitels natürlich nicht ganz zufällig. Einer der Ko-Autoren, Hans Joachim Kiderlen, weist in seinem Beitrag darauf hin, dass – laut Marx – ein „Mehrwert" dann erzielt wird, wenn einem vorhandenen Wert schöpferisch, durch körperliche oder geistige Arbeit des Menschen, etwas hinzugefügt wird. Dies kann Diplomatie im wohlverstandenen Sinne sicher auch für sich in Anspruch nehmen. Wir glauben, der alte Meißner und vielleicht auch Karl Marx hätten ihre Freude an dieser Idee.

Geboren 1819 in Quedlinburg, absolvierte Otto Carl Meißner zunächst eine Ausbildung bei dem kulturell und politisch einflussreichen Musikalienhändler Wilhelm Heinrichshofen in Magdeburg, bevor er im Alter von 22 Jahren zum Hoffmann & Campe Verlag nach Hamburg wechselte und dort schnell zur rechten Hand des Verlegers Julius Campe aufstieg. Dessen Nähe zu den sich entwickelnden demokratischen Strömungen in Zeiten gesellschaftlicher Umbrüche, sowie die beginnende

Arbeiterbewegung in den Vierzigerjahren des 19. Jahrhunderts, beeinflussten auch seinen jungen Mitarbeiter Otto Carl Meißner. Überall in Hamburg entstanden damals Arbeiterbildungsvereine mit Diskussionsforen zu vielfältigen gesellschaftlichen Themen.

Mitten in diesen politisch turbulenten Zeiten wagte Otto Carl Meißner zusammen mit dem Redakteur Georg Schirges in Hamburg 1849 die Gründung des Verlages Schirges & Meißner, der sich u. a. auf die Herausgabe von Schriften politisch oder religiös verfolgter Autoren verlegte, sich aber auch durch die Veröffentlichung von Texten zu wirtschaftlichen und juristischen Themen einen Namen machte und dadurch die öffentliche politische Debatte beeinflusste. So erschien z. B. ab 1856 im noch jungen Verlag „Das Jahrhundert – Zeitschrift für Politik und Gesellschaft“. Nach der gescheiterten Revolution und dem Verbot der Zeitschrift erfolgte die Veröffentlichung dann unter dem neuen Titel „Demokratische Studien“, u. a. mit Themenbeiträgen über einen demokratischen Staat, ein verlässliches Justizsystem und die Gleichberechtigung aller Bürger, auch der Juden.

Trotz dieser Schwierigkeiten – das Hamburg umgebende Preußen reagierte äußerst empfindlich auf freiheitliche und liberale Bewegungen in der Hansestadt – blieb Otto Carl Meißner bei seinen Überzeugungen und setzte als Herausgeber einen weltpolitischen Akzent ungeahnten Ausmaßes, als er 1867 das umfangreiche Werk „Das Kapital“ von Karl Marx veröffentlichte. Meißner wartete oft sehr lange auf die Revisionsbögen seines Autors, und Marx hätte gern mehr am „Kapital“ verdient. Aber beide verstanden sich bei Marx’ häufigen Hamburg-Aufenthalten sehr gut. „Ein netter Kerl“, schrieb Marx an Engels, „obwohl er etwas sächselt.“

Da war Meißner bereits einer der führenden, fortschrittlichen Hamburger Verleger mit einer breit gefächerten thematischen, literarischen Angebotspalette. So gab es z. B. in seiner Buchhandlung am Rathausmarkt die ersten Schreib- und Lesefibeln für die entstehenden allgemeinen Volksschulen, die noch für Jahrzehnte als Standardwerk galten. Politisch war er als Abgeordneter der Hamburger Bürgerschaft tätig. 1902 starb Otto Carl Meißner 82-jährig als geachteter Hamburger Bürger.

Sein Sohn Otto, der sich in besonderem Maße für die Belange des Buchhandels einsetzte und sein ältester Enkel, unser Großvater Otto Heinrich, führten den Verlag zusammen mit zwei Brüdern von Otto Meißner weiter. Otto Heinrich hatte bereits 1899 als Lehrling seine berufliche Laufbahn mit dem Eintritt ins väterliche Geschäft begonnen, ging dann aber von 1900 bis 1908 nach Leipzig, um seine buchhändlerischen Kenntnisse zu erweitern und zu vertiefen. Nach dem Tod seines Vaters übernahm Otto Heinrich selbstständig den Verlag und steuerte das Unternehmen durch die Kriegsjahre und die anschließenden schwierigen Zeiten. Im Zweiten Weltkrieg fielen sämtliche Gebäude, Lager und Archive dem heftigen Bombardement in Hamburg zum Opfer.

Obwohl Otto Heinrich schon bald nach Kriegsende von der Alliierten Kommandantur eine Verlagslizenz erhielt, erholte sich die Firma nur mühsam von den Folgen des Krieges. Unser Großvater musste in einem Alter, in dem andere sich zur Ruhe setzen, wieder neu beginnen. In dieser Zeit wurde der Verlag nach Bleckede an der Elbe verlegt und bezog dort Quartier im idyllischen Fachwerkschloss. Das Verlagsprogramm wurde gestrafft und stärker auf juristische Fachbücher ausgerichtet.

Möge das alte/neue Logo des Otto Meißner Verlags auch bei diesem Buchprojekt Pate und Garant sein für eine Zusammenstellung interessanter persönlicher Erfahrungen aus der Welt der Diplomatie.

Dr. Christine D. Althauser wurde im badischen Lahr geboren. Sie studierte Politologie, Slawistik und Sinologie an der Universität Heidelberg und promovierte ebendort 1995 mit einer Arbeit zu „Rußlands Weg in den Europarat". Studienaufenthalte führten sie nach Taiwan Anfang der 80er Jahre und nach Moskau über ein DAAD-Postgraduierten-Stipendium 1982/83 in der ehemaligen UdSSR. In den diplomatischen Dienst trat sie 1985 ein und durfte sich mehrmals – wie bei Eintritt erhofft – in Moskau (1997-2000 sowie 2011-2014), in China (Botschaft Peking von 1987-1990) und als Generalkonsulin in Shanghai (2017-2021) aufhalten. Fragen der europäischen Einigung , der EU-Erweiterung und der Krisenprävention waren Schwerpunkte ihres Berufs als deutsche Botschafterin in Skopje (2014-2017).

Seit ihrer Pensionierung lebt sie in Freiburg, pflegt ihre Kerninteressen in einer Vielzahl von Netzwerken, darunter auch als Mitglied im Förderverein der ehemaligen Synagoge Kippenheim in Südbaden. Daraus ergibt sich das Thema ihres Beitrags in diesem Buch.

Bernd Borchardt wurde 1955 geboren und wuchs im Ruhrgebiet auf. Nach seinem Studium von Psychologie und Jura trat er 1981 dem Auswärtigen Dienst bei. Nach der Ausbildung und einem Einsatz in der Zentrale arbeitete er ab 1986 knapp 6 Jahre in Afrika. Im Dezember 1991 trat er seinen Dienst in Estland an. Die Rückversetzung in die Zentrale 1994 führte ihn ins Südosteuropa-Referat. 1998/1999 wurde er als Stellvertreter des Leiters zur Kosovo Verification Mission der OSZE abgeordnet. Von Ende 1999 bis 2002 arbeitete er in Rumänien. Nach weiteren Jahren in der Zentrale wurde er 2007 als Botschafter nach Albanien versetzt. Von 2010 bis 2012 war er in der Zentrale für Internationale Personalpolitik zuständig, 2013/2014 leitete er die EULEX Rechtsstaatsmission der EU im Kosovo. 2014 bis 2016 baute er die Internationale Akademie Nürnberger Prinzipien in Nürnberg auf. Während seiner letzten 4 Berufsjahre leitete er die OSZE-Mission in Albanien. Heute unterstützt er Projekte zur Erforschung der Rettung von jüdischen Albanern und jüdischen Flüchtlingen in Albanien.

Dr. Hans-Jürgen Heimsoeth wurde 1953 in Mussoorie (Indien) geboren. Nach Schulbesuchen in New York City, Kettwig, Djakarta und Bandung machte er sein Abitur an der Europaschule in Brüssel. Er studierte Geschichte, Philosophie und Germanistik in Freiburg im Breisgau und Berlin, Politische Wissenschaften in Paris. Nach Staatsexamen und Diplom promovierte er über französische Geschichte in Freiburg. Seit 1981 im Auswärtigen Dienst verlebte er beruflich prägende Jahre in Moskau (Sowjetunion) zu Beginn der Gorbatschow-Zeit und in Mogadishu (Somalia) in der Spätphase Siad Barres. Nach 5 Jahren als persönlicher Referent des Bundespräsidenten Richard von Weizsäcker folgten Jahre auf Posten in Brasilien, in Warschau (Polen) und als Referatsleiter mit verschiedenen Zuständigkeiten in Ostmittel- und Nordeuropa. Ost- und Nordeuropa blieben auch danach Schwerpunkte seiner Tätigkeit. Ab 2005 leitete er Vertretungen u. a. als Generalkonsul in New York, als Botschafter die Botschaft Kiew (Ukraine), die Ständige Vertretung bei der OECD in Paris und die Botschaft Stockholm (Schweden). Von September 2019 bis Oktober 2021 war er Sonderbeauftragter des Auswärtigen Amts für die Östliche Partnerschaft. Seit Oktober 2021 arbeitet er für die Akademie Auswärtiger Dienst. Dr. Heimsoeth lebt heute in Berlin.

Dorothee Janetzke-Wenzel studierte Angewandte Sprachwissenschaften und Entwicklungsökonomie an der Universität Heidelberg und legte 1979 die Diplomprüfung ab. Von 1980 bis Ende 1982 folgte ein Zweitstudium in Afrikanistik an der University of Wisconsin (Madison, USA), das durch ein Fulbright-Stipendium gefördert und mit einem Master of Arts abgeschlossen wurde. 1984 trat sie in den Auswärtigen Dienst ein und war während und nach der Ausbildung in den Referaten für Entwicklungspolitik und für Menschenrechtspolitik tätig. Nach Auslandseinsätzen an den Deutschen Botschaften Daressalam und Wien folgte ein Posten im Lagezentrum, heute Krisenreaktionszentrum. Nach der Tätigkeit in der Kulturabteilung der Botschaft Washington ging es zurück in die Zentrale, zunächst in Bonn, dann in Berlin mit Einsatz im Referat „Internationale Hochschulbeziehungen“ und „Personalreferat Höherer Dienst“. Von 2004 bis 2007 war sie als Afrikabeauftragte tätig. 2007 ging sie nach Budapest, wo sie zunächst an der deutschsprachigen Andrássy Gyula Universität unterrichtete. Von 2008 bis 2011 war sie in Budapest als Botschafterin tätig. Es folgten Einsätze als Botschafterin in Abuja, Helsinki und Rangun. 2019 trat sie in den Ruhestand. Dorothee Janetzke-Wenzel ist mit Universitätsprofessor Dr. H.-Dieter Wenzel verheiratet und hat zwei Kinder.

Dr. Betina Kern hatte schon im Alter von 17 Jahren den Wunsch, Diplomatin zu werden. Sie studierte Rechtswissenschaften und promovierte in Rechtsvergleichung. 1981 trat sie in den Auswärtigen Dienst ein. In ihrer Laufbahn war sie überwiegend mit bilateralen Beziehungen betraut, sowohl in der Zentrale, als auch auf ihren Auslandsposten in Lissabon und Rom sowie zuletzt als Botschafterin in Nicaragua. Seit ihrer Pensionierung engagiert sie sich ehrenamtlich, zunächst als Ehrenamtlicher Vormund für einen unbegleiteten Minderjährigen Flüchtling, seit 2018 bei OMAS GEGEN RECHTS.

Hans-Joachim Kiderlen wurde in Hamburg am 6.12.1943 geboren. Er ist verheiratet mit Annekathrin Kiderlen, geb. Schücking und hat mit ihr drei Kinder.
Nach dem Abitur, vorab in Paris und dann abschließend in Hamburg, und dem Wehrdienst studierte er Jura und Geschichte. Die beiden juristischen Examina hat er in Freiburg und in Hamburg abgelegt und ist 1972 in den Vorbereitungsdienst des Auswärtigen Amtes eingetreten. Seine wesentlichen Auslandserfahrungen sammelte er in Brüssel bei der EU, in Moskau zur Zeit der Sowjetunion, in Südasien, Indien und Pakistan, aber auch in Togo in Westafrika und in den USA, in Kalifornien. International hat Hans-Joachim Kiderlen in der deutschen Delegation zur Seerechtskonferenz der Vereinten Nationen mitgearbeitet. Unterbrochen hat er die Tätigkeit für das Auswärtige Amt mehrere Jahre lang für den Aufbau eines Verbindungsbüros der „Evangelische Kirche in Deutschland“ in Brüssel und die Leitung der Verwaltung der Evangelischen Landeskirche in Magdeburg. Er hat zudem Theologie – in Deutschland und den USA – studiert und die theologischen Examina zur Ausübung des Pfarrerberufs abgelegt. Nach seiner Pensionierung im Jahr 2008 war er bis 2017 Bischof der kleinen Evangelisch-Lutherischen Kirche in Georgien und im südlichen Kaukasus.

Dr. Otto Lampe, Jahrgang 1951, studierte Rechtswissenschaften in Freiburg im Breisgau und sammelte praktische juristische Erfahrungen in Brüssel und Cambridge. Seine diplomatischen „Lehrjahre" verbrachte er zwischen 1983 und 2005 in São Paulo, Luanda, Lissabon, Rom, Bonn und Berlin. Die dort erworbenen Kenntnisse konnte er sodann nutzbringend als Berliner Protokollchef und später als UNO-Beauftragter des Auswärtigen Amts einsetzen. Den krönenden Abschluss seiner Laufbahn erlebte er auf seinem „exotischsten" Auslandsposten, als Botschafter in der Schweiz und in Liechtenstein.
Nach seiner Pensionierung 2017 war er bis Ende 2021 als „grauer Bär" in der Akademie Auswärtiger Dienst in Berlin tätig. 2020 erschien sein Buch „DiplomatenSpass – Außendienst jenseits diplomatischer Routine". Im Auftrag der Bürgerstiftung Berlin arbeitet er ehrenamtlich an Berliner Schulen. Er ist seit über 40 Jahren mit Giselle Raynal de Ataíde Saraiva Marques Lampe (s. u.) verheiratet und hat einen Sohn.

Thomas H. Meister, geboren 1955, ist ausgebildeter Ökonom und trat 1981 in den Auswärtigen Dienst ein. In der Bonner/Berliner Zentrale arbeitete er vor allem in der Wirtschaftsabteilung, u. a. als Referatsleiter für Energie-Außenpolitik sowie für Klima-Diplomatie. Nach Auslandsposten in Canberra (Australien) und Kampala (Uganda) folgte ein Einsatz als Kulturreferent in New York, der auch der Hintergrund seines Beitrags in diesem Buch ist. Er war ferner Leiter der politischen Abteilung der Botschaft Madrid sowie Generalkonsul in Recife (Brasilien) und in Houston (USA). Außerdem war er Botschafter in Wellington (Neuseeland) und Reykjavik (Island), also – wie es der Zufall wollte – der südlichsten bzw. der nördlichsten Hauptstadt. Besonderheit des Einsatzes in Wellington waren die Doppelakkreditierungen auf den Cook-Inseln, Fidschi, Kiribati, Samoa, Tonga und Tuvalu. Seit Juli 2021 ist er pensioniert.

Christian Much wurde 1953 in Luxemburg geboren. Nach dem Besuch der dortigen, später auch der Brüsseler Europaschule studierte er in Hamburg und Freiburg Rechtswissenschaft sowie im Grundstudium Ethnologie. Er arbeitete kurzfristig als Anwalt in Paris, bis er 1980 in den Auswärtigen Dienst eintrat. Die Vereinten Nationen waren sowohl auf Auslandsposten als auch in der Zentrale einer seiner konstantesten Arbeitsbereiche. Weitere Schwerpunkte lagen in arabischen Staaten – zuletzt als Botschafter in Libyen – und in Zentralamerika. 1988/89 war er an der bundesdeutschen Botschaft in Budapest für die Betreuung von DDR-Flüchtlingen zuständig. 2017 leitete er kommissarisch die Internationale Akademie Nürnberger Prinzipien, eine in Nürnberg ansässige Institution zur Fortbildung von Personen, die sich beruflich mit Strafverfahren wegen Kriegsverbrechen und Verbrechen gegen die Menschlichkeit befassen.
Much pendelt seit dem Ruhestand zwischen seinen Wahlheimaten Südbaden und Südtirol. Er veröffentlichte zwei Romane, die auf unterschiedliche Weise das Zusammenleben verschiedener Kulturen behandeln („Der andere Ast" und „Michls letzte Reise").

Dr. Christoph Müller war nach dem Abitur in Garmisch-Partenkirchen zwei Jahre Gebirgsjäger, bevor er in Augsburg und München zum Juristen ausgebildet und zum Dr. iur. promoviert wurde. Außerdem erwarb er an der Fletcher School bei Boston einen Master im Fach Internationale Beziehungen.
Nach seinem Eintritt in den Auswärtigen Dienst 1981 erhielt er eine lebenslange Fortbildung zum Weltbürger. Neben verschiedenen Einsätzen in der Zentrale arbeitete er als Diplomat an den multilateralen Vertretungen bei der NATO in Brüssel, bei der Abrüstungskonferenz in Genf und bei den Vereinten Nationen in New York. Außerdem war er an den Botschaften in Harare, Peking und New Delhi tätig sowie als Botschafter in Peru und zuletzt in Australien (dort mit Doppelakkreditierungen in Papua-Neuguinea, Vanuatu und den Salomonen).
Nachdem er sich als Diplomat mit allen fünf Kontinenten und auch der multilateralen Arbeit vertraut gemacht hatte, erachtete das Auswärtige Amt folgerichtig seine Fortbildung als abgeschlossen und pensionierte ihn. Die Befreiung von allen Tagespflichten eröffnete ihm neue Freiräume zur weiteren Befassung mit dem Weltgeschehen.
Christoph Müller ist verheiratet und hat drei Töchter sowie bislang vier Enkelinnen.

Giselle Raynal de Ataíde Saraiva Marques Lampe wurde 1955 geboren. Sie ist portugiesische Staatsangehörige. Nach ihrem Studium der Wirtschaftswissenschaften an der Katholischen Universität Lissabon und einem Master of Advanced European Studies am Europakolleg in Brügge hatte sie 1979 eigentlich vor, sich bei der EG-Kommission oder beim Internationalen Währungsfonds zu bewerben. Beide Institutionen hatte sie bereits als Praktikantin kennengelernt. Doch es kam anders. Nach ihrer Eheschließung mit dem deutschen Diplomaten Otto Lampe (s. o.) arbeitete sie auf drei Kontinenten: In Brasilien in der Wirtschaftsforschung, in Angola und in Deutschland in der Entwicklungsberatung und zuletzt, in Portugal und später in Deutschland, für die größte portugiesische Bank. Nachdem sie in Lissabon zunächst den Geschäftsbereich Kommunalkredit betreut hatte, wurde sie 1995 mit der Leitung der Repräsentanz ihrer Bank in Deutschland beauftragt – eine Funktion, die sie 18 Jahre lang ausübte. Seit ihrer Pensionierung engagiert sie sich u. a. für Waisenkinder in Mosambik und ist als Lesepatin in der deutsch-portugiesischen Europaschule in Berlin tätig.

Dr. Wolfgang Schultheiss, LL.M. (University of Virginia), studierte in Tübingen, Genf, Bonn und Charlottesville (USA) Jura. 1974 trat er in den Auswärtigen Dienst ein. Er war u.a. Botschafter in Santo Domingo (1986-1989), für Personalfragen zuständiger Unterabteilungsleiter im Auswärtigen Amt (2000-2001), unter den Bundespräsidenten Rau und Köhler Leiter der Auslandabteilung des Bundespräsidialamts (2001-2005) und Botschafter in Athen (2005-2010). Er ist Autor des Buchs „Umgangsformen. Protokoll und Etikette. Privat und im Beruf" (2019) und hat, zusammen mit Ulf-Dieter Klemm, 2015 den Sammelband „Die Krise in Griechenland" herausgegeben. Als Autor des Buchs „Zuspitzungen" (2014) setzte er sich kritisch mit „Das Amt und die Vergangenheit", dem Bericht einer Historikerkommission über das Auswärtige Amt, auseinander. 2011 gründete er die Beratungsplattform „DiploConsult".

Dr. Hans-Ulrich Seidt wurde sieben Jahre nach dem Ende des Zweiten Weltkriegs in Stuttgart geboren. Als Schüler fragte er sich, warum die USA in Indochina Krieg führen und eine schwäbische Pfarrerstochter Terroristin wird. Nach zweijährigem Dienst bei der Bundeswehr studierte er Jura, Geschichte und Politik an den Universitäten Tübingen, Genf und Bonn. Zwei juristische Staatsexamen, ein einjähriges Studium an der ENA und die Promotion bei Karl Dietrich Bracher verhinderten 1982 nicht den Eintritt in den Auswärtigen Dienst. Danach arbeitete er in Moskau, Nairobi, Brüssel (NATO), im Sonderstab-Bosnien, in Washington, Kabul und Seoul. Im Auswärtigen Amt leitete er von 2012 bis 2014 die Abteilung für Auswärtige Kulturpolitik und Kommunikation. Als Chefinspekteur des Auswärtigen Amts trat er 2017 in den Ruhestand.

Wilhelm Späth, Jahrgang 1948, glaubte sich durch seinen mehrjährigen Aufenthalt in Japan und mit seinen Japanisch-Kenntnissen eigentlich im Auswärtigen Amt für Ostasien qualifiziert, landete dann aber 1991 überraschend im afrikanischen Regenwald.

Er präsentierte 1995 das Auswärtige Amt mit einer ersten Webseite im damals noch wenig bekannten Internet. An der Botschaft in Paris (1996-2000) und als Generalkonsul in Marseille (2007-2010) kümmerte er sich um die deutsch-französischen Beziehungen. Zu Beginn und zum Ende seiner Dienstzeit erlebte er Brüssel einmal im EU-Kontext (1987-1989) und einmal im Spannungsfeld der belgischen Innenpolitik (2010-2014). Zweimal durfte er tatsächlich auch auf Posten in Japan (Tokio 1984-1986 und Osaka 2000-2003) seine Japanisch-Kenntnisse praktisch anwenden.

Dr. Susanne Wasum-Rainer, Juristin und Völkerrechtsexpertin, trat 1986 in den höheren Auswärtigen Dienst ein. Sie leitete die Konsularabteilung in Marokko und war als Kulturattachée in der deutschen Botschaft in Tel Aviv stationiert. In der Ständigen Vertretung Deutschlands bei den Vereinten Nationen in Genf war sie für Fragen des Humanitären Völkerrechts und der Menschenrechte zuständig. In der Zentrale des Auswärtigen Amts war sie mehrfach für Fragen der Vereinten Nationen zuständig. Sie war Leiterin des Grundsatzreferats für Völkerrecht. Nach den Anschlägen am 11. September 2001 beriet sie zum Umgang mit Guantánamo und dem Krieg in Afghanistan. Sie war Leiterin der Rechtsabteilung des Auswärtigen Amts und Völkerrechtsberaterin der Bundesregierung, bevor sie Botschafterin in Frankreich und dem Fürstentum Monaco, dann in Italien und San Marino und schließlich in Israel war.

Dr. Michael Worbs studierte Politische Wissenschaften, Germanistik und promovierte in Literaturwissenschaften. Nach Stationen im Sudan, im Libanon und in der Bonner Zentrale nahm er an einem Beamtenaustausch im italienischen Außenministerium teil, ehe er an die deutsche Botschaft in Rom wechselte. Nach einer kurzen „Verwendung" als Geschäftsträger in Albanien wurde er Vertreter des Botschafters in der Ukraine. Ein weiterer Einsatz in Bonn sowie die anschließende Tätigkeit als Vertreter des Botschafters bei der UNESCO in Paris waren wichtige Weichenstellungen für seine weitere Laufbahn, die ihn u. a. zunächst noch nach Brasilia und später als Generalkonsul nach Rio de Janeiro führten. Von 2005 bis 2007 wurde er vom Auswärtigen Amt beurlaubt, um eine Funktion in der Wirtschaft als Direktor für Osteuropa im Bereich Politik und Außenbeziehungen der Daimler-Chrysler AG übernehmen zu können. Anschließend, zurück im Auswärtigen Amt, wurde Michael Worbs zum deutschen Botschafter in Kuwait bestellt.

2012 kehrte Worbs als Botschafter bei der UNESCO nach Paris zurück. Dort konnte er an seine früheren Erfahrungen anknüpfen. Sein Beitrag zu diesem Buch „Hinter den Kulissen der UNESCO" stammt aus dieser Zeit. Einen weiteren Höhepunkt seiner Karriere stellte seine Wahl zum Vorsitzenden des UNESCO-Exekutivrats dar, eine Funktion, die er von 2015 bis 2017 ausübte. Nach seiner Pensionierung war er bis 2020 ehrenamtlich in der Akademie Auswärtiger Dienst tätig. 1996 erschien sein Buch „Rom. Ein Städtelesebuch".

Dr. Susanne Pross wurde 1948 in Hamburg geboren. Ihr Abitur machte sie am staatlichen Internatsgymnasium Schloss Plön. Sie studierte in Washington, Göttingen und Heidelberg. Ihre Approbation als Ärztin erfolgte im Jahr 1982. Von 1988 bis zur Pensionierung 2013 arbeitete sie als Medizinaloberrätin im Gesundheitsamt des Landkreis Cuxhaven mit Schwerpunkt Kinder- und Jugendärztlicher Dienst.
Seit 2010 ist sie Gründungsmitglied und erste Vorsitzende des Vereins „Leselust Beverstedt e. V.", einer gemeinnützigen Secondhand-Buchhandlung, in deren Räumen – neben dem Verkauf gespendeter Bücher – außerdem mit regelmäßigen literarischen Veranstaltungen zur kulturellen Vielfalt in der ländlichen Region beigetragen wird.